高校社科文库
University Social Science Series

教育部高等学校
社会科学发展研究中心

汇集高校哲学社会科学优秀原创学术成果
搭建高校哲学社会科学学术著作出版平台
探索高校哲学社会科学专著出版的新模式
扩大高校哲学社会科学科研成果的影响力

张淑华／著

社会认知科学概论

An Introduction to Society Cognitive Science

光明日报出版社

图书在版编目（CIP）数据

社会认知科学概论／张淑华编．--北京：光明日报出版社，2009.11（2024.6重印）
（高校社科文库）
ISBN 978－7－5112－0448－6

Ⅰ.①社… Ⅱ.①张… Ⅲ.①社会认知—研究 Ⅳ.①C912.6

中国版本图书馆 CIP 数据核字（2009）第 206474 号

社会认知科学概论

SHEHUI RENZHI KEXUE GAILUN

编　　者：张淑华

责任编辑：杨　明　韩甲辰

封面设计：小宝工作室　　　　　　　责任印制：曹　净

出版发行：光明日报出版社

地　　址：北京市西城区永安路 106 号，100050

电　　话：010-63169890（咨询），010-63131930（邮购）

传　　真：010-63131930

网　　址：http://book.gmw.cn

E － mail：gmrbcbs@gmw.cn

法律顾问：北京市兰台律师事务所龚柳方律师

印　　刷：三河市华东印刷有限公司

装　　订：三河市华东印刷有限公司

本书如有破损、缺页、装订错误，请与本社联系调换，电话：010-63131930

开　　本：165mm×230mm

字　　数：320 千字　　　　　　　印　　张：17.75

版　　次：2009 年 12 月第 1 版　　印　　次：2024 年 6 月第 2 次印刷

书　　号：ISBN 978－7－5112－0448－6－01

定　　价：78.00 元

前　言

　　社会认知是二十世纪七、八十年代兴起的一门新兴学科。它是通过认知者的思维活动进行某种程度上的信息加工、推理、分类与归纳的认知过程，其关注点在于如何获得并发展各种认知功能，以及人们如何通过自我行为的形成与社会构成各种各样的关系。社会认知是一门与心理学、社会学、生理学、认知神经科学等多门学科相互交叉、渗透与融合的学科。近年来，随着认知科学方法和技术的快速发展，社会认知领域研究范围的不断扩大，社会认知的研究已成为目前国内外基础研究与应用研究的重点内容之一，研究成果在我国科学技术的进步和发展中起着越来越重要的作用。

　　本书总结归纳已有的研究成果，详细阐述经典实验，较为系统而全面地反映了目前国内外社会认知科学的发展现状，并提出社会认知研究领域的发展趋势。

　　本书具有以下几个特点：

　　第一，系统性和科学性。本书比较详细地介绍了社会认知的概念、主要的社会认知理论、研究方法以及具体的研究范畴如态度、归因等的理论及实验研究，既能反映社会认知的基本理论和实验，又能反映出近年来社会认知研究的新进展和新趋势。本书内容全面、详实而综合，保证了本书结构的系统性和科学性。

　　第二，内容丰富，言简意赅。本书分为三篇，第一篇主要概括介绍了社会认知的起源与发展、学科基础及发展趋势，使读者能够从整体上把握社会认知的发展规律和研究现状，特别是研究方法部分的介绍，为读者能够深入理解后续实验研究奠定了一定的方法学基础。第二篇首先对社会认知理论做一详细介绍，同时系统地介绍了社会认知的影响因素及作用机制。本书在编写时将深奥的理论知识进行简单地描述，能够帮助读者更好地理解社会认知的理论问题。第三篇介绍社会认知的研究范畴，这一部分对当代社会认知研究中比较热点的领域进行了较为深入的阐述，主要包括印象、态度、自我认知、社会认知偏差、归因、亲社会行为等方面，较为全面地介绍了国内外相关领域的实验研究，并用数字或图表的方式加以说明，通俗易懂，使读者能够对当代社会认知的研究进展有一个整体把握。

第三，理论与实验相结合。本书的写作一直按照理论与实验相结合的方式进行，不仅仅阐述基本理论观点，而且引入一些经典的实验研究加以佐证，详细介绍实验程序，并将实验结果以数字、表格或图像的形式体现出来，使读者能更好地理解实验及其背后蕴涵的理论基础，很好地做到了理论与实验的统一。

通过本书的编写，能够使广大读者深入了解社会认知科学的发展，更为重要的是，社会认知的研究既有深刻的理论意义，又有较高的实际应用价值。期望本书的问世能够为相关研究领域的广大学者和研究人员提供有价值的参考读物。

承担本书各章编写任务的有：张淑华、孙丽丽、侯群、陈仪梅、张微微，张淑华对本书作了总体策划和多次的修改，孙丽丽对本书作了校对。在此对为本书编辑出版作出贡献的同志表示感谢！

虽然本书的编写过程经过反复的讨论和交流，但由于水平有限，书中难免存有不足之处，敬请专家、学者及广大读者批评指正！

编者

2009 年 3 月于沈阳师范大学

CONTENTS 目　录

第三篇　社会认知的研究范畴

第一篇

社会认知概论

第一章

绪　论

　　认知是现代心理学的一个重要范畴，是人们获得知识或应用知识的过程，或信息加工的过程，是人最基本的心理活动，它包括感觉、知觉、记忆、想象、思维和言语等。认知，就其一般意义而言，是人脑反映客观事物的特性与联系，并揭露事物对人的意义与作用的心理活动。本章主要从社会认知的内涵、发展历史和研究现状、研究的学科基础等角度来阐述社会认知，并概括社会认知研究发展的新趋势。

第一节　社会认知的定义

　　在人类的周围有着各种各样的现象，如日月星辰、山川河流、飞禽走兽、风土人情、社会规范和准则等，它们有的属于自然物理现象，有的属于社会现象。通常认知又可分为广义认知和狭义认知，广义认知包括对物理世界的认知和对社会世界的认知两个方面，狭义的认知则专指非社会认知或物理认知。而社会认知主要是通过认知者的思维活动，进行某种程度上的信息加工、推理、分类与归纳的认知过程，即涉及人对社会性客体的认知、以及人对这种认知与社会行为之间关系的理解和推断，其重点在于人们如何获得并发展各种认知功能、以及人们如何通过自我行为的形成与社会构成各种各样的关系。因此，从二者认知的内容来看，认知的范畴更为广泛，认知和社会认知并不是同一层次上的并列关系，社会认知是认知的一个属概念。

一、社会认知的内涵

社会认知涉及社会信息的辨别、归类、采择、判断和推理等心理成分，即涉及人对社会性客体之间的关系的认知，以及对这种认知与人的社会行为之间的关系的理解和推断。社会认知的定义众说不一，杨彬、杨洪杰等在《社会认知》中从社会学的角度对社会认知定义为：对社会的认识和了解[1]。Fiske和Taylor（1991）对社会认知的定义是：人们根据环境中的社会信息形成对他人或事物的推论[2]。林崇德和张文新总结概括有关社会认知概念的论述：（一）社会认知研究包括对于所有影响人对信息的获得、表征和提取的因素以及这些因素与知觉者的判断之间的关系的思考（Hamilton，1984）。（二）社会认知强调对认知过程的理解是认识复杂的社会行为的钥匙（Isen&Hastorf，1984）。（三）社会认知包括两个相互联系的方面：一个是社会认知的"组织方面"，即构成一个人的社会知识、制约其对社会现实的认识的范畴和原则；一个是社会认知的"过程方面"，即通过社会互动而发生的沟通和变化，主要是指从他人那里交换、接受和加工信息的一切方式，如注意、记忆，也包括一些严格的社会性过程，如沟通和观点采择。（四）社会认知通常是指两种认知——关于人、群体的认知和具有情感、动机态度、情绪色彩的认知。（五）社会认知通常是指人、自我、人际关系、社会群体、角色和规则的认知，以及这些观点与社会行为的关系的认识和推论。（六）社会认知研究的对象是那些发生在他人和自己身上的心理事件以及人们对社会关系的思考。事实上，社会认知作为认知心理学、发展心理学、社会心理学共同研究的对象，由于各个学科研究者所站的角度不同，其定义上存在分歧是很自然的。虽然对社会认知概念的界定众说纷纭，但是，共识已经基本达成。一般情况下，社会认知是指个人对他人或自己的心理与行为的感知与判断的过程。社会认知涉及个人怎样对来自他人、自己以及周围环境的社会信息进行加工的复杂过程[3]。社会认知的研究范围极为广泛，但这一复杂领域可以用下面的图（图1-1）来概括（J. Flavell，1985）[4]：

图中 S 和 D 代表知觉主体或自我，O 代表他人或团体。虚线箭头代表社会认知的行动和结果，它们包括对人的内部心理过程或品质的理解、判断、推

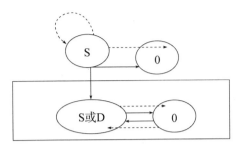

图1-1　社会认知的研究对象

理，因此在图中能穿透目标。实线箭头代表外显社会行动，上面一部分表示自我能对自身以及他人或团体进行的各种认知方式。下面一部分表示社会认知也包含个人或团体之间的各种关系和交往。联系上下部的垂直虚线表示自我既能孤立地思考自身或他人、团体，也能思考自我与他人或团体之间的关系以及他人或团体之间的关系。

综合以上观点，我们认为：社会认知是以人及人的活动为研究对象，考察人们对社会世界，特别是对他人的了解、理解及概念化过程，即人们如何看待他人（包括其内部心理状态）以及对自我的了解和认知，或者说，人们如何通过自我行为的形成与社会构成各种各样的关系，如何看待与他人有关的自我的过程。具体说，社会认知包括对人们的意图、态度、情感、观念、能力、目的、特质、思想、知觉、记忆等个人心理事件的观察或推断，包括人际关系的某些心理品质的认知，还包括有关自我以及他人、社会团体等方面内容的认知，考察个人和团体出于道德、法律、社会习俗的原因应该做什么，以及他们的实际行动及其原因。简言之，社会认知研究内容包括四种不同层次水平：一是对个人的认知，包括对他人和自我的认知；二是对人与人之间各种双边关系的认知；三是对团队或团体之间各种社会关系的认知；四是对社会角色的认知。

二、外显社会认知与内隐社会认知的内涵

弗洛伊德认为，意识过程在人的全部精神过程中不过是极小的一部分，就像大海中的冰山，浮在水面上的部分是能够被人看到的，但却只是整个冰山的一小部分，而藏在水面以下的部分，则为冰山的大部分。无意识就像冰山水下的部分，在人的全部精神活动中占主要地位。因此，弗洛伊德强调无意识的精神活动远比有意识的精神活动重要得多。根据冰山理论，人的社会认知分为可见部分——"水上部分"，即外显社会认知和不可见部分——"水下部分"，

即内隐社会认知。

（一）外显社会认知

外显社会认知（explicit social cognition）是与内隐社会认知（implicit social cognition）相对应的一个概念，指在明确的意识监控下或按严格的逻辑规则对社会刺激进行的组织和解释，即在社会知觉、社会印象（或社会记忆）和社会思维（包括社会判断（social judgment）和社会推理（social inference）过程）中，意识自始至终参与了认知活动，使认知活动具有明确的目的性、自觉性和逻辑性，体现了认知活动的一系列理性特征。简而言之，外显社会认知就是在意识的监控下对社会刺激的认知。而意识监控的标准则往往是一些被认知主体掌握或内化的逻辑法则、伦理规范、道德标准、社会价值、法律制度以及风俗习惯等，正是在意识的监督之下，人们才能通过理性把自己的行为活动控制在各种社会规范之内，使自己的行为和群体行为沿着有序的、有意义的目标进行。

（二）内隐社会认知

内隐社会认知作为一个明确的心理概念，是由美国心理学家 Greenwald 和 Banaji 于 1995 年提出的。内隐社会认知是指在社会认知过程中，虽然个体不能回忆某一过去经验（如用自我报告法或内省法），但这一经验潜在的对个体的行为和判断产生影响，其关键在于个体的无意识成分参与了有意识的社会认知加工过程，它的模式可定义为：内在的不确定的过去经验 C 对 R 的中介作用。C 表示某一构念（如态度），R 表示被 C 这一构念影响之后的反应（如对客体的评价）。内隐社会认知是一种自动化的认知过程，它与其他自动化认知过程不同之处在于：被试没有意识到先前经验对自己的行为或判断产生了影响，一旦被试意识到这一影响，内隐效应就会消失或发生翻转。根据冰山理论，个体外显社会认知的研究可以通过直接测量方法如问卷法得到，而无意识的内隐社会认知是直接测量方法所无法测查出来的，它无法发现用内省、自我报告法所触及的社会认知的基础，无法了解被内省所淹没的行为的原因。因此，直接测量的方法不适合内隐认知的研究，对内隐社会认知的研究应选用间接测量。

当然，外显社会认知与内隐社会认知并不是截然分开和对立的，二者分别处于社会认知的两个极端。可以说，我们所观察到的外显社会认知在某种程度上受到了内隐社会认知的影响。

第二节　社会认知的发展历史和研究现状

社会认知有其发展的历史背景和渊源。本节以社会认知发展的历史脉络为线索，详细阐述社会认知的起源、历史发展阶段及特点，从外显社会认知和内隐社会认知的角度来阐述社会认知的研究现状，并对目前国内外关于内隐社会认知研究的主要内容进行简要概括。

一、起源和发展阶段

社会认知这一思想最早可追溯到古希腊哲学家柏拉图的著作《理想国》。在《理想国》中，柏拉图描述了他对理想社会的设计。他认为在理想的社会里，人应分为三个等级：第一等级是治国的贤者；第二等级是卫国的武士；第三等级是自由的平民。柏拉图认为只要各个等级的人都专司其职，就会避免战乱和争夺，社会就会稳定。社会认知思想在国内可追溯到《周易》，人类物质文明的创造是通过观察自然现象的法则而发明出来的，人类社会的兴衰变革与自然界的阴阳变化有相似之处，这种对社会现象和规律的概括在当时具有较高的水平。

人类对社会认知的了解真正进入理性阶段、形成系统的概念和体系是近200年来才开始的。进入19世纪以后，人类的社会认知活动发生了革命性的变革和飞跃，其主要原因是资产阶级启蒙思想家在社会认知方面的贡献；空想社会主义的理论探索使人类的社会认知获得了宝贵的启示；资本主义早期社会工作者的调查研究在方法论方面对人类的社会认知做出了重要贡献。

1947年，J. S. Bruner在"价值与需要是知觉中有组织的事实"一文中，纵观以往研究，首先提出了社会知觉概念，并且就此进行实验，从而开启了当代社会认知研究的大门。社会认知活跃于心理学领域则起源于20世纪60年代，当时实验心理学家开始对社会认知感兴趣。从勒温开始，社会心理学家就认为决定社会行为的主要因素是人们对世界的主观知觉，而不是他们对刺激环境的客观描述。

20世纪70年代前期，社会认知研究开始兴起并得到迅猛发展。主要原因有两个：一是现代社会生活日益复杂化，要求社会心理学更加关注现实社会生活和人们的社会认知，社会认知研究的发展顺应了这一时代背景的客观要求；二是受信息加工心理学发展的影响。社会认知研究在这里是一个狭义的概念，主要是指用信息加工观点来研究社会心理，可以认为它是社会心理学的一种研究范式，它从全新的角度重新阐释传统的社会心理研究领域（如归因、印象形成、社会知觉等），对社会心理研究中已有的诸多概念和理论进行了重构和发展，产生了大量的新成果。

真正的社会认知研究开始于 20 世纪 70 年代，此时社会认知研究存在三种隐喻，即对认知者特征的三种不同观点。第一种观点是把认知者看作是一个"朴素科学家"，认为人在认知过程中会像科学家一样，分析确定社会事件产生的原因，以达到预测和控制人的心理和行为的目的。归因理论在 70 年代初成了社会认知研究的前沿，它主要研究人们如何解释自己和他人的行为。归因理论提出一个假设：如果人们有了足够的时间，就会像一个朴素科学家，先收集全部有关材料，然后得出最合乎逻辑的结论。第二种观点是把认知者看作是"吝啬认知者"，即人们实际上干什么，而不是他们应该干什么。这一观点的基本思想是：人们信息加工的容量是有限的，因此无论什么时候，只要可能的话都会走捷径。人在认知过程中接触的信息不确定性很强，对这样的信息进行加工难以达到最满意的合理性，就会出现认知偏差。因此，认知者偏爱策略性捷径，而不采用精细的统计学分析。第三种观点是把认知者看作是一个"目标明确的策略家"。这种观点出现于 20 世纪 90 年代，认为认知者具有多种信息加工策略，并能够在目标、动机、需要和环境力量基础上，对策略进行选择。人能够非常务实地选择信息加工策略，以适应当时情境的要求。也就是说，认知者可以根据情境要求，作"朴素科学家"或"吝啬认知者"，此观点使社会认知研究出现了以下特点：首先，社会认知研究"冷"取向。即忽视认知者的情感、动机在认知中的作用，"冷"认知的研究占据主导地位。第二，社会认知研究的"暖"取向。即不再把人当作一个孤立的信息加工器，忽视社会背景的作用，而是重视社会情景与人的情感对社会认知的影响。Schneider 曾指出，"社会认知中，社会在哪里?"第三，很少进行外显社会行为的研究，"社会心理学发现它本身转变成一个主要关心的不是人的行为，而是加工社会刺激的思想家或信息加工器"。这些思想家或信息加工者不管思考什么，好像都总会出错。因此，在社会认知和社会判断的研究中发现了一系列的偏差。

社会认知研究的蓬勃发展则主要出现在 20 世纪 70 年代的后半期。此时，社会认知研究开始广泛借鉴认知心理学的理论和方法，尤其受到信息加工理论的深刻影响，开展了大量的实证研究。1978 年，在西安大略（Western Ontario）大学召开的第一次人格社会心理学主题研讨会上，首次选择社会认知作为大会的议题，这次会议的有关论文被编成《社会认知专辑》，1982 年由 Guilford 出版社在纽约出版发行，这标志着社会认知进入了心理学主流的视野。自 1984 年菲斯克和泰勒出版。了他们的有关社会认知的专著起，社会认知的研究得到了空前的发展。从 J. S. Bruner 开始，社会认知研究的范式也不断调整变化，使社会认知的研究框架日益明确，研究方法更加科学，研究内容逐渐深化。迄今为止，已经形成了不少解释性强、使用价值大的社会认知理论。而且，从 20 世界 90 年代开始，心理学家逐渐把研究的触角伸向社会认知的内隐层面，进一步加深了心理学对社会认知的理解和把握。

从 20 世纪 80 年代中期开始，社会认知心理学开始探讨情绪、目标、动机等在认知中的作用，"暖"认知的研究开始受到广泛注意。90 年代以来，这方面的研究主要集中在情感对社会判断和认知策略的影响。其次，开始注重社会情境、交流过程与社会认知之间关系的研究。近年来，社会心理学家对此进行了大量的研究，认为社会认知和判断过程中的许多偏差和错误可能部分的是由于研究情境中交流的性质引起的，并不表示人在社会认知和判断中必然存在内在缺陷，偏差和错误应根据情境中交流性质加以理解。最近，美国心理学家班杜拉提出了三方互惠决定论，即人的行为、社会认知等主体因素以及环境三者之间构成动态的交互决定关系，其中任何两个因素之间的双向互动关系的强度和模式，都会随着行为、个体、环境的不同而发生变化。

从 20 世纪 90 年代开始，社会认知对人的隐喻转变为人是"目标明确的策略家"。人能够灵活地采取不同的加工策略以适应当时情境的需要，努力使事情完成。因此，在需要时，人会更多地注意复杂的信息，进行系统费力的加工；当目标不存在这种需要时，人会依赖于认知捷径、简单的策略和先前的知识结构。人能够灵活地调节自己的认知过程以适应情境的需要。当时心理学家费斯克和泰勒认为，社会认知研究不依赖于任何一种理论，研究的目的只是为了更好地了解人们是如何认识他人和自己的，社会认知与态度、人的知觉、刻板印象、小团体等研究息息相关[5]。所有认知研究都具有共同特征：坚持信奉心灵主义；倾向于过程研究，在认知心理学和社会心理学之间跨学科发展，比较关心现实生活中的社会问题。

20 世纪 90 年代以后，社会认知心理学的研究出现了一些新特点，取得了许多不同于以往的新成果。基本研究趋向是：首先，注重社会认知的内隐研究。目前，社会认知研究受到内隐认知研究实验技术的影响，产生了内隐社会认知研究，从全新的角度来解释人的社会认知。内隐社会认知的显著特征是认为过去经验的痕迹会影响某些行为，尽管产生影响的过去经验在通常意义上没有记忆——即通过自我报告或内省是不可提取的。具体的研究是通过内隐记忆的方法研究内隐态度、内隐自尊与内隐刻板印象等。其次，注重情感和社会认知的相互作用。进入 20 世纪 90 年代以后，这一领域的研究主要集中在情感对社会判断和认知策略的影响等问题上。因此，虽然在 20 世纪 60、70 年代关于态度、认知失调等研究中，情感研究和社会认知研究的结合已经有所表现，但直到现在才逐渐开始为心理学家们所关注和追捧，成为社会认知研究的新趋势。

虽然社会认知研究至今还未形成统一的理论，但它关注社会认知的结构研究和过程研究，它的发展趋势可以总结为由内容向过程的研究转换，社会认知研究相对集中于社会心理的过程层面，并随着研究的深入进行结构与过程的整合，以期更合理的解释人的社会心理产生和发展的机制及原理。

二、社会认知的研究现状

社会认知在过去二十年里变得越来越流行，在社会心理学中占有主导地位。它在发展心理学、人格心理学、工业组织和临床心理学领域也占有重要位置。近年来，人们从外显和内隐两个角度对社会认知开展了大量的研究。

（一）外显社会认知研究现状

以往的大多数有关社会认知方面的研究属于外显社会认知范畴。人们头脑中由认知成分（如各种信息、看法和信念等）组成的认知系统具有倾向于和谐、平衡和一致的趋势，当这种和谐状态遭到破坏，人们面临互相对立的认知时，就产生了认知失调，这是一种令人不安、紧张的心理状态，人们为了减轻或消除它，就会贬低、歪曲甚至完全否定引起认知失调的新信息或其他认知成分，改变原来占主导地位的认知，使之与新认知相一致。50 年代后期出现了几个比较有代表性的理论模型，这几个理论模型都围绕个人的社会认知不均衡而展开论述。

1. F. Heider 的平衡理论（balance theory）

认知平衡理论是 1958 年奥地利心理学家弗里茨·海德在《人际关系心理学》一书中提出的。其基本思想是：在日常生活中，人们总是倾向于建立和保持一种有秩序、有联系、符合逻辑的认知状态，也就是说，力求保持自己的认知体系处于平衡状态。所谓平衡状态，是指这样一种情境："在这种情境中，被知觉的单位和情绪无应激地共同存在着，因此，不论对认知组织的变化还是情绪表现的变化都没有压力。"海德提出了平衡结构理论，即 P－O－X 模型假设。其中，P 是认知者，O 是 P 认知的另一个人，P 与 O 双方建立起一定的感情（好感和恶感），X 是第三者的人或物或事。海德认为，P－O－X 三种成分的相互作用可以组成一个认知场，对知觉者来说，需要考察三者之间的平衡状态来进行认知或行为调节。P、O、X 三者之间的关系呈八种模型，如图1－2 所示：

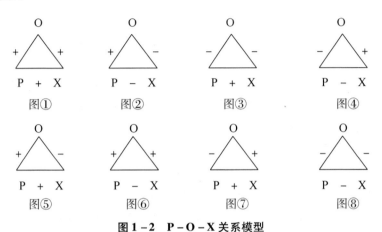

图1－2 P－O－X 关系模型

图中"＋"表示肯定关系，"－"表示否定关系。如图①表示 P、O、X 三方互相喜欢，因此这种关系是平衡而稳定的，作为主体的 P 在心理上很和谐，并愿意维持这种关系。而图⑦表示 P 和 O 都喜欢 X，但 P 与 O 之间关系紧张，出现不平衡，这时三方之间要维持平衡关系，就要设法改变不协调的状况。

2. L. Festinger 的认知失调理论（cognitive dissonance theory）

费斯廷格认为，人有许多认知因素，这些认知因素之间有些是相互独立的，有些是相互关联的。相互关联的认知因素之间存在两种情况：可能协调，也可能不协调。认知因素之间的失调会使心理上发生不愉快，有时有压迫感。因此，当人们的认知体系内发生了不协调，就会设法减轻或解除这种不协调关系，避免接触与已有的认知因素相矛盾的信息。他进一步强调指出，认知因素之间失调强度越大，则人们想要减轻或解除失调的动机也越强烈。

费斯廷格的认知失调理论能说明人们的行为及其态度的变化，比海德的理论模型所运用的范围更为广泛。二人的理论比较一致的地方是：当认知因素发生了冲突与矛盾之后，个体就处于一种想要解决其矛盾的不舒服状态之中；当认知因素协调时，人们就要维持这种状态，以避免其他不协调因素的介入，说明这两种理论对于态度的转变是具有积极的动机作用的。

3. C. E. Osgood 和 P. H. Tannenbaum 的一致性理论（congruity theory）

"一致性理论"（congruity theory）或称和谐理论，其提出者为奥斯古德和坦南鲍姆（C. E. Osgood G. P. H. Tennenboum，1955），是探讨与预测人在接受新信息后，为保持内部一致性而调整原有态度的一种理论。这个理论认为，人对周围各种人和事物由于不同评价而有相同或相异的态度[6]。这些态度之间可以是互不相干而独立的，也可以是相互关联的，如态度对象中的一方发出有关另一方的信息，前者成为信息源，后者成为信息对象，两者以及有关两者的态度之间就有了关联。通常人们为了在心理上达成一致，人的内部动力就会促使原有态度发生改变，要么肯定后者，要么否定前者。人们调整自己的态度过程是迅速完成的，虽然自己也许并不明确意识到。这种调整的结果不仅取决于三种变量因素（即个人对信息源的态度，个人对信息对象的态度，以及个体根据信息源对信息对象所作断言的态度的方向（肯定或否定），而且也涉及它们的强度。一致性理论假定，在调整中各个因素都可能发生变化，其变化的总量与其相对的强度成反比。因此在调整时，虽然各种评价都有所改变，但一般不会去改变评价最强的因素。

4. W. J. McGuire 的认知相符理论（cognitive consistence theory）

在 20 世纪 50 年代，美国心理学家麦克盖尔（W. J. McGuire，1960）首先提出认知相符的概念[7]。认知相符理论（cognitve consistence theory）是以认知趋向一致的状态或倾向性来解释个人心理活动和外部行为变化的社会心理学理论，它试图以人的认知活动为出发点，理解隐含在个体社会心理活动背后的动机状态。麦克盖尔认为，人有一种动力倾向性，其信念、观点或态度如果与其他观点或行为有矛盾，只要他意识到，他就会自发地去调整自己原来的观点，保持与正常逻辑关系相符，即人一般认为自己是理性的，合乎逻辑的。因此在社会生活中，个体总是自觉不自觉地对外证明这一点，他通过将自己的内部状态与外部行为保持一致，避免逻辑矛盾以维护自己的理性形象。这里所说的"一致"、"避免逻辑矛盾"的过程是发生在心理意义的层次上，而不是在客观现实的层次上。这种认知相符倾向的观点，简单说，就是把人作为理智的人来看待的。

认知相符理论在内容上不断扩充、丰富，已远远超过其初始时仅说明人的信念转变过程的范围，成为探讨、揭示人的心理内部动机状态对人的心理活动、行为和人际交往等现象的所具有的根本性影响的理论。

以上几种理论的一个共同的前提假设是，人一般都自认为自己是理性的，做出的选择判断是合乎逻辑的。在日常生活中，人们总是试图通过将自己的内部状态与其外部行为保持一致，避免逻辑矛盾来维护自己的理性形象。事实上，在大多数情况下，人对自身的认知过程都是具有明确的意识监控作用的。

最近十多年，人们对"元认知（meta‐cognition）"的研究引起了很高的重视，反映了外显认知对人们认知活动的重要性。所谓元认知是指认知主体对自身认知过程的知识和意识，即检验、调整和评价自身思维的能力。从认知活动的整体性而言，它包含了元认知内容、元认知体验和元认知监控三种成份；依靠元认知，主体能够控制自己的思维活动，从而更有效灵活地完成认知活动。从认知活动的阶段性而言，元认知包括元知觉、元记忆和元思维三个阶段。同理，社会元认知（social meta‐cognition）也具有元认知的这些属性，只不过强调认知过程的社会性和社会价值罢了。

近几年来，国内学者对社会认知的研究多集中在印象形成偏差中的刻板印象、印象形成中的记忆、表征和启动效应的研究和归因理论的研究等，其他一些社会认知的研究更多的是由于现代测验的驱动，而不是通过传统的社会心理的努力去直接或快速地解释有趣而重要的社会现象。

（二）内隐社会认知研究现状

许多研究者都认为，所谓内隐社会认知是指在社会认知过程中虽然主体自身不能报告或内省某些过去经验，但这些经验潜在地对主体的判断和行为产生着影响。也就是主体对于自身的社会认知过程并不是完全意识到的，人们常常是这样想，但并没有这样做。这种意识到的和行为表现之间的不一致，至少可以部分地解释为这是内隐社会认知所致。在我们的认知过程中，除了有些是明确意识到的之外，尚有一部分认知活动只处于很低的意识水平。我们的认知在很低的意识水平或无意识状态下，并没有停止自己的活动；相反，有时甚至是很活跃的，并且有一套它自身活动的规律和特点。

有关这些方面的研究，弗洛伊德（S. Freud）及其追随者有大量的临床研究和论述。如有关这些方面的研究，就曾经指出"意识好比是一片广阔无涯的无意识的表层。意识心灵还具有某种狭窄性。在一定的时间内，它只能具有一些同时发生的内容，而其余的在当时都是无意识的，我们通过连续的意识瞬间只能对意识世界有一种连续性或总体性的理解或认识。无意识的领域是巨大的，而且永远是连续的；但意识领域却是一片有限的瞬间视域。我们应该有一个实验室，运用客观的方法构成在无意识状态下的真实情况"。荣格（C. G. Jung）的这段话是很有启发性的，尽管他们的研究有其自身的缺陷，但毕竟由于他们的工作而使得人类对自身心理的另外一个世界有了许多生动的认识。特别是最近一、二十年，有关内隐记忆的大量研究更是从许多严格的实验中揭示了我们人类记忆的许多神秘现象。因此，我们从内隐的、无意识的角度考察社会认知过程是有其坚实的基础的。

有关内隐社会认知的研究，在国外，A. G. Greenwald 和 M. R. Banaji（1995）等人从内隐社会认知的角度对社会态度、自尊和性别刻板进行了研究，并对内隐的性别刻板进行了比较系统的研究[8]；在国内，我国心理学家杨治良教授等人从内隐认知的角度对人的攻击性态度进行了研究，获得了一些很有意义的实验结果[9]。总之，有关内隐社会认知的研究目前尚处于初始阶段，在这个领域有许多新的事实和规律有待我们进一步去探索和发现。

三、内隐社会认知研究的新视野

内隐社会认知是较新的社会认知研究命题，它从无意识角度打开了社会认知研究的一个新视野。内隐社会认知现在主要涉及内隐态度、内隐自尊及内隐刻板印象等方面的研究。内隐社会认知和传统的社会认知不同，它是一种深层的、复杂的社会认知活动，是认知主体不需努力的、无意识的操作过程。内隐的社会认知主要有四个特点：1. 它具有社会性，是对人及人际关系等社会对象的认知活动，这一过程包涵着社会历史意义和具体的文化内涵；2. 它的形成具有长期性，作为一种认知结构，它是已有的社会历史事件与个体的生活经验长期积累的结果；3. 它具有无意识性，它的发生、发展及其效应均是一种自动的、无意识操作过程，是很难用言语来表达的；4. 它具有启动性，个体的过去经验和已有的认知结果会对新的社会对象的认知加工产生影响。

（一）内隐态度研究

20 世纪 30 年代之后的很长一段时间内，许多社会心理学家都接受态度是有意识的操作这一观点，大量采用直接测量的方法研究态度问题就可以反映出这一特点。最近的研究表明，态度并非受有意注意的控制，原因是：1. 态度反应的速度很快，低于意识中介活动所需要的时间；2. 态度可以被无法报告的刺激所引起。而内隐态度是指个体已有的态度在新客体上的自动投射，对内隐态度的研究则直接支持上述观点。

由于内隐态度是过去经验和已有态度积淀下的一种无意识痕迹，因此，这种痕迹影响在显意识水平上是无从觉知的，但它又潜在地作用于个体对社会对象的情感取向、认识和行为。从单纯接触效应和晕轮效应的分析中我们可看到内隐态度的存在。单纯接触效应是指个体对特定事物的接触频率与喜爱程度之间存在密切相关的一种效应。对于该效应的一种可能的解释就是，重复呈现的刺激使被试在再现时辨认更容易，于是被试在无意识中产生了对该刺激的喜爱。晕轮效应是指个体将社会对象的某一特性扩散到整体的心理现象。在对男女外表魅力的研究中发现，女性的外表魅力对于男性产生的影响，更胜于男性的外表魅力对于女性的影响，外貌的晕轮效应可认为知觉者潜在地预期外表有魅力的人，其社会适应性更好。按照内隐社会认知的观点，此晕轮效应可解释为：男性在意识到女性个体拥有某种外表魅力时，就会对该女性产生一种弥散的正或负的态度，当要求男性对女性的某种特征因素进行评价时，这一态度就会影响对该种特征的评价，从而出现男性因女性外在魅力而产生的晕轮效应。

（二）内隐刻板印象研究

刻板印象是社会心理学的传统研究领域，指的是个人对社会团体所持的一种稳定不变的认知结构，它调节个体对团体成员的信念和预期，使个人的知觉过程带上偏见色彩。最近的研究证明，刻板印象是无意识的或自动化的过程，那些明确否认自己有刻板印象的人，利用间接测量会发现刻板印象依旧存在其行为中，这是内隐刻板印象最有说服力的证据。

内隐的刻板印象是指内省者不能确知的过去经历（内隐记忆）影响着个体对一定社会范畴成员的特征评价。1998 年，葛明贵采用男性和女性的人格特征词为实验材料研究内隐性别刻板印象。研究发现，被试对男性和女性的人格特征词的外显记忆没有表现出差异，但是对男性和女性的人格特征词的内隐记忆差异显著，突出表现在对"女性"加工的精细和对"男性"加工的相对放松上。被试在无意识的自由联想过程中，在女性加工方式下，能较好地识别和判断目标词而加以剔除。1999 年，周爱保在研究信息的性质对内隐社会印象的影响时，发现在以男性为主的社会中，社会对男性的要求要比对女性更为苛刻，而对女性形成的社会印象比男性更为消极，表现出了"歧视性"的内隐性别偏见，证明性别刻板在两性中都存在，只是表现方式不同而已。

刻板印象还可以无察觉地影响人的判断，刻板印象形成中的某些无意识是这些判断形成的动机性根源。如当某人被归类为某一群体成员时，有关该群体的刻板印象就会被激活，然后刻板印象就会作为其行为趋向的预期基础以及人们与之交往的行为指南。Dovidio 等人对种族刻板效应展开研究，他们首先给被试呈现一个启动词（"白人"或"黑人"），接着呈现目标词（积极或消极品质）。请白人被试判断目标词与启动词的符合度。当目标词为积极品质且启动词为"白人"时，发现被试的反应显著快于启动词为"黑人"时的速度。此外还发现，对于消极品质，被试对"黑人"的反应速度明显加快。研究者将此现象解释为"矛盾的种族主义"，即"真诚向往种族平等的信仰"与"矢口否认却内隐存在的种族歧视"之间的一种矛盾。内隐刻板印象作为一种社会认知偏差的结果，是过去经验和已有刻板印象积淀下的一种无意识痕迹，这种痕迹影响是在显意识水平上无法察觉的，但又真实潜在地作用于个体对某一团体成员特征归纳的心理现象，虽然刻板效应常常内隐地在人们的日常行为中表现出来，但个体在意识状态下却往往否认其存在。

（三）内隐自尊研究

对自尊的研究发现，大多数人对自我持有肯定的态度，由此产生了一种内隐态度形式：个体会对与自我有关的客体做出肯定的评价。当被试对客体做出肯定评价时，并没有意识到受到了自我态度的影响，这就是内隐自尊的表现。内隐自尊是过去自我态度积累下的一种无意识痕迹，是个体在评价与自我相关的对象时，由自我态度带来的一种无意识效应。自我偏见和角色扮演中都反映了内隐自尊的存在，自我偏见效应是指人们在做出判断时，由于自我的肯定而潜在地产生一种判断上的偏见。人们倾向于从有利于维护自我形象的角度做出判断，以修正过去的记忆。这一自我认知偏见具有适应性功能，有助于保持自我的完整统一性，自尊还会受到自我与他人的关系及他人评价的影响，使人的自我在社会比较中提升。Kanis 做了角色扮演实验说明角色扮演效应。他们将某一具有争议性的观点硬性分配给一组被试，让该组被试为此观点寻找支持性论据，给控制组被试则呈现出与前者几乎同样的论据。研究结果表明，参与角色扮演的实验组被试比控制组更确信此观点的正确性。内隐自尊对此的解释是：被试在接受角色扮演任务的同时，在自我与所分配的观点之间建立了某种联系，被试对自我的肯定性态度潜在地泛化到了所分配的观点上，并对此做出积极评价。

第三节　社会认知的学科基础

社会认知这一学科的兴起并不是空穴来风，而是有着坚实的学科基础。社会心理学为社会认知的兴起和发展提供了研究内容，但与社会认知的研究内容又不完全相同；认知心理学为社会认知的发展提供了方法学的指导，特别是为基于间接测量的内隐社会认知研究提供了方法学的支持，促进了社会认知研究的快速发展；发展心理学为社会认知的发展提供了重要的理论基础，并为社会认知的发展确立了研究范式，促进了社会认知的深入研究；社会认知神经科学为深入理解社会认知的核心问题如社会认知的心理机制等提供了新的研究视角和技术支持。本节主要从社会心理学、认知心理学、发展心理学以及认知神经科学等角度来阐述社会认知研究发展的学科基础及其在社会认知研究发展中的重要作用。

一、社会认知与社会心理学

社会认知是社会心理学与认知心理学结合的产物，现在已经成为社会心理学中一个非常重要且相当活跃的研究领域。社会认知在我们称其此名之前已经存在很久了，从20世纪30年代开始，社会心理学家一直研究人们对社会事件的知觉和认知。社会心理学一直带有强烈的认知意味，Kunda将社会认知描述为"能够理解我们的世界——思维、目标和感觉，或者知觉、动机和情感"等一些方面，她清楚地呈现了来自社会心理学的研究和理论，以及来自认知心理学的观点和方法，这一切导致了社会认知学科的产生。

（一）社会认知与社会心理学的研究内容的异同点

社会认知一直难以从社会心理学中区分出来，历史上社会认知也一度与社会知觉交替使用，如人际知觉关心人的判断、印象、解释和对一些人的归因和行为的预测，以及这些知觉的个体差异、精确性和偏差。对于区分社会认知和社会心理学问题的一个解决方法就是在社会心理学中选择一些特别的内容作为社会认知，而剩下的内容就是非社会认知内容。

1. 社会认知与社会心理学研究内容的共同点

当代社会认知研究并没有使自己远离社会心理学的研究主题，例如文化（Morris & Peng，1994）、语言（Semion & Fielder，1992）、团队过程（Levine，Resnick & Higgins，1993），而且，社会认知和社会心理学都关注心理学一些最基本的问题，如，印象形成、态度、沟通、亲社会行为等，同时，还关注内部心理水平的分析，评估认知与动机、情境变量及行为的关系的相互作用问题[10,11,12]。如"认知-感情相符理论"（theory of cognitive - affective consistency）是一种关于人们总是试图使其认知与其感情相符的论说。有关信息决定我们的情感，如我们知道一个人坐过牢和谋杀过许多他的对手，我们就会不喜欢他，但反过来也一样。有时我们对事物偏爱的感情也会影响着我们对事情真相的认知、"知识"和深信不疑。以往的一些认知理论主要是探讨认知活动或过程及其在社会心理与社会行为中作用的一种学说，它极少涉及其它心理因素（如情感、意向和动机），而"认知－感情相符理论"超越了上述界限，并采取巧妙的实验设计来获得证据，可以说是认知研究的一种突破和进展。

2. 社会认知与社会心理学研究内容的不同点

20 世纪 70 年代后期，上述的解决方法不能使社会心理学家感到满意，他们认为社会认知已经扩展到跨传统社会心理学研究领域，例如态度改变、人际沟通、团队决策等等。因此，一个人不能仅仅通过一个内容研究领域来区分社会认知和社会心理学。一个可以选择的解决办法就是承认社会认知强调社会心理的认知水平分析而不是所有可能水平的分析。例如社会影响包括社会助长作用，它是在生物水平上的一种分析；团队绩效作用、社会氛围等是在社会水平上的一种分析。这些都是社会心理学问题，但不是社会认知问题，因为它们关注的是对他人在行为上的影响，而不是强调认知水平的分析。因此，并非所有的社会心理学都是社会认知问题，也并非所有的社会心理学都强调认知水平的分析。

（二）社会认知和社会心理学研究的侧重点不同

社会认知是通过认知者的思维活动进行某种程度上的信息加工、推理、分类与归纳的认知过程；而社会心理学则是研究社会相互作用背景中，人的社会行为及其心理根据的科学。因此，社会心理学主要关注人们行为和心理变化的现象、规律以及影响这些变化的因素等信息，而社会认知则主要关注个体的认知机制，关注认知结构和认知加工，更加重视过程研究，希望了解人们对信息最初理解的原因及认知表征的性质和它们在记忆中贮存的方式等。

众所周知，社会认知研究实际上是研究行为的每个侧面：喜欢与爱、利他主义、团队行为、偏见和歧视、决策、政治、心理健康等[14]。但社会认知的本质特征是什么呢，为什么个体的心理生活要与其他人相联系？理解社会情境以及处于该情境中的人们是一种日常活动，尽管人们通常习惯运用知觉去理解社会认知的本质，但 Kunda 指出，人们的知觉经常是不正确的。而且，她的研究和数据可以阐述各种各样的与社会认知有关的过程和主题。James（1980）指出，主要的也是最根本的原因就是，心理生活是一种保护性行为。因此，第一步就是理解社会认知的本质，以便于承认个体的心理生活通过适应性行动而具有根本的存活价值[14,15]。还指出，行动是社会知识的根源。很明显，这些心理学家认为："人类是行动者而不是观察者"，一个人是通过行动和体验行动带来的结果来了解这个世界的，这也是社会认知与社会心理学研究不同点之一。

（三）社会认知与社会心理学的研究方法和研究技术不同

社会认知在社会心理学中研究内容的普遍性并不意味着其试图接管这个领域，也不是要统治支配其他的研究方法。相反，这一流行反映了社会认知方法与其他多元理论观点的兼容性[16]。正是由于社会认知与社会心理学研究的侧重点不同，因此，其研究方法和技术也有所不同。一般而言，社会心理学家往往采用调查法、档案法、现场研究、实验研究等多种方法来理解个体和环境的相互作用，以期对人的本质的理解能够更加综合和精确；而社会认知研究则对调查法、档案法等较少采用，它更多的是采用实验室实验的方法，针对所提出的一些重要假设，通过对这些假设进行实验验证和讨论，了解人们行为的认知加工过程和规律。

总之，无论是社会心理中的认知还是认知中的社会心理，都有其益处和价值，我们应正确看待二者之间的关系，并将其有机结合起来，促进其共同发展。

二、社会认知与认知心理学

世界上最重要的社会问题一直是通过社会认知范式的透镜来分析的。社会心理学一度认为社会认知与认知心理学没有什么差别。如对团队行为的研究，关注的具体问题是个体与团队之间是如何相互作用，创造出意义，并且以集体主义的认知、动机和情感为依据而行动的[17]。然而，我们不得不承认，认知心理学为社会认知的快速发展提供了方法上的支持，特别是间接测量方法的发展极大地促进了社会认知领域的进一步拓展。

（一）社会认知与认知心理学都关注信息加工过程

无论是社会认知还是认知心理学，二者在研究过程中都关注个体的信息加工过程，希望了解个体对刺激是如何反应的，都关心认知结构和加工阶段，都涉及到信息的编码、存贮、提取等过程，即信息加工的不同阶段。但认知心理学家主要关注认知系统是如何操作的，更希望了解感觉信息如何从环境中被选择，然后如何编码、存贮、提取等过程，而社会认知学家则更关注在特定的环境背景下，系统是如何操作的，关心实际发生了什么，而不是能发生什么，他们更想了解人们是如何做出各种判断和行为决定的。

（二）社会认知与认知心理学在研究方法方面的异同

由于社会认知与认知心理学关注的问题很相似，因此二者在研究方法方面也趋于一致，都倾向于采用实验室实验法。认知心理学强调将条件与结果加以对照，即将输入和输出联系起来进行推理，以发现某一心理现象的内部机制。因此，认知心理学特别重视实验设计，以求获得为判定内部心理机制所需要的信息。在具体研究中采用实验和计算机模拟等方法，其中，以反应时和作业成绩为指标的实验特别受到重视。在社会认知研究方面，过去 20 年，研究者日益依赖认知心理学的模型和方法，使得社会认知研究能够更多的关注具有社会现象的认知心理学的最新内容，但传统的测量方法如反应时、启动效应等方法的应用只能含糊地说明一些相关问题，简单地解释一些现象，而没有一个真正的理论或方法，因此，其方法滞留在一般的实验研究方面。近年来，随着信息化和计算机技术的发展，社会认知的研究方法得到进一步发展，开创了一些内隐社会认知的测量方法如内隐联想测验（IAT）、联结任务测验（GNAT），特别是神经生理技术的测量方法日益受到广大学者的关注，这是与认知心理学研究方法所不同的，社会认知研究方法和技术的发展和进一步完善也使得社会认知研究在更广阔的领域内得到迅速发展。

三、社会认知与发展心理学

皮亚杰的一系列研究不仅扩展了社会认知的研究领域，而且为社会认知的研究提供了理论框架和研究范式，因此其对当代的社会认知研究有着巨大的影响。

（一）社会认知研究的重要理论支柱

皮亚杰的认知发展阶段理论是社会认知发展研究的一大理论支柱。他指出，儿童的社会认知是随着年龄的变化而发展变化的，他提出了儿童社会认知发展的四阶段理论。大量学者也都倾向于用皮亚杰的认知发展阶段理论来解释儿童社会性发展的一些规律或原因，如印象形成、态度等，强调个体的社会性发展依赖于其认知发展。例如，Barenboim（1981）用皮亚杰的认知发展阶段理论解释儿童在形成他人印象过程中，是从行为比较阶段、心理建构阶段到心理比较阶段发展的[18]。从行为比较阶段向心理建构阶段的转换发生在 8 ~ 9 岁，儿童进入皮亚杰的具体运算阶段不久，他们开始熟练觉察规则并能对之进行分类；从心理建构阶段向心理比较阶段的发展，是儿童进入形式运算阶段，具备了对抽象事物操作的能力，儿童形成他人印象的各阶段间的转换与皮亚杰对这些事件的解释正好吻合。同时，皮亚杰对儿童道德推理的研究也确立了道德认知在社会认知研究中的重要地位。儿童道德认知是一种复杂的社会认知，它涉及到对自我的认知（如，是自我中心的还是社会参照的），对社会规范的认知（如，规则的来源，规则的作用），对他人行为的认知（如，判断他人行为的依据是动机还是效果）等等。皮亚杰站在发生认识论的立场上，使用富有创造性的"两难"问题的研究范型，从认知的角度切入道德发展的研究，并在此基础上提出了儿童道德发展经历了一个前道德阶段和两个道德阶段（他律阶段和自律阶段），并指出从他律向自律过渡，认知成熟和社会经验起着重要作用。虽然当今社会关于儿童道德认知发展的研究在内容上逐渐深入，但毫无疑问的是，皮亚杰的道德认知研究在社会认知研究中是极具开创性的。尽管当代学者强调用生物学理论、环境论和认知理论综合解释儿童社会认知的发展，但由于皮亚杰认知理论的高度解释力，而使之成为社会认知发展研究的重要理论支柱。

（二）社会认知的研究范式

皮亚杰方法论上的结构主义确立了社会认知研究的结构分析范式，刺激了过程分析范式的发展。皮亚杰在方法论上坚持结构主义，他的结构主义不同于以往的结构主义，具体表现为心理分析与逻辑分析统一观，结构主义与建构主义统一观，结构与功能统一观。

1. 结构主义研究范式

皮亚杰用整体性、转换和自我调节相统一的心理逻辑结构的发生和发展解释心理的发生和发展，得到社会认知研究者的认可，结构分析成为社会认知研究的重要范式，皮亚杰发展的结构主义研究范式强调结构具有整体性、功能性、变动性、开放性，着重强调结构具有主体性和变动性的过程，论述了儿童认知发展的动力说及儿童认识发展的阶段说等问题，认为从结构的观点来了解儿童思维的结构以及儿童与成人心智的关系是极为重要的。

不仅新皮亚杰学派坚持这种研究范式，其他的社会认知研究者也非常重视这种研究范式，但他们在研究方法选择及对发展的解释上则表现出更大的灵活性。例如，柯尔伯格继承了皮亚杰结构分析的范式，扩展并延伸了皮亚杰的道德发展理论。认为在不同的道德发展阶段，儿童会以不同的思维方式思考道德问题。Youniss 在研究中运用皮亚杰提出的心理逻辑结构来说明聋儿和正常儿童及青少年间发展的差异。近年来，在坚持皮亚杰观点的基础上把研究重点放在家庭关系和友谊对社会性发展的影响上。他试图采用皮亚杰的逻辑形式对认知中的动力关系进行分析，对相互作用在社会认知发展中的作用进行了深入探讨，提出儿童—成人的交往与同伴交往间的反差促进了儿童社会认知的发展。

2. 过程分析研究范式

结构分析范式在社会认知研究中有其局限性，如对儿童在不同情境下的社会认知和在不同方面社会认知发展的不平衡性的解释缺少说服力。由此激发了包括新皮亚杰学派在内的社会认知研究者对过程分析范式的重视。

社会认知的过程分析范式受信息加工心理学的影响，把研究重点放在个体是在何种图式指导下对社会信息进行表征的，又是如何对社会信息进行分类的，以及如何在此基础上采取行动的。总之，这一研究范式重点研究社会信息在输入、加工和决策过程中表现出的一系列心理变化。例如，分类理论和心理理论普遍采用过程分析的方式来进行研究。分类（category）理论反应了社会认知研究的进程，已引起了社会心理学家的重视。分类理论认为，人们可以对事物及社会情境分类，也能根据人的特质将人分类，分类帮助人们在印象形成中判断重要线索。在社会认知中占支配地位的分类模式有原型（prototype）模式和范例（exemplar）模式，两种模式常用于解释个体如何表征自己所属（或不属）的群体，解释个体的社会认同及刻板印象。

心理理论最早是由 Premack 和 Woodruff（1978）提出的，Premack 等人认为每个人拥有一个心理理论，据之可以推测他人的心理状态并预测他人的行为。尽管心理理论是当前研究的热点，但可追溯的较早的研究仍然是皮亚杰有关"自我中心"的研究，他认为儿童对人心理的认知是由自我中心到脱离自我中心逐渐发展的。当前，在儿童心理理论发展机制的研究中，心理理论的研究者仍采用结构分析的研究范式，而模块理论和匹配理论的研究者则更多采用过程分析的研究范式。

结构分析和过程分析两种研究范式从不同方面推动了社会认知研究的发展，因而我们决不能把两种研究范式割裂开来。正如 Robbie Case（1994）所说，结构分析最适于描述认知发展之"森林"，而过程分析更适于描述认知发展之"树"。因而应该把两种范式结合起来，以期更完整、更精细地描述社会认知的发展[19]。

总之，皮亚杰的理论及研究方法一方面作为旗帜，引导着社会认知研究的发展；另一方面作为靶子激发社会认知研究的扩展和深入。由于皮亚杰在自然的环境中采用临床法研究儿童心理的发生发展，与社会认知研究的社会文化取向有着密切的联系，有人称之为社会生态化研究的先驱之一。因此，也为社会认知研究的生态化奠定了基础。可以说当代的社会认知研究与皮亚杰的开创性研究有着千丝万缕的联系。

四、社会认知与社会认知神经科学

目前，心理学家对社会认知心理机制的研究始终未能就一些核心问题达成共识，缺乏对生理机制的探索，尤其是缺乏对高级神经系统、脑功能的研究。因此通过脑功能定位技术开展大脑功能与社会信息加工机制相互关系的研究成为心理学家进行社会认知理论探索的途径之一。这种新的、交叉性的研究范式在国外已经引起了研究者们极大的关注，并取得了一定的研究成果，体现出巨大的理论及应用价值。因此，许多心理学家们认为神经科学能为深入理解社会认知的核心问题做出巨大的贡献，并将这方面的研究统称为社会认知神经科学。

社会认知神经科学是近十几年来出现的新兴学科，其诞生得益于两种力量的推动。一是认知心理学中信息加工思想的确立使传统的社会心理学打上了社会认知心理学烙印；二是最近十年来认知心理学利用脑科学的研究方法和成果来解释与记忆、注意、知觉以及推理等有关的认知过程，由此导致了认知神经科学的诞生。而社会认知心理学与神经科学相结合的产物就是社会认知神经科学，它主要涉及对认知过程的神经机制、特别是脑机制的研究。社会认知神经科学方法研究社会性心理现象的潜在的神经认知结构，有可能发现不同社会现象的共同的神经心理基础，从而提高描述社会现象的精度，而这在传统的社会心理学研究中是不可能实现的。然而，旨在探讨不同形式社会认知神经基础的社会认知神经科学为回答这类问题提供了新的途径。如果不同形式的社会认知激活了相同的脑区，而且针对不同认知过程，经过控制刺激模糊程度或亮度，认知目标和注意资源都能导致相同的脑皮层激活模式，那么就有理由认为不同认知过程可以激活相同的大脑加工机制[20]。这一新学科的诞生为在多层次的整合研究水平上理解人类社会性心理现象的本质提供了广阔的前景和坚实的技术基础。

社会认知神经科学强调从三个分析层面的交互作用上去理解心理现象：社会层面，它关心影响个体行为与经验的动机与社会的因素，社会心理学家可以借用神经科学的技术与研究成果消除和验证现有的各种理论间的分歧和对立；认知层面，它关心导致社会层面现象的信息加工机制，认知神经科学家可以通过操纵社会性刺激来研究个体高级心理现象的信息加工过程及其脑系统的机能；脑神经层面，它关心揭示认知过程的脑机制，为一些社会心理现象的解释提供神经科学的证据。社会认知神经科学的基本要点可用图1-3表示如下：

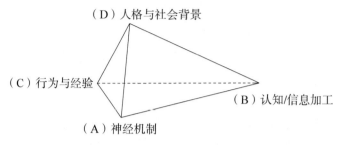

图1-3 社会认知神经科学棱柱

图中A、B、C连成的三角形，就是Kosslyn和Koenig在1992年提出的认知神经科学三角形。在社会认知神经科学三菱图中，认知水平的分析是中介，这是因为尽管社会心理学家和认知神经科学家提出问题的类型不同，但是他们都主张用信息加工机制的术语来描述心理过程。社会认知研究揭示了一系列关于社会推理和社会行为的信息加工的共同机制，而认知神经科学家则把信息加工的共同机制作为进一步研究的起点，并在神经解剖学、神经生理学和神经化学水平上探讨信息加工过程的潜在机制。认知研究中的诸如图式、选择性注意、抑制过程、内隐加工与外显加工等许多概念，在社会心理学与认知神经科学领域内都被广泛使用。这不仅为这两门母学科的研究者提供了沟通的桥梁，而且有可能把对认知过程的描述纳入到社会认知神经科学统一的研究范式中。因此，社会认知神经科学这一学科名称不仅体现了这两门母学科的跨学科结合，也有利于这两种不同研究取向在信息加工的中介层面上进行有效的交流。理想地说，社会认知神经科学应该同时满足社会心理学家和认知神经科学家的需要，既能够有助于形成有关社会认知与行为背后的潜在心理过程的理论，同时也能为理解脑系统的功能提供有价值的信息。Ochsner和Lieberman认为，将人格与社会背景的维度分别与三者联结组成社会认知神经科学，将不仅克服认知神经科学的不足——它不强调社会、文化、动机行为等的重要性，也将克服社会心理学的不足——它不涉及神经机制。

近近年来，研究者在社会认知神经科学的框架下对诸如刻板印象（Hart, 2000；Lieberman, 2001）[20,21]、态度与态度改变（Crites et al., 1995；Lieberman et al., 2001）[22,23]、人际知觉（Kanwisher et al., 1997；Hoffman & Haxby, 2000；Gauthier et al., 1999；Ochsner &Lieberman, 2001）[24,25,26,27]、自我认知（Craik, 1999；Ochsner &Lieberman, 2001）[28,29]、情绪与认知交互作用（Bechara ct al. , 1999；OpDohcrty ct al，2001；Elliott ct al，2000）等传统社会心理学问题的研究上都取得了重要的进展[30,31,32]。因此，在承认人既是社会性实体、又是生物性实体的前提下，采用神经科学方法研究社会心理现象不仅能够充实神经科学的理论，而且也能为一些社会心理现象的解释提供可靠的神经科学的证据。

第四节　社会认知研究的新趋势

社会认知是目前国内研究的一个热点问题，有关社会认知的研究也逐步展开。社会认知研究在国内虽处于起步阶段，但它从研究内容、研究方法等方面取得的一系列成果为社会认知的深入研究提供了重要支持，也为今后进一步研究提供了方向。本节主要从社会认知的加工过程、研究领域的扩展以及社会认知的整合研究范式等角度来阐述未来社会认知发展的新动向。

一、外显社会认知向内隐社会认知的转变

社会认知的加工过程涉及外显的认知加工和内隐的认知加工（explicit cognitive processing and implicit cognitive processing）两个方面。在以往的大多数研究中，特别是社会心理学的认知学派，代表人物有海德（F. Heider）、奥斯古德（C. E. Osgood）、菲斯汀格（L. Festinger）以及 H. Kelley 等人，他们更加注意人的认知对社会刺激此时此刻的组织和解释，并且是在明确的意识监控之下进行严格的逻辑推理的理性过程，并不考虑认知者的过去经验（past experiece）对现时的认知影响。直到最近，A. G. Greenwald 以及 M. R. Banaji 等人（1995）才比较系统地提出了"内隐社会认知（implicit social congition）"的概念，把研究目光转向了社会认知的内隐加工过程[33]。如果说 20 世纪 40年代中期布鲁纳（J. S. Bruner）等人关于"社会知觉"的研究实现了认知研究"从一般认知到社会认知"的第一次转向的话，那么最近十几年关于内隐记忆（implicit memory）的研究，则使人们的研究兴趣从注重"外显认知"开始转向注重"内隐认知"，实现了认知研究的第二次转向；而 A. G. Greenwald 等人从社会态度（social attitude）、自尊（self－esteem）和社会刻板（social stereotype）的角度比较系统地回顾了"内隐社会认知"的研究，可以说实现了认知研究从注重"一般的内隐认知"到注重"社会内隐认知"的第三次转向。

以往的大多数有关社会认知方面的研究属于外显社会认知范畴。然而，在我们的认知过程中，除了有些是明确意识到的之外，尚有一部分认知活动只处

于很低的意识水平，此时的认知并没有停止自己的活动，相反，有时甚至是很活跃的，并且有其自身活动的规律和特点。这种意识到的和行为表现之间的不一致，我们至少可以部分地解释为是内隐社会认知所致。内隐社会认知是较新的社会认知研究命题，它从无意识角度打开了社会认知研究一个新的视野，它和传统的社会认知不同，是一种更为深层的和复杂的社会认知活动，是认知主体不需努力的、无意识操作过程。因此，关注社会认知的研究，近年来许多学者开始从外显社会认知的视角逐渐转移到对内隐社会认知的探索和研究，特别是最近 20 年，有关内隐记忆的大量研究更是从许多严格的实验研究中揭示了我们人类记忆的许多神秘现象。因此，我们从内隐的、无意识的角度考察社会认知过程将有助于我们更好地理解一些心理现象。

总之，内隐社会认知的存在性使其研究成果在揭示人类心理奥秘方面更进了一步，拓宽了社会认知的研究领域，引起了社会认知心理学研究界的关注，如何进一步地揭示内隐社会认知的特点与规律成为研究者感兴趣的课题。

二、研究领域的扩展

（一）动机

社会认知在过去 20 年里变得越来越流行，在社会心理学中占有主导地位。它在发展心理学、人格心理学、工业组织心理学和临床心理学等研究领域也占有重要位置。国内学者对社会认知的研究多是印象形成、偏差中的刻板印象、印象形成中的记忆、表征和启动效应的研究、归因理论的研究等。近年来，一些学者试图将动机变量加入到社会认知中，尽管这些变量传统上一直属于社会心理的研究内容，而现代社会认知倾向于关注心灵内部的认知过程以及重视这些过程的社会背景或行为内涵，因而关于动机的研究将成为社会认知研究的又一热门主题，有关此方面的研究将会进一步拓展社会认知的研究范畴。

（二）自我认知

有关自我认知的许多有价值的问题还没有纳入到社会认知神经科学的范式中加以系统检验，目前对于与自尊、自我图式、自我服务偏见（self - serving biases）、自我意识等有关的神经系统的工作机制所知甚少，所有这些都可以看成是社会认知神经科学研究的现成课题。

（三）情绪

有关具有社会和情感意义的面部线索和声音线索、面部识别、表情加工、对面部和非语言编码的研究有助于确定脑系统在推断他人意图过程中的功能定位。今后有关这个领域的神经成像研究可以通过进一步探讨在对他人的知觉过程中，知觉者的信息加工机制。

随着社会心理学研究的不断发展，与此紧密相关的社会认知研究领域也逐渐扩大，由传统的社会心理学研究领域如态度、自尊、刻板印象等，逐渐扩展到动机、情绪、自我认知等领域的研究，特别是相关领域的内隐性研究将得到更多学者的关注。同时随着社会研究方法的不断发展，与认知神经科学相关的领域也逐渐得到发展，社会认知研究范畴的扩大，进一步促进了社会认知学科的繁荣发展。

三、生理机制探索

目前，有关社会认知的心理机制问题尚未达成共识。主要原因在于缺乏对社会信息加工机制所涉及的生理机制的探索，尤其是缺乏对高级神经系统、脑功能的研究。认知神经科学出现以后，很快延伸到社会心理学领域，试图利用神经科学研究技术揭示人类高级社会心理现象的神经基础，并整合这两个原本相互分离的知识领域。这一新学科的诞生为在多层次的整合研究水平上理解人类社会性心理现象的本质提供了广阔的前景和坚实的技术基础。

虽然认知神经科学这一研究的领域相当广泛，但每个领域的工作相当分散，不成系统。因此，我们一方面看到这个领域快速的成长和它诱人的前景，另一方面，也发现这个领域存在着大量的空白点，进一步开展工作空间相当宽广。

四、社会认知研究的整合

Ochsner 和 Lieberman 在评价社会认知神经科学的现有成果时指出，社会认知神经科学仍然处于婴儿期，还有待于成熟[34]。他们认为，虽然努力识别脑系统与社会心理现象之间的联系在社会认知神经科学的起初是必要的，但是这个学科最终目的要能超越大脑行为的相关关系，而致力于通过多水平的整合研究来体现它的跨学科性质，并最终建立起统一的心理学。基于这一立场，他们提出社会认知神经科学未来发展的三条途径。

（一）整合性（Unification）研究

社会认知神经科学的诞生表明，社会心理学家和认知神经科学家将实现再一次的融合和整合，实现这种整合是建立心理学统一基础的内在要求。如应用社会认知神经科学方法研究社会性心理现象的潜在的神经认知结构，探索不同社会现象的共同的神经心理基础，从这个角度而言，社会认知神经科学为回答此类问题提供了新的途径。如 Lieberman 指出，如果不同形式的社会认知激活了相同的脑区，而且针对不同认知过程，经过控制刺激模糊程度或亮度，认知目标和注意资源都能导致相同的脑皮层激活模式，那么就有理由认为不同认知过程可以激活相同的大脑加工机制[35]。

（二）分离性（Dissection）研究

任务分离法首先应用在内隐记忆研究中，它通过改变测验指导语，造成两种记忆任务，再通过考察两种记忆测验成绩间的关系来确定是否出现分离。加工分离说将测验中的意识和无意识影响进行了分离，并借用经典测验理论的公式计算这两种影响，为内隐记忆的研究开辟了一个新天地，而且"离真理更进了一步"[36]。我们利用来自大脑功能的研究资料不仅可以确定表面上彼此不同现象之间的共同机制，也可以用于区分表面上相似的现象。一个典型例子是关于记忆系统的研究，记忆是按不同方式操作的单一系统，还是按同一方式操作的不同系统？仅仅利用认知心理学方面的研究资料难以判断这两种理论的是与非，而神经心理学和神经成像方面的研究证据则清楚地证明多重记忆系统的存在（Schacter，2000）[37]。

国内许多心理学工作者运用这种研究方法去探究社会认知规律。杨治良（1997）以大学本科生为被试，借鉴内隐记忆研究的加工分离方法，并用信号检测论的理论和指标去研究内隐社会认知，其结果证明内隐态度是可以测量的，且明显影响被试的判断[38]。杨治良、刘素珍、钟毅平等（1997）以及杨治良、高桦和郭力平（1998）等用加工分离方法对内隐社会认知进行了系列研究，均揭示了社会认知也存在着启动效应[39,40]。杨治良等（1998）在总结有关内隐社会认知的各项研究之后，指出社会认知更具内隐性，社会刺激特征的内隐记忆比非社会性刺激特征的内隐记忆更强大，并总结道，内隐记忆和外显记忆之间的关系是"钢筋水泥"的关系，二者是相辅相成的，同时又具有各自的相对独立性。这些研究使得人们对记忆和社会认知的认识更为全面和深入[41]。

同样，分离加工的研究范式也可用于社会心理学领域。如对刻板印象表征的研究可以借鉴记忆分离表征的研究思路，将刻板印象区分为情节性刻板印象、语义性刻板印象、知觉性刻板印象、程序性刻板印象等，每一种刻板印象的表征可能在最初形成、激活、应用、控制性等方面受到不同的限制，但如果这些不同表征类型的确存在，那么就会推动这个领域的快速发展。

（三）自下而上与自上而下（Bottom-Up and Top-Down）的研究策略

近年来，社会心理学与认知心理学的研究者都共同认识到，自上而下与自下而上的研究存在着紧密联系，二者不能孤立地应用。不同神经通路是由特定任务激活的，而任务的完成又依赖于个人整体的心理状态。虽然认知心理学与认知神经科学领域内大部分现有研究已经通过引导跨实验情境（即非情绪性的、分析的、动机恒定的）的相对不变的心理状态而避免了这些差异。然而，这并不意味着在这些实验条件下获得的结果反映了认知过程的真实状况。这些结果只是揭示了这些特殊实验条件下，认知的操作与神经过程，我们并没有充足的理由认为这些特殊条件可以作为实际的认知过程的基础。如果认知神经科学把有关心理状态的社会认知操作结合到其基本研究范式中，将会在很大程度上克服这一局限。认知神经科学在不了解当代社会心理学的情绪理论情况下，对具有情绪唤醒作用的照片、词汇或电影的知觉或记忆进行了脑成像研究，而不管被试用何种方式加工这些刺激。在这样的研究中，尽管与情感有关的脑区已经确定，但特定脑区的激活模式仍然是模糊的。特定脑区被激活是由对刺激的思维导致的，还是由对情绪的调节导致的，还是由对事件的情感特征导致的，还是由情绪反应中的个别差异导致的，还是所有这些因素共同激发了该脑区的激活？从过去的研究范式中要对这些问题给出确定的答案是不可能的。而目前的脑成像研究为了考察情绪在无意识状态下的自动加工的方式，或者人格对情绪过程的影响，研究者开始控制被试参与的方式或者控制被试调节情绪的方式（Beer et al.，2001；Ochsner et al.，2001）[42]。对情绪研究的这种分析也可以进一步扩展到认知神经科学的其他课题上，这样对同一问题的不同研究策略的整合应用就可以使研究从理论和方法两个方面得到拓展。

总之，社会认知神经科学是对社会心理现象在神经、认知和社会三个水平实现整合性研究。当前的研究主要集中于刻板印象、态度与态度改变、他人知觉、自我认知以及情绪与认知交互作用等传统社会心理学的范畴上面，主要范式是应用认知神经科学的方法来验证社会心理学在这些范畴上的各种不同理论观点，并在某些方面取得突破性进展。

综上所述，社会认知研究成为实验社会心理学的主流，也是当今心理学领域的热点问题，这一研究将会不断深入和完善。社会认知研究的核心是强调社会信息如何加工及其潜在的机制是什么等问题，同时未来研究还将会更加关注社会认知内隐研究。我国社会心理学的研究和国际社会心理学的发展趋势相比，对社会认知的研究比较分散、薄弱，没有形成一定的理论和系统，许多领域基本上还处于空白状态。目前，社会认知这个研究领域正在快速成长，也存在着广泛的发展空间，未来的研究采用整合性研究与分离性研究相结合、自下而上与自上而下相结合的研究思路将有助于建立心理学统一的研究范式。我国当前面临社会转型和快速发展阶段，应该加大对社会心理问题的研究力度，尤其是对社会认知的基本规律的研究，这将有助于解决一些重大的社会问题。

参考文献

［1］杨彬，杨洪杰著：《社会认知》，黑龙江教育出版社1993年版。

［2］［5］Fiske S. T, Taylor S. E, Social cognition, New York：McGraw – Hoill（1991）.

［3］林崇德，张文新：《认知发展与社会认知发展》，载《心理发展与教育》1996年第1期

［4］Flavell J. H, Cognitive development, Englewood Cliffs, NJ：PrenticeHall（2nd cd. 1985）.

［6］林秉贤：《认知学派的社会心理学观点及其理论新趋向》，《天津商学院学报》1997年第3期

［7］McGuire W. J, A syllogistic analysisi of cognitive relationships, New Haven, CT：Yale University Press（1960）.

［8］［33］Greenwald A. G, Banaji M. R, Implicit social cognition：Attitudes, self – esteem, and stereotypes, Psychological Review 4～27（1995 – 102）.

［9］［38］［39］杨治良，刘素珍等：《内隐社会认知的初步实验研究》，载《心理学报》1997年第1期

［10］Morris M. W, Peng K, Culture and cause：American and Chinese attributions for social and physical events, Journal of Personality and Social Psychology, 949～971（1994 – 67）.

［11］Semion G. R, Fielder K, Language, interaction, and social cognition, London：Sage Publications（1992）.

［12］Levine J. W, Resnick L. B, Higgins E. T, Social foundations of cognition, Annual review of psychology 585～612（1993 – 44）.

［13］Devine P. G, Hamilton D. L, Ostrom T. M, Social cognition：Impact on social psychology, San Diego, CA：Academic Press（1994）.

［14］Fiske S. T, Thinking is for doing：Portraits of social cognition from daguerreotype to laserphoto, Journal of Personality and Social Psychology 877～889（1992 – 63）.

［15］Ostrom T. M, The sovereignty of social cognition, Erlbaum：Hillsdale 1～38（1984）

［16］Operario D, Fiske S. T, Integrating social identity and social cognition：a framework for bridging diverse perspectives, London：Wiley 26～54（1999）

［17］Fiske S. T, Depret E. Control, Interdependence and Power：Understanding social cognition in its social context, European Review of Social Psychology 31～37（1996 – 17）.

［18］［19］韩玉昌，赵娟：《皮亚杰对当代社会认知研究的影响》，载《心理科学》2003 年第 5 期

［20］Hart A. J，Whalen P. J，Shin L. M，etc.，Differential response in the human amygdala to racial outgroup vs. ingroup face stimuli，Neuroreport 2351～2355（2000）.

［21］［23］［27］［29］［34］［35］［42］Ochsner K. N，Lieberman M. D，The emergence of social cognitive neuroscience，American Psychologist 717～734（2001－56）.

［22］Crites S. L，Cacioppo J. T，Gardner W. L，& Berntson G. G，Bioelectrical echoes from evaluative categorization：II. A late positive brain potential that varies as a function of attitude registration rather than attitude report，Journal of Personality and Social Psychology 997～1013（1995－8）

［24］Kanwisher N，McDermott J，Chun M. M，The fusiformface area：A module in human extrastriate cortex specialized for face perception，Journal of Neuroscience，4302～4311（1997－17）.

［25］Hoffman E. A，Haxby J. V，Distinct representations of eye gaze and identity in the distributed human neural system for face perception，Nature Neuroscience，80～84（2000－3）.

［26］Gauthier I，Tarr M. J，Anderson A W，etc.，Activation of the middlefusiform "face area" increases with expertise in recognizing novel objects，Nature Neuroscience，568～573（1999－2）.

［28］Craik F. I. M，Moroz T. M，Moscovitch M，etc.，In search of the self：A positron emission tomography study，Psychological Science 26～34（1999－10）.

［30］Bechara A，Damasio H，Damasio A R，& Lee G. P，Different contributions of the human amygdala and ventromedial prefrontal cortex to decision making，Journal of Neuroscience 5473～5481（1999－19）.

［31］OpDoherty J，Kringelbach M. L，Hornak J，Andrews C，Rolls E. T，Abstract reward and punishment representations in the human orbitofrontal cortex，Nature Neuroscience 95～102（2001－4）.

［32］Elliott R，Friston K. J，Dolan R. J，Dissociable neural responses in human reward systems，Journal of Neuroscience 6159～6165（2000－20）.

［36］叶茂林：《中国记忆研究回顾》，载《心理科学》2000 年第 3 期，第 332～335 页。

［37］Buckner R. L，Koutstaal W，Schacter A. L，Rosen B. R，Functional MRI evidence for a role of frontal and inferior temporal cortex in amodal components of priming，BRAIN（2000）.

［40］［41］杨治良，高桦，郭力平：《社会认知具有更强的内隐性——兼论内隐和外显的"钢筋水泥"关系》，载《心理学报》1998 年第 1 期

第二章

社会认知研究方法

在社会认知研究活动的过程中，一些研究者致力于探讨新的方法论体系，主要强调将定量分析与定性分析方法有机结合起来，研究中采取严格的横向、纵向路线相交叉，辅之以设计完善的实验法、观察法、个别访谈法、事件评价法、问卷调查等众多方法，同时实现直接测量和间接测量的理论与技术相补充。研究者坚持生态化的研究思路，强调社会认知的研究"要解释（和彻底改善）人类在真实生活中所发生或体验到的各种心理现象及其行为表征"，注重研究的生态化价值及其对社会实践的解释与指导意义，进而构成了比较理想的方法论体系。

第一节　社会认知的研究范式

科学之所以成为科学，或之所以区别于宗教或伪科学，就在于认知的权威，即科学客观地描述实在；而认知的权威又在于用以发现和描述规律的理性准则——科学方法的权威。库恩（Thomas Kuhn）强调研究范式（paradigm）的演进和变迁。他指出，"科学不是事实、理论和方法的简单堆砌，科学的发展也不是知识的简单积累，而是通过范式的不断转换所进行的不断革命的进程"。范式即"指导原则"，是"研究特定问题的手段"和"解决问题的方法"[1]，它不仅是科学研究的必要条件，而且也是学科成熟的标志。因此，只有当一门学科的研究者形成了共同的研究范式，该学科才能从前科学时期进入科学时期。

一、生理学的研究范式

社会认知的神经基础是什么？社会认知是否存在一种特殊的神经结构？他们又是在人的社会认知过程中如何起作用的？这些问题成为了本领域的研究热点和前沿课题。

（一）新兴学科——社会认知神经学

Kosslyn 和 Koenig 曾指出，认知心理学在脱离大脑的情况下对认知的研究取得了辉煌的成就，同时，脑科学在自己的领域也获得了诸多成就，应该把对行为、认知和脑的研究结合起来；Ochsner 和 Lieberman 也表达了对此的赞同，认为把人格与社会背景和上述三者结合起来，将同时克服各自的不足，从而相互促进，相互提高。于是，作为一种趋势，社会心理学与认知神经科学结合诞生了一门新兴的学科社会认知神经科学（social cognitive neuroscience）。认知神经科学是近 10 年来才出现的一门新兴交叉学科。

社会认知神经科学的产生迅速产生了大量新兴的研究成果。原来独立于生理之外的研究课题一部分纳入了认识神经科学的框架下加以研究。比如我们曾经提到过的关于自我的研究。

众所周知，自我的研究由来已久，但是如果从社会认知神经科学角度对自我进行认知，就要兼顾自我的三个层面，即社会层面、认知层面、脑神经层面。社会层面上的自我就文化的产物，不同的文化背景造就不同的自我概念。西方的独立型自我和亚洲地区文化造就的互倚型自我就存在巨大差异。关于自我参照的研究中，脑成像结果表明，自我信息的加工会激活内侧前额叶。另一项研究显示，中国人的母亲参照加工也会激活前额叶。这项成果的得出和在认知层面上自我研究得出的结果有异曲同工之妙。在认知加工层面的研究中，研究表明，中国人的母亲参照加工与自我参照加工具有同样好的记忆成绩[2]。Klein 等人的研究为自我的研究注入一股新鲜的血液[3]。2000 年，研究人员立足于神经心理学科的角度，把自我进行了系统分解。把自我分解为 6 个子系统：一个人生活的情景记忆、人格特征的表征、生活的语义记忆、经验到现在"我"和过去"我"的联系、个人作用和拥有的感觉、形成元表征的能力。

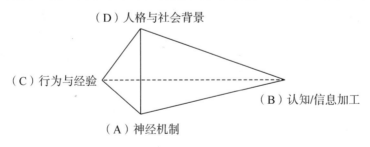

图 2-1 社会认知神经科学棱柱

（其中，ABC 三角形是 Kosslyn 和 Koenig 在 1992 年提出的认知神经科学三角形；Ochsner 和 Liebermam 将人格与社会背景的维度纳入认知神经科学三角形，而生成了社会认知神经科学的 ABCD 棱柱结构）

（二）社会认知的生理基础的研究

Brothers 于 1990 年提出社会认知的神经基础主要涉及三个脑区：杏仁核、眶额叶以及颞上回，并率先将这些区域称为"社会脑（social brain）"。在以后的发展中，随着事件相关电位（ERP）、脑磁图（MEG）、正电子发射断层扫描术（PET）、功能性磁共振成像（FMRI）等多种新技术的应用，科学家发现了更多的与社会认知有关的神经结构，如杏仁核、前额叶、颞上沟等。

研究表明，杏仁核对来自面部的视觉信息有选择性调解作用，对面部表情的识别特别是负性表情有着关键作用。在对识别潜在的危险和威胁的研究中，杏仁核起到重要作用（Adolphs 等人，1999）。同时，Fine C 等人的（2001）研究发现，杏仁核还在心理理论的发育过程中起关键作用。Stone 等人（2003）的研究甚至还表明，杏仁核参与到成人心理理论的实时加工中。在对孤独症患者的脑功能成像的研究中，Bachevalier 等人（1994）通过动物实验推测孤独症可能是杏仁核功能异常所致。Heberlein 等人（1999）在进行的抽象几何图形运动识别测试中发现，杏仁核对于获取社会知识是非常重要的。由此可见，杏仁核在社会认知过程中起到一种非常重要的作用[4]。

在大量的关于脑损伤、脑功能成像方面的研究中，研究者（Bar‑On R 等人，2003、Doherty J. O. 等，2003、Pizzagalli D. A. 等，2003）发现，前额叶对社会认知是也具有重要作用的。其中，前额叶腹内侧皮质具有感知刺激的情感和社会意义的表象的功能（Adolphs R，1999），其作用尤为重要（Calder A. J. 等，2002）。此外，Wildgruber D 等人（2002）的研究表明，前额叶的其他部位也参与到一些特殊的社会认知活动中，在社会认知过程中起到一定作用[5]。

颞上沟、扣带前回和一些其他的脑区在社会认知中都起到各自的作用。如Bonda 等人发现颞上沟在观察随机的无意义的和有意义的手部运动时会产生不同的激活状态；Killgore 等人的研究结果表明，"扣带前回在侦测分辨意识阈限下情绪信息方面起重要作用"；而岛叶起到转化无意识情绪反应为主观情绪体验的作用等等（Morris 等，2002）[6]。

二、内隐研究范式

（一）内隐社会认知

1976 年，奈瑟（U. Neisser）《认知心理学》的出版。标志着当代认知心理学的正式诞生。随着信息加工观点的传播，认知主义思潮的出现，认知心理学家摒弃了行为主义研究中忽视意识和内部心理活动的传统，改变了精神分析学派只强调人的本能和无意识冲动的研究思路，确立了心理学研究的认知主义取向。认知心理学家主张研究认知活动本身的结构和过程，并且把这些心理过程看作信息加工过程。

近几年，社会认知研究领域又引入了认知心理学的一些间接测量的技术和方法，针对现实生活中的具体问题，采取了面向实际应用的研究取向。对内隐的或者无意识社会行为的研究，特别是对内隐记忆的研究，使越来越多的社会心理学家更加注重无意识对个体有意判断的影响。Greenwald 等人认为，可以根据社会信息加工的意识和无意识性可以将社会认知划分为外显社会认知和内隐社会认知两个方面，从此开创了内隐社会认知的研究方向。

精神分析学派的无意识理论在内隐社会认知中处于一个显赫的地位。它不仅为内隐社会认知研究赋予了崭新的内涵，而且也为一些长期难以解决的问题提供了一个崭新的视角。内隐社会认知关注个体的无意识成分参与其有意识的社会认知加工过程。这完全区别于传统的那种"只重视人的意识成分，而忽略了人的无意识成分"的社会认知研究。明确区分了内隐和外显在社会认知相关研究领域内隐社会认知研究将人的认知过程的两个方面结合起来进行探索，从而使的研究更加全面、系统。

内隐社会认知被认为是过去经验和已有认知结果积淀下的一种无意识结构，这一结构影响是在显意识水平上无从觉知，但又潜在的作用于个体对社会对象的反应。

（二）内隐社会认知的研究方法

科学理论的创新总是与科学研究方法的发展起头并进。正是间接测量方法（单词辨认、补笔和词干补笔等）的出现引起了一场记忆研究领域的变革，由此内隐记忆研究如雨后春笋，悄然兴起。

内隐社会认知的测量得益于在内隐记忆研究中逐步完善的间接测量方法。正是内隐记忆的研究为内隐社会认知的研究提供了方法学的借鉴和启示。

从 1985 年 Cofer 在遗忘症患者身上发现"启动效应"起，心理学家们发现了这一种自动的、不需要有意识回忆的记忆现象。随后，Graf 和 Schacter 将其称之为内隐记忆。在随后的发展中，Jacoby 等人提出的过程分离程序较成功地分离出意识和无意识加工的影响，并对意识和无意识的加工作用进行了定量的分析。过程分离程序是目前内隐记忆研究中发展得较成熟的实验性分离方法。

早期认知心理学家关于内隐记忆和外显记忆的分离研究主要是针对抽象概念的信息加工，随着相关研究领域的研究发现，揭示了社会认知也存在着启动效应，即内隐记忆也存在于社会认知中。1997 年，学者杨治良就采用 Jacoby 的加工分离程序，证明了社会认知过程中具有更强的内隐性的事实。

间接测量法在社会认知领域中使用越来越多，比如，反应时法、补笔法、阈限下条件法、投射法等。反应时法是依据人在完成判断任务的反应时具有巨大被试内差异而得出的。在研究中，用实验组和控制组的被试反应时水平差异来考察内隐社会认知效应；补笔法就是被试在学习一系列单词后，主试给被试提供单词的缺笔词，要求被试把心中首先想到的单词填出来；阈限下条件法是主试给被试迅速呈现一组附有情感色彩的刺激物，继而呈现清晰的中性刺激物，目的在于测试被试是否对原先的中性刺激做出了情感性判断；投射法是让被试根据一张模棱两可的照片或图片讲一个故事，或对一个抽象刺激进行联想性描述。用投射法测量的成就动机比用问卷法具有更高的预测效度。

1998 年，Greenwald 提出了内隐联想测验（implicit association test，IAT）——一种新的内隐社会认知的研究方法。内隐联想测验在生理上基于神经网络模型，该模型认为"信息被储存在一系列按照语义关系分层组织起来的神经联系的结点上，因而可以通过测量两概念在此类神经联系上的距离来测量这两者的联系"[7]。Greenwald，McGhee，Schwartz 在此基础上又发展了内隐联想性测验。和传统的内隐社会认知研究方法相比，内隐联想测验的一个重大突破就是"通过对过程的动态评估从而实现对内隐态度的静态测量"，测量中更具效度。并且，可以通过不同的实验设计从而实现对不同的涉及内隐态度的特质的测量，从而使得个别差异的测量成为可能[8]。

三、社会认知研究的文化观

在过去，认知研究领域把心理描述为一种机器或计算机，忽略了心理过程是特定文化背景下、人与外界相互作用的产物，这就导致了心理研究与文化背景的脱离。"西方社会心理学从诞生之日起，就力图向自然科学的实证性、精确性靠拢，在研究中力求实证化，追求所谓的'价值中立'，而竭力摈弃人的社会化特征。在认知领域，这种特征尤为明显。"（乐国安，2004）[9]。

就算是牵扯到"人"也主要是指的"白人、男人、北美的大学生"。Sears 就曾指出，"社会心理学的发展在极大程度上依赖了欧洲和北美大学二年级的学生"。在很长一段时间内，社会行为的多样性、变异性被研究者所忽视。这与社会心理学的早期成长和最初发展于美国是分不开的。

上世纪八、九十年代，随着欧美研究者文化意识的不断增强，视野的扩展，使得他们对于文化对社会行为的影响更为敏感。对于某一群体有用的理论，并不一定适合于另一个群体，更不一定适合于另一个国家的另一个群体。所以，"社会心理学的理论也应该是具有文化疆界的理论"。加之文化心理学的崛起，以及社会认知研究领域对文化心理学的吸纳，社会认知研究也开始依据文化相对论的观点从事研究。

（一）文化心理学的观点

1879年，冯特创立世界上第一个心理实验室，开始了用实验的方法研究心理学的新途径，这标志着实证主义范式在心理学中主体地位的确立，并且主导着心理学发展的思潮。很显然，自然科学的取向促进了心理学的独立和发展，为心理学科学地位的确立做出了重要的贡献。但是，我们也清醒的看到，当代主流心理学自然科学的取向产生的偏差使当今的心理学研究产生了一些自身难以克服的弊端："忽视人的主观价值"、"忽视了人的心理的整体性"，也"忽视了社会文化因素对心理研究的影响"。

文化心理学是20世纪末刚刚兴起的心理学新取向，主张通过分析人类的社会文化来考察和研究人类的心理，它是研究人的文化心理和文化行为的一门心理学学科或取向。这就有效地摒弃了过去心理学研究中忽视人的社会性的一面，使得心理学研究向着社会的、文化的视角转变。美国心理学家皮特森就曾指出"以文化为中心的观点提供了除精神分析、人本主义和行为主义对人的行为进行解释之外的第四个解释维度"。

（二）社会认知研究的文化观

1. 社会认知一致性中的文化观

近20年，在跨文化研究领域中，产生了大量关于东亚文化（即所谓"相依文化"）与欧美文化（即所谓"独立文化"）对比的研究成果。Iwao（1988）研究发现，"在相依文化中的人们常常为了人际关系的和谐而牺牲个人认知一致性"。Kashima等人（1922）"检验了态度一般与行为相一致这一信念的强度，发现这一观点在澳大利亚人中比日本人中强烈得多"。这一发现预示着东亚人在行为不符合一种特殊的态度或信念时，可能较少感到不安，因而并不会表现出标准的认知不协调。Heine和Lihman（1997）的研究成果初步支持了Kashima的研究观点[10]。

2. 归因研究中的文化观

Miller（1984）研究发现，"印度人的情景归因比美国人多两倍，而美国人的个性归因比印度人多两倍"，这种归因的文化差异是通过社会化过程逐渐发展起来的。Morris和Peng（1994）对中英文报纸对美国发生的两起相似的惨案的报道分析得出这样的结论，英文报纸对案件的报道集中与对两位谋杀者心理不稳定和其他消极的个性因素的推测上，而中文报纸的推测则集中对情景、背景及社会因素上[11]。

3. 自我概念的文化比较研究

跨文化研究表明，不同社会环境下的自我概念发展并不遵循同一规律。ChiuLH（1993）研究发现，由于亚洲国家学校的学业压力比美国学校大得多，所以亚洲儿童通过学业以外途径获得成功感的机会较少。Stetsenko A.（1995）俄国小学生受到人人平等思想的熏陶，认为各人能力相同，所以更注重后天努力的因素。种族弱势群体的儿童往往自我概念水平低，Spencer M. B.（1993）和 Thomas D. E.（2003）调查发现，非洲裔儿童认为无论自己如何努力，社会偏见都会最终阻碍他们成功[13]。

（三）社会认知研究的本土化

很难对"本土化"下一个明确的定义，自从1992年的神农架会议后，国内社会心理学界对社会心理学研究的本土化的趋势达成一致共识，很快，在1994年的第二届中国人社会心理研讨会上就看到了众多本土化的成果。其实，此处所说的本土化是一个广义的定义，并不仅仅是指那些"对西方科学形态的心理学进行跨文化本土验证才是本土化了的研究"，而那些"所有强调以当地人、当地文化与社会为主体的主位研究策略下进行的研究，都可以认为是一种本土化研究。"

目前，我国的本土化研究是存在一定的困难的，首先就是本土化的研究方法的缺乏，这也是"社会心理学本土化研究的最大的困难"。目前，我国社会心理学研究者所使用实验法和调查法作为两大研究方法是从西方世界原本学习来的，姑且先不说研究方法本身的缺陷，单从这两种研究方法在我国社会心理学研究中的风行就可以看出方法本土化的艰难和本土研究方法的缺失。无论是研究主题确立上的浓厚功利主义色彩，还是研究人员培养机制的非本土化，还是研究经费短缺问题，都可归结于缺乏本土化整体思考和规划的结果。

关于如何构建社会心理学本土化研究的整体思考架构中，学者李育红（2005）提出了构建这样一个思考架构的三个步骤。首先，需要对特定社会、历史、文化体系下人的行为与环境的关系的理解；其次，评估自己的本土化研究课题在背景中所处的位置；最后，认识西方学者的同等课题在西方社会、历史、文化体系中所处位置、功能[13]。

当前，"跨文化研究已成为西方社会心理学研究中最为显著的倾向之一"，

"西方社会心理学家的文化意识将进一步增强，并促使在研究方法与内容上属于真正多文化的社会心理学获得进一步的发展"。

第二节 传统的社会认知研究方法

科学理论的进步都是随着方法论和研究技术的不断突破而向前发展的，直接测量法如问卷法在传统社会认知领域中一直占主导地位。而目前，内隐社会认知是社会认知领域新兴起的研究热点，是在无意识情况下发生的一种自动化的过程。采用问卷法只能测查出意识水平上的社会认知，对无意识操作的内隐社会认知则无能为力。内隐社会认知中，被试没有意识到先前经验对自己的行为或判断产生了影响，一旦被试意识到这一影响，内隐效应就会消失或发生翻转。直接测量方法无法发现用内省、自我报告法无法触及的社会认知的基础，无法了解被内省所淹没的行为的原因，因此，间接测量法是测查内隐社会认知的必需工具，本章以社会认知间接测量方法和技术为视角，按照其技术的发展分为传统方法和新方法。目前，间接测量法在社会认知领域中使用的越来越多，传统的社会认知测量方法主要有以下几种。

一、基于反应时的间接测量方法（reaction time）

（一）涵义

反应时（RT），也叫反应潜伏期，反应时法是认知心理学中最常用的方法之一，它是指刺激施于有机体之后到明显反应开始所需要的时间，它不是执行反应的时间。具体而言，基本程序是给被试事先规定好一定的刺激，要求被试在刺激呈现之后既快又准确地做出反应，同时记录从刺激呈现到被试作出反应之间的时间，其间的时间延迟即为反应时。一般说来，反应时的长短标志着机体内部加工过程的复杂性。在社会认知研究中，由于所呈现的刺激多具有复杂的社会意义，与个体的价值观、信仰和态度有一定的关联，启动个体的易感性，必然在被试者心理上引起复杂的反应。对被试者来说，意义不同的刺激产生不同的易感性，被试者的加工过程就不一致，因而造成了反应时的不同，其必然引起被试心理的复杂反应，这些刺激可能与内在需要相一致，也可能与之相矛盾，刺激所暗含的社会意义不同，被试的加工过程的复杂程度就会不同，从而反应时的长短就会不同。反应时法在不要求准确性的快速反应条件下，被试对刺激的反应形式是很难有意识控制的，在这种条件下所获得的社会认知结果通常认为是内隐的。并且，反应时法已在内隐社会认知研究中占有重要地位。

（二）典型实验

宋兴川用反应时方法进行了一个有关精神信仰的实验：被试对象是个信基督教的人，指导语是让他在限定时间内，数 50 粒珠子，越快越好；自变量是听录音机，播放有关耶稣的积极词汇和消极词汇；实验的结果是消极词汇触及被试的信仰，引起不快的情绪，延缓了动作，没有完成规定的工作[14]。由于快速反应降低了意识的监控作用，因此反应时方法对精神信仰的研究具有特殊的意义，并且主试者可以对这种意识失控条件下的反应形式的过程进行比较复杂的操作，如可以设计矛盾或一致的社会刺激形式来考察被试者的不同反应等。如信仰佛教的人对佛教矛盾的用语与佛教惯用语的反应时有别；信佛的人对佛器图片的反应时间肯定比其他社会刺激的反应时要短。

（三）评价

1. 基于反应时的间接测量方法可操作性强，对实验结果的分析直接明了，在测量过程中由于个体主观意识较少参与，使得主试、被试的主观效应都可以有很大程度的降低，结果更精确、更具有客观性。

2. 反应时实验中，由于要求被试根据不同的实验要求或在不同的实验条件下建立一个权衡反应速度与反应准确率的标准来指导他的反应，即速度准确性权衡问题，简称 SAT 现象，由于一些被试会在正式实验前就出现提前反应以及其他一些错误反应，即使速度 – 准确性都很高，也不能反应真实情景，为了避免这种情况，反应时实验中往往需要加上侦查实验，即用给实验加空白刺激的方法来控制被试的提前反应，否则会导致结果偏差。

3. 基于反应时的测量方法只是整体或局部目标知觉下，选择和执行的最终结果，不能通过反应时（RT）结果将不同处理阶段的效果分割开，因此该方法也具有一定的局限性。

二、投射测验法（projective technique）

（一）涵义

投射测验法用于内隐社会认知测量中，是指给被试提供一些模棱两可或模糊不清、结构不明确的社会刺激，要求被试在不受限制的情景下，对这些社会刺激的反应以一种特定的方式自由地表现出来，主试通过对这些反应的分析来推断被测者内在心理特点的一种方法。通常，透射测验是让被试根据一张模棱两可的照片或图片讲一个故事，或对一个抽象的刺激（如墨迹）进行联想性描述。这里的投射往往是指个人的一种不自觉的过程，把自己的态度、愿望、情绪等投到环境中的事物或他人身上，而投射测验也正是利用了个体的这种心理机制，以没有结构性的测题，引起被测量者的反应，藉此考察其所投射的人格特征。在测试过程中，给被测量者提供模糊而不确定的测验刺激，主要目的在于引起对方的幻想，让他的动机、情绪、内心冲突、价值观、愿望、适应方式、情结丛和人格结构等在不知不觉中投射出来。

（二）透射测验的要求

1. 投射测验使用的刺激要求带有一定的社会意义，但这种社会意义又不能太明确，以避免被试者建立心理防卫，阻抑内心真实思想的表露。尽管被研究者此时此刻的心理状态和所呈现的社会情境刺激特点对个体的反应起着决定作用，但个体的既有的认知和"过去的经验"亦对其当时知觉和反应的性质与方向有很大的影响；尤其是，研究者面对一个意义不明确的社会刺激时，常常会把隐藏在无意识之中的价值观念、信仰等"投射"到所知觉到的刺激上。因此，可通过设计巧妙的社会刺激情境，借助投射法程序测量个体的社会认知。提供不同的测验材料，如让被测量者看抽象或具象的画面，评估他的想象结果；让被测量者按要求作画，评估他创作的图画；让被测量者完成句子或对话，评估他的反应内容。不同的投射测验可以考察个体的人格、态度、智能、创造力、解决问题的能力等多种心理特征。

2. 投射测验要求被试有一个明确的内省，并且能够运用语言报告出来；但对自己的这些反应状态所代表的含义被试并不真正了解，除非他对具体的投射测验有所掌握或在这方面训练有素。需要指出的是，对被试者反应结果的解释往往会因人而异，受解释者的训练水平、知识经验、甚至人格特征的影响，需要参照其他研究材料，以提高其真实性。如有人运用投射测验的方法研究了被试的内隐动机并将其与外界动机相比，结果发现：投射法和直接测量法所测的内容具有质的差异。还有的学者对成就动机的测量进行了元分析后发现：用投射法测量的成就动机比用问卷法（直接测量法）具有更高的预测效度。

（三）透射测验的特点

投射测验与一般的问卷式的心理测验不同，它具有如下特点：

1. 测验刺激没有确切的社会意义结构或很固定的社会意义。即使有些测验类型刺激具有一定的意义，但仍然可以作多种解释或多种选择，它只是给被测量者一个模糊而暖昧的刺激情境，让被测量者有机会表示出内心的需求、许多特殊的知觉和对该情境的解释，因此其意义完全由被试者自己决定。

2. 所获得的反应资料非常丰富。投射测验往往只告诉被测量者这是一种想象测验，让被测量者自由发挥，充分表达自己的个性，这样就减少了被测量者的心理防御水平，有些压抑在潜意识中的东西，就会被诱发出来。这往往是问卷式的测验所做不到的。主试者从被试者广泛、自由反应的过程中，获得大量而有意义的资料，而这些资料可以让主试比较全面地了解被试者内在的精神世界。

3. 投射测验注重整体的心理分析，许多投射测验可以同时对多项心理特征进行综合评估，而不像一般的心理测验注重的是对某些心理特征的测验。

4. 透射测验由于常采用图片或绘画作为测试工具或反应方式，适用的被测量者范围很广泛，从儿童到成人、从有文化的到文盲都可适用。

5. 投射测验也有它的不足之处。由于被测量者的反应的多样性，不像问卷式测验限定反应方式（"是否"选择或"几选一"的选择或按程度打分等），所以，建立全面的评价标准是很困难的，它往往都是依据心理学家和临床医生的经验对结果加以解释，比较容易产生主观臆断。

三、启动效应

（一）涵义

启动效应一般是指由于在学习阶段某一刺激的作用而使得在后来的测验阶段对该刺激的加工得以易化的现象，是一种经验对当前任务的积极或消极的影响。启动效应最初是由美国的认知心理学家在研究人的回忆过程时提出来的。他们认为人们在某一任务中的回忆效果，受当前心智活动的影响。若当前的任务与先前的活动是同类的，回忆效果就好，否则，回忆效果就差。早期启动效应的研究多限于认知心理学领域，其动效应被用于解释人们先前的加工对随后任务的无意识影响。随着研究的深入，社会心理学家把这一研究范式移植到社会情景中，使启动效应研究逐渐扩展到社会认知领域，如态度、归因、刻板印象、印象形成等的研究中。其中，印象形成的启动效应研究是内隐社会认知的一个重要研究领域。对内隐社会认知的研究通常不用直接测量的方法，而采用一种间接测量的方法。间接测量是指在实验过程中不告诉被使研究的真实意图和目的，不要求被试对所研究的内容进行自我报告或内省，而是通过一种隐蔽的方式来测量被试的先前加工对后来任务的影响。印象形成的启动效应研究也采用此种方法，其基本模式为：首先呈现给被试一些和判断任务有关的材料，例如，可能让被试读一些和目标类别一致的特质概念，如友好、敌意、自信、自负等[15]，或者让被试重新组合搅乱顺序的句子[16]，或者让被试记忆隐含特质的句子[17]等，然后告诉被试他们将参加一个与之无关的人际知觉的实验，让被试对目标人物的特征进行判断，其评价结果就作为因变量来分析。

（二）典型实验

启动效应应用的基本过程为概括地说就是：首先向被试呈现启动刺激，然后呈现目标刺激，并要求被试对目标刺激做出某种判断。Higgins 及其同事率先把启动效应应用于印象形成的研究中，他们让被试首先阅读积极或消极品质词，如冒险、自信或鲁莽、自负，这一阶段称之为启动刺激阶段；接下来要被试阅读一段描述某个人物的短文，即目标刺激阶段。最后，要求被试用自己的语言评价短文中的人物。结果表明，阅读积极品质词的被试，其评价也是积极，如果阅读的是消极品质词，则其评价也是消极的，差异非常显著。Higgins 认为这是由于先前激活的知识影响了运用其它知识对随后的刺激进行反应。继 Higgins 之后，大量的研究者开始了对这一领域的探索，他们运用不同的材料和启动方法，得出了大量的研究结果，并做出了一些理论解释，但 Higgins 的研究范式至今仍被后人所沿用。再如 Dovidio 等人于 1986 年进行了一个关于种族偏见的实验研究，试验程序是：先呈现一个启动词（black 或 white），然后呈现一个目标词（描述肯定或否定品质的词），要求被试判断目标词对应于启动词而言是否"永远正确"或"总是错误"。结果表明，被试对 white 启动词后出现肯定品质的词作出判断的反应时要比 black 后出现肯定品质的词的反应时短；对 black 后出现否定品质词做出判断的反应时要比 white 后出现否定品质词的反应时短。Dovidio 指出，这个实验结果反映出那些明确否认自己有种族偏见的人，其思想中存在对黑人在体验和信念上的平等价值体系与个体并没有意识到的否定观念之间的矛盾，这种矛盾也正是内隐刻板印象的一种具体表现。

启动效应的另一个具有代表性的研究是 Moskowitz 等人进行的研究。在实验中，他们把被试分成两组，一组为记忆条件组，改组的被试要记忆一组隐含特质的句子，另一组为印象形成组，该组的被试要对一组隐含特质的句子中的人物形成印象，然后让被试判断具有模糊特征的 Donald 的印象，结果表明，记忆组的被试表现出了同化效应（即指当人们接触启动信息后，对目标的判断会转向由启动所激活的认知构念，而做出与之一致判断的现象），而印象形成组则表现出了对比效应（即指人们接触启动信息后，对目标的判断会转离由启动所激活的认知构念而做出与之相反判断的现象）[18,19,20]。

Moskowitz 认为对启动的意识程度是导致这两种效应产生的原因，被试在作判断时，没有意识到启动事件，可能会出现判断的同化效应，意识到启动事件可能会导致对比效应。在记忆组条件下的被试无意的在记忆句子时形成了对句中人物的印象，对启动刺激的意识程度极低，所以表现出同化效应，而印象形成组的被试是有意形成对句中人物的印象，对启动刺激的意识程度较高，所以表现出对比效应。

随着印象形成研究的广泛深入，启动的方法也更加多样化，设计也更为精巧，并逐渐运用到对情绪、动机等因素的研究中[21,22]。

四、传记分析法（biographical analyzing）

（一）涵义

传记分析法是指一套根据对被试过去的亲身经历或自身的行为事件的分析，来预测其未来情景中的行为反应或间接测量其内在动机的程序。

（二）传记法程序

传记分析法的程序可分为三个步骤：

1. 传记信息的编制

一般说来，传记信息表是由于若干传记资料项目组成。在研究中，首先要求选定所要研究对象的姓名、性别、年龄、职业、文化水平、健康状况、家庭社会关系、人际关系、兴趣爱好等个人背景资料，以待分析之用。

2. 对传记资料涉及社会认知的敏感项目计分

一般情况下有两种方法可供选择：一种是算总分，即将各项得分相加作为一种指标；另一种是单独计算出若干项目组成的不同类别的得分。

3. 实施传记分析法

传记分析法用于认知的研究时，一般采用"事后回溯（expost tact）"的策略，可先对被试者进行有关社会认知特征的测验，然后进行传记资料的收集。这样，即使有时被试者可能意识到了后一段的测验目的，但也"为时已晚"。

传记分析法可以认为是精神分析法的一种变式，其客观性在一定的程度上弥补了精神分析法在这方面的缺陷。

五、信号检测论（signal detection theory）

（一）涵义

信号检测论是被试者在试验中有意识地利用信号的统计特性来尽可能地抑

制噪音，从而提取信号。心理学上的信号检测实验一般是信号和背景不易分清的条件下进行的。对信号起干扰作用的背景叫噪音。在呈现主观刺激前，主试先要告诉被试者 N（noise – 噪音）和 SN（sign noise – 信号噪音）各自出现的概率，这叫先定概率。因为限定概率和奖惩办法都将影响被试者的判断标准。在社会认知的信号检测实验中，"信号"和"噪音"往往是一些具有一定社会意义的社会刺激，而被试的判断则是根据社会规范或社会标准做出的社会性评价。如果事先规定信号和噪音的先定概率各为 50%，并且对判断结果的支付矩阵为平衡矩阵时，可以将被试由于外部因素引起的反应偏好降低到最低限度；而此时如果被试表现出了反应偏好则主要是由内部因素引起且处于无意识状态之下，B 反应了被试的内部倾向或内隐偏好。

（二）SDT 的两个独立指标

在信号检测的实验中，被试者对有无信号出现的判断有四种情况：击中、虚惊、漏报和正确拒斥。信号检测论者认为阈限不是一个纯净的感知能力的指标，他受个体价值判断、信仰、动机、态度、意志等因素的影响。而且，一般纠偏和矫正猜测机遇的公式都不能对被试者的真实感知能力作正确的估计。因为被试者在报告他对某个刺激或信号的感受时，总是受到价值和动机的影响，考虑其得失，认知与行为是否一致。之后，在采取某种策略，做出某种选择，被试者的回答符合他最大的利益。这种内隐的潜在影响，通过信号检测论的两个独立指标反映出来。一是反应偏向（一种是似然比值 B，另一种是报告标准 C）；二是敏感性指标 d'。具体而言，反应偏向是指动机、期望等一些非感觉因素对被试反应的影响，可用 B 和 C 来表示。其中，似然比值 B 指信号加噪音引起的特定感觉的条件概率与噪音引起的条件概率的比值；而报告标准 C 则是代表横轴上的判定标准位置。敏感性指标 d'，也叫辨别力指数，是指内部噪音分布与信号分布的分离程度，它既受信号的物理性质影响，也受被试者特性的影响，因此内部噪音分布与信号分布之间的距离就可以作为敏感性的指标。

（三）典型实验

1. 用于内隐记忆研究中的典型实验

以往信号检测论主要用于证实内隐记忆的存在，如试验材料由 C，P，S，T，V，X 共 6 个字母组成 9 个字母的无意义字母串，在字母串第 4、5、6 个位置上有"SCT"的字串为信号，反之则为噪声。例如：CVCSCTXSX 为信号，PCXXSSTXC 则为噪声。信噪比是自变量之一，另一个自变量是有无回忆，用指导语控制。实验分为学习和测验两个阶段，测验阶段共呈现 60 个字串，要求被试做出 A 或 B 系列的选择反应。表面看来，该方法中，信号刺激式含有"SCT"的无意义字串，"SCT"比例又与 AB 系列有直接关系，测验任务看似一个再认任务，实际上实验者感兴趣的是再认能力指标 d'是否与"SCT"比例有关。结果表明二者之间有相关，表面上看来，用信号检测论的分辨力指标似乎只是反映了被试对 A 或 B 系列字串的再认能力，但由于 A 和 B 系列字串本身的特征却对 d'有显著的影响，从而证实了内隐学习的存在。此外 B 值的结果表明内隐学习过程中心理状态波动不大，被试掌握的报告标准也较宽松。在这里，信号检论间接地被使用，d'反映的仍是外显的再认能力，但间接证实了内隐学习过程的存在。信号检测论借用辨别力和反应标准两个指数，独立地处理了感受性和主观态度两类变量，充分显示了其优越性。

2. 用于社会认知研究中的典型实验

目前，信号检测论也被广泛应用社会认知的研究领域，如有学者利用信号检测论的方法来探讨性别偏见。贝拉奇运用信号检测论的方法，采用虚假名声程序来检查在名声判断中性别偏见的存在[23]。他假设如果名声判断对于先前呈现的知识是敏感的（被试有潜在大男子主义的信仰），那么熟悉的男人名字比熟悉的女子名字更有可能被判断为名人，熟悉的男人名字比女人名字有更高的虚报率。实验结果表明：熟悉男性 β 的值明显小于女性。即在进行声名判断过程中熟悉的男性比女性有一个更低的标准，也就是性别偏见明显存在。为检查被试本身是否信奉大男子主义，有明显的性别歧视。贝拉奇又设计了一个测验性别态度的简单量表，共有 8 个项目，其中 4 个反映性别歧视，另外 4 个反映性别平等，要求被试用五点计分制来表明态度。然后，在印证是否与声名判断中的 β 值一致。调查表明，被试性别刻板印象的外显态度表现与在名声判断中观察到的内隐偏见（潜在的信仰）没有相关或联系。这个结果进一步说明：男女平等、反对大男子主义，是社会倡导的价值规范，也是人们称许的一种认知。有些人是大男子主义，由于受社会规范的约束，在印象管理时尽量不暴露出来，久而久之沉入潜意识，成为一种社会认知。在公开场合下总是赞成男女平等，但在具体事件上又流露出大男子主义的痕迹。因为前者是我们意识到的、符合规范的、受社会称许的影响，后者是我们没有意识到的，却影响我们的行为。

（四）评价

信号检测论能够将被试者的感受性同主观态度区分开来，即能将感受性的测量同被试者的内在动机、态度等主观因素造成的反应偏向很好的区分来开，这种方法特别适用于人的主观因素对实验结果影响较大的实验条件中，它解决了传统心理物理法所不能解决的问题。

六、情境测验法（situational measure）

（一）涵义

情景测验法是置被试者于特定的社会情境之中，然后观察其在此情境下的行为反应，从而推测其内部过程的程序或方法。这种测验程序被应用于间接测量时，其关键在于情境的选择（如实际生活情景）或创设（巧妙设计的实验情境），要求做到被试对情境的研究意义并不了解。特别是在研究内隐社会认知时，选择或创设一个恰到好处的情境，可以让被试完全放弃对自己行为的有意识控制，让被试的社会认知特点在情境中自然而然地、毫无造作地、无意识地表现出来。所谓巧妙的情景设计是指能较高地激活某种特征关联行为，在这种情景下，关联行为越是能被观察到，就说明这种情景的特征激活潜能越高，那么，这个情景设计就越巧妙。情景测验效度主要取决于情景设计的特征激活潜能，当然，对"行为反应"的准确记录也是这种方法的关键。

（二）评价

情景测验与传统的测验相比突出的优点在于：

1. 由于情景测验是在"实际情境"中研究被试者的行为表现，所以它比其他方法更为自然，更接近真实生活，能更真实地反映被试解决实际问题的能力，使测验结果更真实可靠，预测效度更高。

2. 情景测验在测验内容上没有明显的倾向性，从而避免许多实验研究存在的"人为性"，因而较好地避免了社会称许性对测验结果的影响[24]。但在大多数情境下，被试者的反应还是很可能作假，如在一些有压力的实验条件下，被试者的反应很可能迎合主试，掩盖自己的真实反应。在这种情况时，易于反映被试者内心的真实想法，暴露内心的认知特点。

3. 易犯"情境抽样"的问题。情景测验法也有其无法避免的地方，即不管如何巧妙的设置情境，它毕竟是人为的，易出现"情景抽样"问题。情境的选择或创设如果缺乏代表性的话，所获结果很可能"以偏概全"。如果结合其他研究方法的佐证，必将大大降低情景抽样的误差，提高研究的效度，在研究中要特别注意这一点。

第三节　社会认知研究的新方法

方法的革新推动了科学的进步。社会认知和其它领域一样，依赖于研究方法上的进展，在传统方法的基础上，Greenwald 提示了一种新的研究方法，称为内隐联想测验（Implicit Association Test，IAT），该方法以其创新性吸引了研究者的极大关注，对其进行了各方面的考察，并在此基础上又有发展，如 GNAT、EAST（Extrinsic Affective Simon Task；De Houwer，2001）等[25]。这些方法被统合到内隐联想测验中，它们是对 Greenwald 最初提示的 IAT 的继承和发展，具体方法如下：

一、内隐社会认知研究新方法

（一）内隐联想测验

1. 涵义

内隐联想测验（Implicit Association Test，简称 IAT）是 Greenwald 等人于 1998 年提出的一种新的内隐社会认知的研究方法，内隐联想测验（IAT）以自我图式理论为基础。该理论认为，同那些与自我不相容的信息相比，与自我相容的信息能更快、更有效的被加工。它是在反应时范式的基础上发展起来的目前最为稳定、性能最好的一种间接测量方法。IAT 方法是通过计算机化的分类任务来测量类词（概念词和属性词），以反应时为指标，通过对概念词和属性词之间的自动联系的紧密程度的评估进而来对个体的内隐社会认知进行间接测量。

2. 测验指标

在社会认知研究领域，了解个体的认知结构中特定的类别（或概念）与属性之间的联系，可以通过 IAT 考察被试在完成不同反应任务时行为表现上的差异，如通过反应时的差异来推断联系是否存在以及联系的紧密程度。IAT 实验中采用 IAT 效应（IAT Effect）作为考察指标，是指前后两个联合任务中个体平均反应时的差值，如果 IAT 效应在一定显著性水平上大于 0，就能证明实验假设；若小于 0 则说明假设不成立，应将类别与属性的关系反转；若与 0 没有显著差异，则说明类别与属性两个维度之间没有所预期的联系存在。

3. 典型实验

内隐联想测验的一个重要的潜在假设就是与概念或特征更为接近和相关的

语词比有较少相关的语词加工的更快。换句话说，一个人如果能够将语词正确地归类于一个有机类别的速度越快，那么这个人对概念的内隐联想就越强。有研究表明，内隐联想测验有种族之分，如大多数白种人去归类不一致的种类（如白色＋不愉快；黑色＋愉快）比归类一致的种类（如白色＋愉快；黑色＋不愉快）要花费更长的时间。再如，内隐害羞能够预测自然发生的害羞行为[26]。

内隐联想测验作为内隐态度的测量方法，经常用于种族态度的测验，如被试首先将名字归类，这些名字都是如同黑和白那样特征明显不同的。接下来，被试对词语片断完成任务（word – fragment completion task），用其变量作为对自尊、种族偏见、刻板效应的内隐测试或要求被试对一些刺激词的属性做出辨别（如名词和形容词，人工制造的物体和天然的物品），并且通过辨别词义把物体分类为"肯定的"和"否定的"。几位研究者发展了内隐联想测验去研究与各种组别相关的内隐性的自我评估[27,28,29]。概括说来，内隐联想测验通过考察一个个体把伴有不同信号出现的愉快的和不愉快的语词归类的时间来评估概念间联系的强度（如：花—昆虫；组内—组外）（Greenwald，McGhee&Schwartz，1998）[30]。

有研究表明，白种大学生与黑人研究助教之间相互作用的增加比与白种研究助教之间的相互作用表现出更多的消极行为（如：较少的说话时间、较少微笑、更多的讲话错误、更多的讲话犹豫性）[31]。Franklin 等人用内隐联想方法来测量基督教和穆斯林教徒的内隐态度。为了完成内隐联想测验，每个参与者坐在一个计算机终端并且在监督下阅读说明书。参与者被指导如果出现在屏幕上的名称或形容词与屏幕上左方的归类相符则按键"a"，如果与屏幕上右方的归类相符则按键"5"。读完说明书后，每个参与者对其进行练习，然后开始正式实验，记录参与者的反应时并让其进行自我报告。实验结果表明，与社会同一性理论相一致，参与者的对基督徒态度的自我报告比他们对穆斯林信徒的态度的自我报告要更为积极。参与者也表现出适度的对基督徒的偏好。实验结果还表明，内隐和外显的态度之间有较少的相关。由于自我报告反对阿拉伯民族、社会统治倾向、右翼独裁主义等，因此自我报告中对穆斯林信徒的态度表现的更为消极。同样的人格变量相对于基督徒在自我报告水平而不是内隐水平表现出更为积极的联结。

4. 存在的问题

目前，IAT 在内隐社会认知领域得到广泛应用，但它同时也面临着广泛的质疑。研究者所要考虑的是作为一种间接测量方法，IAT 的潜在认知机制及其本身是否具备合理性这些问题，虽然有大量证据支持 IAT 的信度和效度，但这些操作指标并不能对其运作机制做出合理解释。其它问题如刺激材料的选取，应用范围限制等方面目前并没有统一看法，这一系列问题的研究有助于我们对 IAT 方法的进一步理解和促进社会认知理论和实践的顺利开展。

（二）联结任务测验（GNAT）

1. 涵义

联结任务测验（The Go/ NO Go Association Test）方法由 Nosek 和 Banaji 引入，它是不同的内隐联想测试且不进行冲突分类的测试。在 GNAT 中，被试只对把刺激词和特征类别为"好"的反应对其它刺激词不反应。反应时和错误率来代表被试对目标类和"坏"特征项测试的试验。Go/ No - go 联想任务（GNAT）是在信号检测论范式下提出的，是 Greenwald 提出的测量内隐社会认知的研究方法，GNAT 本身不是对 IAT 的否定，而是对 IAT 的补充。

2. 典型实验

Nosek 与 Banaji 介绍了 GNAT 实验程序[32]。GNAT 包括两个实验阶段，在阶段 1 中，被试对目标类别（Fruit）与属性类别（Good）做出反应，对 Bugs 和 Bad 则不做出反应。在阶段 2 中，被试对目标类别（Fruit）和属性类别（Bad）做出反应，对 Bugs 和 Good 则不做出反应。实验中采用 d' 指标，将正确的"Go"反应称为击中率，将不正确的"Go"反应视为虚报率，将击中率和虚报率转化为 z 分数后，其差值即为 d' 分数，表明从噪音中区分信号的能力，如果 d' 分数低于 0，表明被试不能从噪音中区分出信号。实验中以两个阶段 d' 分数作为考察指标，其原理在于如果信号中目标类别和属性类别概念联系紧密，相比较于联系不太紧密或者没有联系的联结，被试更为敏感，从而更容易从噪音中分辨出信号。B. Nosek 等实验证明了这一推论，当将 Fruit 和 Good 作为信号时（d'=2.77），将 Fruit 和 Bad 作为信号时（d'=1.65），对 d' 值进行显著性检验发现差异显著，这一结果表明被试的记忆结构中 Fruit 和 Good 联系相较于 Fruit 和 Bad 的联系更为紧密，被试对 Fruit 持有积极的态度。而将 Bugs 和 Bad 作为信号时（d'=2.69），将 Bugs 和 Good 作为信号时（d'=1.8），差异极其显著，表明被试对 Bugs 持有消极态度。在 GNAT 中，对噪音刺激不做出反应，因此需要对刺激呈现间隔加以控制，在 GNAT 中称为极累反应（Response Deadline）。研究发现刺激呈现间隔影响了个体的敏感性，随着刺激呈现时间的延长，造成 d' 值的增大，以及被试的反应错误率降低。如果刺激间隔过短则个体的反应水平可能处于机遇水平，因此刺激呈现间隔以

500～800ms 较为适宜。

3. GNAT 和 IAT 方法的比较

（1）GNAT 考察的是目标类别和属性维度概念之间的联结强度，弥补了 IAT 实验设计中需要提供类别维度，不能对某一对象做出评价的限制，即与 IAT 一样，GNAT 也是通过评价概念词和属性词之间的自动联系的强度来确定内隐态度的。联系的强度是通过将从属于目标概念词和目标属性词的项目（信号）与不属于目标词的项目（噪音）区分开的程度来界定的。

（2）IAT 要求在对客体的相对照中来测量对它们的态度，即测量的是对客体的相对态度，而 GNAT 与 IAT 的主要区别就在于 GNAT 实现了对自我和他人的内隐态度测量的分离。

（3）速度—精确性平衡问题。对于以个体反应时作为指标的心理任务而言，个体在反应速度上的增长会导致总体反应精确性的降低，这是每个研究者所普遍关注的问题。在 IAT 中，研究者通常使用反应时作为考察指标，从而可能丧失错误率所包含的信息。通过信号检测论可以区分出两个指标 β 和 d'，其中 d' 运算中包含着错误率，它能有效地表明个体的分辨能力；在 GNAT 中通过对不同任务中 d' 值的比较，对个体记忆中类别与不同评价间的联结强度。

（三）The Extrinsic Affect Simon Task（EAST）

1. 与传统的情绪性西蒙测验比较

EAST 是 Jan De Houwer 在 IAT 基础上发展出来的测量内隐社会认知的实验方法，它结合了 IAT 和 Houewer 提出的情绪性 Simon 任务的特点。在情绪性 Simon 任务中，被试在词语的非评价性属性基础上做出积极和消极反应，如当代表"人"的词语呈现时，个体报告"Good"，当代表"动物"的词语呈现时被试报告"Bad"，实验中代表"人"的实验刺激包括"朋友"和"敌人"，研究发现个体对 Friend 的反应要快于对 Enemy 的反应，尽管这两个词汇都从属于"人"这一概念。Houwer 对情绪性 Simon 任务进行了改进，他在 EAST 中，个体依照所呈现的白色词汇的评价性特征（积极或消极）做出判断，并分别做出反应，使得原先中性的揿键反应获得了积极或者消极的意义。对于彩色目标词汇（蓝色或绿色），个体则依据其颜色进行区分，原先中性的揿键因为被赋予了积极或消极意义而影响了个体对目标刺激的颜色分类反应。这一实验安排使得个体不需要对目标刺激做出评价性反应，减少了个体对反应过程的有意识控制从而揭示了内隐社会认知研究方法的实质。

2. 典型实验

在 Houwer 的典型实验中，他选用 5 个积极和消极彩色名词（绿色或者蓝色）以及 5 个积极和消极白色形容词，实验中告知被试如果词汇为白色时则参照词汇意义做出反应，即对积极词汇（如 Kind）按 P 键反应，对消极词汇（如 Hostile）按 Q 键反应，对于那些彩色词汇，则依照词汇颜色做出反应。实验中安排一半被试当呈现绿色词汇时按 P 键，呈现蓝色词汇时按 Q 键，一半被试当呈现蓝色词汇时按 P 键，呈现绿色词汇时按 Q 键。实验后记录被试对不同颜色词汇的反应时，不记录白色词汇反应时。通过上述实验可以知道，在 EAST 中被试在刺激评价性基础上对白色词汇（形容词汇）进行反应，在颜色基础上对彩色词汇（目标名词）进行区分，当彩色词汇和白色词汇性质一致，且个体对这两个词汇共同按键做出反应时个体反应较快，据此可以推断出个体对彩色目标词汇的联想与判断。

（四）内隐态度测试中使用大量的神经生理技术

脑功能定位指的是与心理功能相联系的大脑中的特定结构。目前，通过三种技术可以获得这种脑功能定位的资料：单细胞记录研究、脑损伤研究、脑功能成像研究。其中，脑成像技术是当今脑功能定位领域的主流方法，脑认知成像实验把知觉信息基本表达的研究建立在现代科学基础上，一个重要的方面就是使用认知科学已形成的各种科学实验方法和技术。

近年来，随着神经生理学、影像学和计算机技术的迅速发展，脑成像技术（brain - imaging）已经应用于神经心理学和认知神经科学的研究领域之中。与以往的一些研究相比，神经成像的技术可以在无损伤的条件下观察到有机体内正在进行的一些生物化学变化，如葡萄糖代谢或脑内血流量的变化以及与此有关的心理现象如记忆、注意、思维、情绪和言语活动等。它主要包括功能磁共振成像（FMRI）、正电子射线断层摄影术（PET）、脑电图（EEG）、脑磁图（MEG）等。PET 和 fMRI 是间接测量血液流动的技术，其假设为：神经元的活动需要增加激活区域的氧气和葡萄糖来满足血液循环的需要。举例来说，PET 是研究脑的各个部分的代谢活动的一种新技术。先给病人注射经过加速器处理后能放射正电子的、可被神经细胞吸收的物质，然后把病人的头置于正电子放射检测器中的一个平面、一个平面地扫描。扫描的结果经过计算机处理制成各个平面的断层图，从断层图中我们可以看到所注射的放射物质在脑的某些区域被吸收的多寡。此种技术可以用来研究人们在进行各种心理工作时脑的某些部分的某种物质的代谢情况。EEG 和 MEG 用来测量神经元活动的结果，要么是电子的要么是磁性的。即使简单的任务也会引起大脑中大量神经元的激活，研究者就可以通过比较不同的任务区分出与特定心理功能相联系的神经元的激活。Phelps 和 Hart 通过功能磁共振成像技术来检测杏仁核的激活，以此作为测量种族评价的标志。Eyeblink startle 也运用这个方面的技术研究黑人白人面孔的眨眼惊跳反应。另外，Cacioppo 和他的同事也利用事件相关脑电位作为分类正负刺激的方法做在线测量。fMRI 技术能使心理活动相关的神经活动在大脑中得以定位，这是目前较为先进的定位技术。由于该技术不具有损伤性，价格便宜，能应用于正常人脑，实现了高级神经研究在技术上的突破。

目前，关于事件相关电位—脑电波心理测试仪也已经研制成功。自从 1965 年 Sutton 等人发现 P300 波以来，P300 已被公认是研究人的认知活动和判断人的认知能力的有用指标。我国与美国的学者都发现，刺激物与被试者的利害关系及被试者的情绪都在 P300 上有所反映，而且 P300 的这些变化是被试者无法控制的。P300、N400 已经成为用脑电波进行心理测试的成分，这是当代心理测试研究的一次突破。脑电波心理测试仪的工作原理是通过对被试者施加一定方式的刺激（如视觉、听觉等），并从同时采集到的脑电波中提取相应的事件相关电位（P300）进行分析，从而对被试者的心理状态做出评判。脑电波心理测试仪原理框图如图 2 - 2 所示。

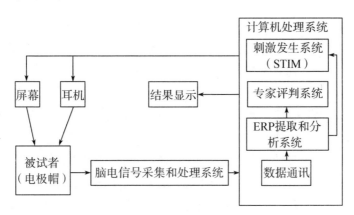

图 2 - 2　脑电波心理测试系统原理图

脑电波心理测试仪软件系统主要由个人信息编辑、刺激序列的编排与设置、脑电波数据的采集与图谱的实时显示、图谱的回放与编辑、算法分析等部分组成。本系统具有完备的个人信息档案和数据管理，刺激序列编排简单；脑电极的安放采用国际脑电图学会制定的全球统一的 10 ~ 20 国际脑电记录系统的原则放置在 Fz、Cz 和 Pz 三点上；通过对脑电采集数据进行小波变换提取其 ERP 成分 P300 波等，实验时间短，操作简便，提取结果准确。脑电波测试仪可广泛使用于神经病学、神经心理学、精神病学、认知心理学、药理心理学、工程心理学、犯罪心理学、环境医学乃至于遗传病学等方面的应用和研究，特别是应用于测谎时，可大大降低测谎的假阳性和假阴性概率。

二、IAT、GNAT 和 EAST 的适用性比较

对研究者而言，重要的是按照自己的理论假设选择合适的方法。

（一）IAT 方法更适合于对目标类别的比较，如男性/女性、老人/年轻人，或者是对不同对象的偏好比较，如对高热量食品与低热量食品的比较，在使用 IAT 作为研究方法时需要认识到该方法依赖于两个互相竞争的目标，对其数据不能分开进行分析，对其结果的推断具有一定的限制。

（二）GNAT 方法则较为灵活，适用范围非常广，可以对某单一对象进行评价，如考察被试对吸烟的态度，因为没有适宜的比较对象，可以采用 GNAT 研究方法。其次 GNAT 可以用来考察个体对不同对象的偏好，而保持反应竞争任务的优点，如考察个体对群体外和群体内成员的评价（如积极评价），另外对于那些包括不同特征的对象，而没有明显的比较类别对象的时候，如女教师或老教授等，采用 GNAT 较为合适。

（三）在 EAST 方法中，个体在白色刺激的评价性基础上做出反应，态度对象可以依照特定实验要求进行选择，此外 EAST 可以在白色刺激非评价性的基础上进行区分，如要考察男女在"自信"上的差异，则实验者可以要求个体在与男女性别相关基础上对白色词汇做出反应，而与自信相关的词汇则以彩色形式呈现。IAT 中实验者使用同一概念的不同样例作为实验材料，使得实验者能对两个目标概念进行比较，而 EAST 则可以同时对不同目标对象做出评价，只需在实验中设计彩色词汇来包括这些不同态度对象，因此 EAST 又表现出高效性。由 Greenwald 所提出的 IAT 方法以及由此发展出来的 GNAT 和 EAST 方法，均为反应时范式的研究方法，尽管提出时间尚短，但这些新方法对于内隐社会认知的研究和实践与应用将会产生很大的影响。

三、对社会认知及研究方法的展望

目前，社会认知的研究在国内已形成了一个新的研究热点，其研究不仅具有深刻的理论意义，而且具有广泛的实用价值，特别是内隐社会认知，其发生

的情景涉及到社会、经济、教育等领域，如人际交往，人才选拔，业绩评估等方面。但是，内隐社会认知毕竟还是一个尚未成熟的理论范畴，这个领域的研究虽然正在走向深入，但是还未建立起坚实的理论水平，许多的结论尚需进一步验证。

现阶段涉及社会认知方面的测试工作特别是内隐测量还处于初期阶段，随着知识的积累，有待于加深对各种内隐测量技术潜在机制的理解。由于各种各样的测量方式都有一个共同点，即它们都在寻找一个能够对所关心概念的评估方法，它不需要直接由被试口头报告得出。事实上，众多方法都旨在寻求能排除社会期望干扰的可间接评估的方法。对所有测验方法来说，被试应该是在对自己的态度、刻板印象等不觉察的情况下开始测量的，虽然通常不一定每个方法都能真正达到这个目的。随着研究方法和具体的研究技术的不断突破，相信在今后一段时间内，社会认知的研究将达到更高的水平。

参考文献

［1］Hermans Theo, Translation in Systems. Descriptive and Systemic Approach Explained, St. Jerome, 1999.

［2］Zhu Ying, Zhang Li. An experimental study on the self‐reference effect, Science in China, 120 ~ 128, 2002 ‐ 2.

［3］朱滢：《隋洁社会认知神经科学——一个很有前途的交叉学科》，载《心理与行为研究》2004 第 2 期。

［4］［5］朱春燕，汪凯：《社会认知的神经基础》，载《心理科学进展》2005 年第 4 期。

［6］Morris J S. How do you feel? Trends in Cognitive Sciences, 317 ~ 319, 2002.

［7］Shelly D. Farnham, Anthony G. Greenwald, Mahzarin R. Banaji. Implicit self‐esteem Social Identity and Social Cognition, Abrams, Dominic, Hogg, Michael A, Blackwell Publisher Inc, 1999.

［8］Greenwald A. G, McGhee D. E, Schwartz J. K. L. Measuring individual differences in implicit cognition：The implicit association test, Journal of Personality and Social Psychology, 1464 ~ 1480, 1998 ‐ 74.

［9］王恩界，乐国安：《矫正心理学家在罪犯改造中的作用与伦理冲突》，载《社会心理研究》2004 年第 1 期。

［10］［11］乐国安 编：《中国社会心理学研究进展》，天津人民出版社 2004 年版。

［12］于璐，宋微涛，潘芳：《儿童自我概念的发展及影响因素研究进展》，载《中国行为医学科学》2005 年第 3 期。

［13］李育红：《祖国大陆社会心理学本土化研究的几个问题》，载《社会科学》1995第 3 期。

［14］宋兴川：《内隐认知方法引入精神信仰的研究》，载《社会科学研究》2002 年第 2 期。

［15］Huggins E. T, Rholes W. S, John C. R. Category accessibility and impression formation, Journal of Experimental Social Psychology, 141～154, 1977－13.

［16］Srull T. K, Wyer R. S. The role of category accessibility in the interpretation of information about persons: Some determinants and implications, Journal of Personality and Social Psychology, 1660～1672, 1979－37.

［17］Moskowitz G. B, Roman R. J. Spontaneous trait inferences as self－generated prime: Implication for conscious social judgement, Journal of Personality and Social Psychology, 728～738, 1992－62.

［18］Herr P. M. Consequences of Priming: Judgement and behavior, Journal of Personality and Social Psychology, 1106～1115, 1986－51.

［19］［22］Stapel D. A. , Koomen W. Social categorization and perceptual judgment of size: When perception is social, Journal of personality and social psychology, 1177～1190, 1997.

［20］Dijksterhuis A, Spears R, Scheepers D. Seeing one thing and doing another: Contrast effects in automatic behavior, Jorunal of Personality and Social Psychology, 862～871, 1998－75.

［21］Mains M, Nelson T. E, Shedler J. Steteotypes and social judgement: Extremity, assimilation, and contrast, Journal of Personality and Social Psychology, 28～36, 1988－55.

［23］Banaji M. R, Bellezza F. S, Greenwald, A. G. Are women more emotional? Gender differences in reported emotional response do not translate to recall, Paper presented at the meeting of the Midwestern Psychological Association, Chicago, IL. , 1985.

［24］唐素萍：《情景判断测验的开发程序、构思效度及研究趋势》，载《心理科学进展》2004 年第 1 期。

［25］De Houwer J, Thomas S, Baeyens F. Associative learning of likes and dislikes: A review of 25 years of research on human evaluative conditioning, Psychological Bulletin, 853～869, 2001.

［26］Jens B. Asendorpf, Rainer Banse, Daniel Mucke. Double Dissociation Between Implicit and Explicit Personality Self－Concept: The Case of Shy Behavior, Personalty Processes and Individual Differences, 2002.

［27］Cunningham W. A, J B. Nezlek, M R. Banaji. Implicit and explicit ethnocentrism: Revisiting the ideologies of prejudice, Personality and Social Psychology Bulletin, 1332～1340,

2004 – 30.

［28］ Devos T, M R. Banaji. Implicit self and identity, In Handbook of self and identity, New York: Guilford Press, 153 ~ 75, 2003.

［29］ Greenwald A. G, M R. Banaji, L A. Rudman, et al.. A unified theory of implicit attitudes, stereotypes, self – esteem, and self – concept, Psychological Review, 3 ~ 25, 2002 – 109.

［30］ Greenwald A. G, D E. McGhee, J L, K Schwartz. Measuring individual differences in implicit cognition: The Implicit Association Test, Journal of Personality and Social Psychology, 464 ~ 80, 1998 – 74.

［31］ McConnell A. R, J M. Leibold. Relations among the Implicit Association Test, discriminatory behavior, and explicit measures of racial prejudice, Journal of Experimental Social Psychology, 435 ~ 42, 2001 – 37.

［32］ Greenwald A. G, B A. Nosek. Health of the Implicit Association Test at age 3, Zietschrift fuer Experimentelle Psychologies, 85 ~ 93, 2001 – 48.

第二篇

社会认知理论

第三章

社会认知过程及理论模型

　　社会认知指以社会世界为对象的认知，非社会认知指以物理世界为对象的认知，也即狭义的认知。广义的认知就是指以社会世界和物理世界为对象的认知。从认知发展的本质上讲，社会认知与非社会认知都是人的认知技能对环境适应的结果。但是，社会认知因客体所具有的特性及主客体相互作用的方式的不同而表现出与非社会认知的差异。社会认知早期研究较关注社会认知的"组织方面"，指构成一个人的社会知识、制约其对社会现实的认识的范畴和原则。随着研究的深入，人们注意到社会认知的"过程方面"，即通过社会互动而发生的沟通和变化，或者说从他人那里交换、接受和信息加工的方式，如注意、感知、记忆、决策、判断等。本章主要讨论从信息加工角度展开的社会认知过程、阶段及理论模型研究。首先介绍社会信息的两个加工过程，三个加工阶段，然后介绍相应的理论模型。

第一节　社会认知的加工过程

　　追溯社会认知的研究历史，可以发现社会认知早期研究主要关注人在明确的意识监控之下对社会刺激的组织和解释，并不考虑认知者的过去经验对现时的认知影响，此时社会认知研究的"人"是一个充满理性和逻辑规则的人。但是后来的研究发现，在人的行为成分中，尚有许多因素是无法用"逻辑"或"理性"解释清楚的，人们把自己的注意力开始转向人的非理性方面[1]。根据社会信息加工的意识和无意识将社会认知划分为外显和内隐社会认知两方面，针对现实生活中的具体问题，采取了面向实际应用的研究取向，开创了内隐社会认知的研究方向。由此，社会认知的加工过程研究开始涉及外显和内隐两个方面。因第一章里已简要的概述了外显、内隐社会认知的内涵，这里不再累述，着重从信息加工过程的角度介绍其加工特点。

一、外显社会认知

外显社会认知（explicit social cognition）就是指在意识的监控之下的社会认知。我们一般所指的社会认知指的是外显社会认知，它体现的是人类认知活动的理性特征：目的性、自觉性和逻辑性。它包含外显的社会知觉、社会印象和社会判断三个阶段。

以往的大多数有关社会认知方面的研究属于外显社会认知范畴。比较有代表性的理论有：F. Heider 的"平衡理论（balance theory）"，L. Festinger 的"认知失调理论（cognitive dissonance theory）"，C. E. O sgood 和 P. H . Tannenbaum 的"一致性理论（congruiy theory）"，以及 W. J. McGuire 的"认知相符理论（cognitive consistence theory）"等。这些理论均假设，人一般都自认为自己是理性的，做出的选择判断是合乎逻辑的；在日常生活中，人们总是试图通过将自己的内部状态与其外部行为保持一致，避免逻辑矛盾来维护自己的理性形象。事实上，在大多数情况下，人对自身的认知过程都是具有明确的意识监控作用的，外显社会认知具体如下特点：

（一）自觉性

在外显社会认知过程中，认知主体对社会刺激、当时的社会环境往往都有一个比较明确的自我觉察，在头脑中清楚地知道"我是谁?"、"我在此时此地干什么?"、"我这样做是为什么?"，即对"who, what, when, where, why"都有一个比较明确的回答。

（二）可控性

在外显社会认知过程中，对于复杂的社会刺激有一个按认知目标不断选择的过程，即控制自己的心理活动集中注意于认知目标；同时，当需要认知主体作出社会判断时，往往会面临十分接近、相似或模糊的信息，这时就会有一个利弊权衡（trade - off）即价值取向问题；并且认知者的判断结果会是"趋利避害"，对社会刺激价值的追求也是"就重避轻"；而一旦发生偏离也会自觉地加以调整。

（三）可描述性

外显社会认知可通过一系列明确的语义关系（semantic relationship）加以表述。社会认知主体可以将自己的认知内容通过语言、符号与他人进行交流。这些语言或符号，都是社会认知主体已经具有的知识和经验，同时又能够被其他社会个体所理解。

（四）规则性

在外显社会认知过程中，社会认知活动的每一个环节、每一个阶段、每一个步骤都按照一定的逻辑关系，或一定的社会规范，或一定的规章制度，或一定的约定俗成而有秩序的进行；总是遵循着一定的逻辑规则或社会"游戏"规则。

二、内隐社会认知

内隐社会认知（implicit social cognition）是与外显社会认知相对应的一个概念，指在缺乏意识监控或在意识状态不明确的条件下主体对社会刺激的组织和解释过程。此概念关注的焦点在于：个体的无意识成分参与了其有意识的社会认知加工过程。正如外显社会认知过程一样，内隐社会认知过程包括内隐社会知觉、内隐社会印象和内隐社会判断三个加工过程。

传统的关于社会认知课题的研究往往重视了人的意识成分，而忽略了人的无意识一面，因此研究结论往往具有很大的局限性。内隐社会认知研究将人的认知过程的两个方面结合起来进行探索，具有了更为全面的理论基础。

与外显社会认知相对应，内隐社会认知具有如下特征：

（一）间接性

我们无法用传统的有关测量社会认知的方法证实内隐社会认知的存在，因为它并不存在于我们的意识阈之内，它脱离了意识的监控，不能够为我们的意识所直接控制。因此，它具有一种间接性特征。其测量也只能采取间接测量的方法。

（二）直觉性

在内隐社会认知过程中，不论在社会知觉、社会印象，还是在社会思维阶段，对认知结果的获得，认知主体无法详细分析其过程，往往是"知其然，而不知其所以然"。

（三）不自觉性

内隐社会认知的不自觉性表现为主体对社会刺激的认知并没有表现出明确的目的；甚至是当出现社会认知偏差时，主体对这种偏差状态仍然不能够觉察，即主体的意识对这种情况呈现出不自觉的状态，或没有自知力。常言道："人贵有自知之明"，看来人们往往难以获得这种"自知"。

（四）自动化

内隐社会认知由于没有表现出明确的目的，因此就没有围绕某个目标而出现的意识监控；主体对社会刺激的内隐认知似乎是完全自动化的，就像一个程序预存在头脑中一样。

关于社会认知的研究，历史上先后经历了三次转向。第一次转向是 20 世纪 40 年代中期，J. S. Bruner 等人关于"社会知觉"的研究实现了认知研究"从一般认知到社会认知"的转向，从社会性维度向传统认知提出了挑战。第二次转向是内隐社会认知研究的兴起，人们的研究兴趣从"外显认知"转向"内隐认知"。第三次转向则是关于内隐自尊、内隐社会态度、内隐刻板印象等的研究，实现了认知研究从"一般的内隐认知"到"社会的内隐认知"的转向，从无意识的维度向社会认知提出挑战。随着研究的拓展，我们对社会认知过程的了解将更全面更深入。

第二节　社会认知的加工阶段

社会认知包括两个加工过程：外显的和内隐的。而每一个过程都包括三个加工阶段：社会知觉、社会印象和社会判断。社会知觉对应于普通意义上的知觉，有其自身特点，又与"知觉"具有相同之处，是社会认知过程的第一个阶段；社会认知过程的第二个阶段是社会印象，对应于心理过程的记忆阶段；社会认知过程的第三个阶段是社会判断，对应于心理过程的思维阶段。本节将分别阐述社会认知的三个加工阶段的特性。

一、社会知觉

（一）基本概念

社会知觉是指人通过感官对社会客体属性直接的整体的感知。社会客体主要包括社会人、社会物和社会事件三个方面：社会人包括他人、自己和社会群体等，社会物包括具有社会属性的语言、符号以及物体等，社会事件则由社会物体、人及其行为活动等组成的一个综合体。社会知觉是在社会生活中形成的，它不同于对自然客体的知觉，而带有鲜明的生活性，体现物体的社会意义。

社会知觉的加工过程不仅受社会客体所具备的生物、物理特性的影响，而且更受社会客体社会性质的制约；同时，社会知觉还要受主体特征的影响，如人的情感因素、人格因素、价值观念和动机体系等。

由于社会知觉主、客体的相互作用，社会知觉也会表现出错觉现象，如各种社会刻板印象、光环效应等都是由于在社会知觉阶段出现错觉后形成的社会认知现象。

（二）基本特性

1. 直接性。同一般知觉一样，社会知觉是以人的感觉器官为中介的，直接感受社会刺激并予以反应；它对社会刺激的反应是直接的、表面的，因而也表现得最为具体、生动，可以被看作是一个自下而上（bottom – up processing）的加工过程；同时，也由此容易被复杂的社会现象所迷惑，产生社会错觉。

2. 整体性。社会知觉是对社会刺激属性的整体感知，产生的是一个整体形象，是一个综合的结果，而非社会刺激的各个属性或部分。例如看到某个人的时候，不仅知觉到的是他（她）的外貌，还有他（她）的内部心理特征，如性格、气质等等。社会知觉就是利用已有知识，如贮存在大脑中的大量概念、图像、模式等对社会刺激的特性加以注意、综合并加以解释的过程。从个体感受到社会刺激开始，然后将其同大脑信息库中的相关信息进行比较，通过原型匹配、特征比较、网络激活等方式对新信息作出识别。这正体现了社会知觉整体性特征。

3. 选择性。指对于知觉者来说具有重要社会意义的社会刺激会被优先选择成为知觉的对象。相比较普通心理学上的知觉，对社会知觉而言，客体的社会属性起着更重要的作用，而客体的物理属性及其活动特点处于次要的地位。有研究表明，社会知觉的选择性在婴儿身上就可以观察到，即呈现人脸圆形、非人脸圆形及其无图形的圆板给出生 2～3 个月的婴儿观看时，婴儿对人脸图形的注视时间远远高于其他刺激物（非人脸图形及无图形的圆板），说明婴儿开始表现出对人的刺激物的兴趣和敏感，即对刺激物的选择反应。

4. 恒常性。在社会知觉中，恒常性往往表现为"习以为常"、"司空见惯"等社会心理现象。就是指所感知的社会刺激的整体属性在一定的时空内不会发生变化。恒常性一方面使人在感知社会刺激时节省了许多心理能量，另一方面又往往使人陷入心理的惰性，难以觉察已经发生变化的许多刺激。

二、社会印象

（一）基本概念

社会印象指个体通过与社会刺激的相互作用，形成并留在记忆中的认知对象的形象，这些形象以表象形式贮存。由于社会刺激可以是社会物、社会人、社会事件，因此表象形式多种多样。社会印象在综合分析社会知觉获得的信息基础上形成，直接影响人的态度、情感和行为等，又为社会判断提供素材。但是，社会印象所提供的信息的方式和性质比较敏感，同时又受联想、想象等心理过程的影响，因此很容易导致许多心理效应，往往引起社会认知偏差。而这种特点又为有目的的控制社会印象，如印象管理，提供了可能性。因此，社会印象是社会认知过程承上启下的重要阶段。

（二）基本特性

1. 间接性。指具体的知觉对象不在眼前，在离开客观、具体刺激的情况下间接地对这些刺激的心理表征进行重新组织。相比较社会知觉对知觉对象的直接反应，社会印象具有间接性。一方面是在社会知觉的基础上，对贮存的表象进行再加工和再操作的过程；另一方面是当知觉对象不在眼前，在脑海中浮现出来的有关认知客体的形象，是一种间接的心理成分。由于这种间接性特点，社会印象在形成过程中深受主体的情感因素、动机因素、价值观念以及已有经验的影响。

2. 综合性。社会印象不如社会知觉那样单一和零散，是对社会知觉材料的综合，但它又不是社会知觉过程中所形成的一个个单一的知觉对象的简单相加，综合过程中有主体的联想和想象参与。所以，如果获得的社会知觉材料不太全面或材料缺乏、模糊，就往往会产生"以偏概全"的倾向，导致社会印象的偏差。

3. 固执性。社会印象一经形成，就不易改变，往往产生各种各样的社会刻板印象。刻板印象像一把双刃剑，一方面使人以经济、快捷的形式应对各种社会刺激，一方面又使人固着，往往出现"以老观点看新事物"。

三、社会判断

（一）基本概念

社会判断，有研究者称为社会思维，是指在社会知觉和社会印象基础上，运用概念体系，进行逻辑推理而得出结论的认知过程。通过社会判断阶段，个体才能达到对社会刺激的深刻了解和准确把握。但如果没有社会知觉和社会印象的铺垫工作，社会判断也无从可言。

个体是如何进行社会推理的呢？对这个问题研究者们很感兴趣。研究者认为，社会推理大致经过信息的收集、信息的取样、信息的选择和综合、形成判断等一系列基本过程。收集信息指把对自己有意义的或自己坚信的知识、信息搜集起来。信息取样指获得拥有信息的样本或案例。取样过程有三种方式：依据已有知识，或运用极端例子、小样本、带偏向的样本，或利用个例、忽视所有样本资料。这一过程与收集信息的目的和所具有的条件有关。第三步是综合信息，一种是"线性模式"，即根据对逐个信息进行分析、比较和取舍综合，形成对社会刺激的推论；一是"直觉型分析"，往往是随机的、前后不一的，有明显的刻板印象。最后形成判断，得出结论。

同普通心理学的推理一致，社会认知的推理也具有演绎、归纳、类比三种形式，即演绎的社会推理、归纳的社会推理和类比的社会推理。社会认知过程只有在社会思维阶段，才能在较大的程度上摆脱认知主体固有的情感倾向、动机倾向以及价值取向等主体因素的制约作用，按照一定的逻辑规律接近社会刺激的本质属性。当然，社会认知过程要完全脱离主体因素的制约作用是不可能的；因为在现实生活中人总要具有一定情感、动机，追求一定价值的。人没有了这些，那只是一个机器人。

（二）基本特性

1. 实践性。社会判断是针对社会刺激进行的推理和决策，是为达到一定的社会目的而进行的推理过程，所以具有明确的社会实践性。如果离开了实践性，社会判断也变得毫无意义。

2. 预见性。指社会判断是在社会知觉和社会印象的基础上形成的，可以预见某种社会现象或社会行为在另一种场合或情境出现的可能性和条件性。一个人增加对被判断者所属群体的了解，或增加对被判断者所属文化等的认识，是提高社会判断准确性、社会判断预见性的主要因素。如在归因研究中，凯利根据已有的实验事实，提出归因的三维理论，并认为差别性、一贯性、一致性是人们进行归因的基础。根据这一理论，我们在一定的条件下就能预测某些人在某种情境中的行为。

3. 文化制约性。社会思维的文化制约性指文化对社会判断的逻辑法则的制约和对社会事物现象因果关系的解释方面的制约。这种制约作用平时并不总是为个体所意识、所觉察，因为个体总与其所处文化、所要求的思维方式或行为模式保持一致。当个体的所思所为违犯文化的规定时，文化的制约力就表现出来了。所以文化的烙印使得一个文化群体具有自身独特的思维方式，不同的文化群体面对同一社会刺激往往作出不同的反应。

4. 社会价值取向性。个体的社会判断总是反映个人的价值观，它指的是个人在辨别是非、善恶，选择价值目标时所持的一种综合性的价值体系，表现在个体对道德、社会规范、宗教、金钱等方面的态度和取舍。

5. 超标准性。指社会判断常常受现实的冲击和破坏，具有不稳定性。据社会心理学家研究显示，社会判断主要受社会信息和社会规范两大因素影响。社会信息对社会判断的影响主要是提供判断用的材料。材料少了固然不利，容易产生片面和错误，然而多而杂也无益。随着大众传播事业的发展，信息不断增加而且复杂多变，影响对社会行为做出正确的推理和决策，人们必须不断努力提高对信息的选择和组合的能力。社会规范作为社会成员共同遵循的行为规则之总和，它在人们的社会化过程中内化为内在心里尺度，具有极强的文化制约性，强烈地影响个体的社会判断。社会规范不同，文化传统不同，社会判断也是不同的。由此说明，社会判断是不太稳定的，即超标准化的。

根据这三个阶段，研究者们分别提出有别于物理认知的社会认知加工模型，包括社会知觉阶段的信息表征模型，印象形成阶段的序列模型、平行模型，最后是社会认知加工总模型，着重介绍 Wyer 和周爱保提出的理论模型。

第三节　社会信息表征的理论模型

关于人类对物理信息的表征方式，认知心理学家进行了长期的研究，提出模板匹配模型、原型匹配模型、特征分析模型。针对社会信息，研究者们从信息加工角度研究社会信息如何在记忆中表征，又研究社会信息如何在后继判断过程中使用等问题，形成一些具有代表性的理论模型：以抽象概念为表征的范畴模型、以样例为表征的样例模型、以概念和样例为表征的混合模型、以事件过程和事件状态为表征的情境模型。

一、范畴模型——以抽象概念为表征

（一）理论假设

该模型认为个体一旦获得有关某个群体的信息，便会发展出该群体的一种抽象、概括化概念，即范畴。如果某客体特征与范畴社会认知特征充分相似的话，该成员就会被归属于该范畴。关于"范畴"，其组织成员间具有家族相似性，但只不过是一定程度上在范畴框架下彼此相容的"模糊设置"，并不具有

决定个体是否是某个范畴成员的定义性特征或标准。

在范畴的概念框架下，首要解决的问题就是归类。研究者们对于如何归类意见不一。一些研究者认为当某个客体同时归属几个范畴时，一般地，客体将会按照与靶子特征最匹配的范畴原型来归类。另一些研究者认为，归类过程是一种基于某些原始特征的自动加工过程，这些特征具有重要的独特性，并且往往频繁地使用着。在这种情况下，有可能还未涉及到归类过程，就能激活后继社会认知活动。这种模型类似于认知心理学中模式识别的原型说。其主要代表人物为 Posner 和 Reed，他们认为原型是一类客体的内部表征，即一个类别和范畴的所有个体的概括表征。这种原型反映的是一类客体具有的基本特征。Reed 指出，这种原型代表的是一个范畴的实例的集中趋势，并且是以抽象的表象来表征的。

（二）范畴模型的评价

范畴表征模型的基本假设在近几十年以来的社会认知研究文献中相当普遍，但是这些模型往往对社会认知的整体解释存在许多局限：

1. 不能合理解释范畴组织成员的变异性问题

范畴模型说明了知觉者关于客体的概念的核心趋向，但并不能对范畴内部诸成员间分散性的认知加以表征，即范畴模型不能说明知觉者对范畴内组织成员变异性的认识与敏感性。实际上，知觉者可以基于原型判断范畴成员的变化程度。如果人们将范畴内部的变异性看作是范畴的另一个特征，则主宰范畴属性的抽象信息获得的相同过程完全有可能创设有关范畴变异性的知识。对于这个问题一些研究者认为变异性信息是以具体的样例加以贮存，而另一些研究者则持相反的观点。对于这一问题还存在争论。

2. 范畴之中的亚类型问题悬而未决

以往大量零散的文献均表明知觉者头脑中有关社会客体的概念并非是宽泛而概括化的，其间往往具有上位与下位范畴，同时又常常包括一些更为独特的下属水平或亚类型。Brewer（1981）等人研究证实了这种现象，如人们有时会简单地将他人归类和描述为某个群体，但事实上他们对这类包容性范畴的更加具体的亚群体拥有更加丰富和更好的认知[2]。对于这一说法，研究者们意见各异，对社会认知的亚类型水平持怀疑态度，如 Smith（1990）指出各种亚类型依赖于具体场合[3]。对此问题尚未形成定论。

3. 无法解释特殊事例对社会认知过程的影响

在实际生活中，人们的社会认知会受到特殊事例的影响。有关实验研究显示，如果被试认为所遇到的留短发的陌生人是不友好的，因为以前遇到的某位留短发的人不友好，当遇到第二个留短发的人时，被试会以对第一个人的记忆为基础对此人作出判断。这一研究证明了作社会判断时样例表征的重要性，但范畴模型很难说明特殊事例对信息加工的巨大影响。

二、样例模型——以具体样例为表征

（一）理论假设

该模型假定个体认知结构中存储的是大量的事例表征，归类不是通过客体与范畴原型之间的比较，而是通过客体与样例记忆集合中范畴成员的比较进行的。范例模式允许同样的特质被重复存储于多个例子中，尽管范例模式需要一个复合的表征，但表征是具体的而非抽象的。这与范畴模型刚好相反。表征客体的样例与客体之间具有极大的相似性。因此，样例的恢复与使用往往无需意识性提取，并且绝大多数样例都可以在这种情况下恢复。由于样例恢复通常是一种内隐过程，因而不能通过诸如定义或再认等典型的外显因变量测量出来。

值得一提的是 Smith，他在其《社会归类中使用的样例和原型》一书中指出，关于社会信息的概念是以凝聚的样例重新概括，而不是作为抽象知识加以贮存的。社会归类中的样例模型包括社会判断过程，模型中样例的恢复不仅负责社会信息的初始归类，而且也指导着社会判断过程。此观点与认知心理学中概念结构研究领域中 Rosch 提到的原型说有相同之处，都认为概念是以最佳实例表征的，人们对某一概念的理解主要是通过该概念的最佳实例实现的。概念由两个因素构成的：（1）原型或原型最佳实例样例；（2）范畴成员的代表性程度。虽然都是用原型来表示，但是这种理论与范畴表征中提到的原型说是不同的。样例模型将原型看作是与同一概念的成员有更多的共同特征的实例，是一个特定的具体的表象，而范畴模型主要着眼于单个个体与范畴的匹配。

（二）样例模型的评价

恰如范畴模型具有缺陷一样，社会信息以抽象表征存在的样例模型也同样具有不可避免的缺陷。

1. 无法解释个体的社会学习问题

样例模型的缺陷在于，它无法解释人们根据自己的信息渠道获得的关于某个群体的抽象信息以及形成样例集合所必需的范畴概念问题。据此，一些样例模型往往主张社会信息主要是作为一种特殊的样例加以贮存与激活的。虽然这种观点提供了以样例形式表征抽象特征的一种机制，但却混淆了抽象与具体表征之间的区别。当这样一种抽象知识得以恢复，并且在判断过程中使用的话，人们怎么能够知道它是作为一种具体样例，还是作为一种抽象的概括化产物贮存的呢？而实际上，人们头脑中的样例往往是整合了多个具体的样例的特性而组成的。因此，这种样例多数是抽象出来的，而不是单个的、具体的事例。

2. 范畴理念问题

Smith 指出，如果没有一种范畴理念的话，样例集合就不能撮合起来，也就无法形成一致的概念或范畴。当要求某人描述一位典型的女性时，他首先需要确定一些包含标准的理念，然后在这种理念的指引下恢复典型女性的代表人物，然后描述她们具有的特征。否则，当进行范畴判断时，知觉者将不能激活适宜的样例。这一点尤其与除了范畴标签以外再无其他刺激可以作为记忆线索的情景有关。在这种情景下，所激活的范畴知识将会用来明确可能恢复的样例集合[4]。

三、混合模型——以抽象概念和具体样例为表征

基于对以上两种模型缺陷的考虑，有研究者提出将这两种模型整合起来构成混合模型，认为头脑中知识的表征包括抽象知识的表征和具体样例的表征。看起来这一综合模型弥补了前两种模型的不足很完美，但同时也面临着挑战。为此，研究者们展开了大量的实验研究和理论的补充，丰富了混合模型理论。

（一）理论假设

1. 不同类信息的先后学习顺序影响后继加工方式

认知主体对抽象信息、样例信息掌握的先后顺序会影响对范畴成员的后继加工。Smith 和 Zarate（1990）设计了一个实验对此加以验证[5]：实验中，被试的作业是学习将靶子成员（target members）归类成两个群体，一些被试在学习群体样例之前学习原型信息，而另一些被试则未给予原型信息；学习阶段结束后，要求被试对学习过的靶子连同新靶子一起归类。所设计的刺激使得归类模式根据被试是使用以样例信息为基础还是使用以抽象信息为基础的策略而有所不同。结果发现：当被试没有接受原型信息时，他们会通过与预先学习的样例相比较来归类新样例；而学习过原型信息的被试则基于原型来归类。实验说明：被试了解抽象信息和具体样例信息的先后顺序会影响到他们在后来进行的归类作业。

2. 信息的表征方式及程度影响后继加工

当遇到新的样例时，形成抽象表征的程度是决定后继加工中会使用何种信息的关键因素。如果在样例编码阶段激活的是一种群体水平特征，则抽象信息

应当更可能影响后继判断；如果未形成抽象信息，知觉者必然要依赖于样例记忆来指导后继加工。

（二）混合模型的评价

混合模型一经提出，受到了认知资源有限理论的挑战。以往研究表明，认知资源的多少影响社会信息的加工。当资源有限的时候，个体更倾向于利用抽象信息进行归类，因为这种方式只需要很少的资源，应用具体的样例需要动用较多的认知资源。所以将这两者如此整合起来并不符合认知资源节省的原则。对此问题，目前尚未有合理的解答。

四、情境模型——以事件状态和事件过程为表征

情境模型（situation model）这一概念最早由 John - laird（1983）提出。Wyre 和 Srull 沿用这个概念，并发展成情境模型理论[6]。我们知道人们获得的社会信息以言语和非言语两种形式编码，但 Wyre 和 Srull 的情境模型理论没有解释清楚新信息如何以不同方式编码。Wyer 和 Radvansky（1991）随后在他们的社会信息理解理论中弥补和完善了其中的不足，使情境模型理论在社会信息加工中更具解释力[7]。

（一）理论假设

按照 Wyer 和 Radvansky（1991）的观点，情境模型代表人们对具体事件和事态的理解，而且通常在理解社会情境中所传递的信息的过程中自动建立，一旦建立，就为理解新信息、对信息涉及的人和事做出判断提供相应的基础。情境模型提出人们在理解过程中至少需要建构 5 个维度，即：空间、时间、实体、起因、目的等。时间和空间指事件发生的时空背景，实体指用来理解情境结构的中介，起因指事件之间的引起和结果关系，目的指在某一情境中中介物的目标，需要和愿望也可以是目的[8]。

研究者区分出事件状态和事件过程这两种亚情境，相应区分出事件模型（event models）和情节模型（episodes models）。事件状态指只有一个时空框架的情境，这种情境更具静态性；而事件过程是事件状态的集合，它由一个普通的实体构成，用一个主题形式统一起来。由事件状态产生的事件模型是具体时空框架的表征，包含时空框架、情境中的实体以及实体之间的结构关系等。在这个系统中，实体是信息协调的基础，是情境模型结构的核心。而由事件过程产生的情节模型则由相互联系的几个事件模型组成。每一个情节模型都包含一系列相互联系的事件，这些事件的次序通过一系列相互分离的具有代表性的画

面加以表征。

（二）情境模型的评价

情境模型理论不仅可以解释人们对呈现在社会背景中的有关人或事的单个陈述的理解，而且可用以解释在公众媒体或在非正式谈话中进行交流的人的反应；不仅注意到了社会信息的字面意义，而且考虑到了信息表达的社会背景及接受者的有关知识背景。比较范畴模型、样例模型和混合模型，情境模型考虑到了情境的因素，这使得社会认知过程模型进一步得到完善。有研究者最近提出随着网络时代的发展，人们在虚拟空间中的信息交流越来越重要，虚拟环境下的社会认知与现实生活中的社会认知是否有差异？如果有，差异又何在呢？这些问题对情境模型理论提出了发展方向和议题。

第四节　印象形成的理论模型

现实生活中，人们形成他人的印象总是源于一定的信息，心理学家通常将这些信息分为两类：定型（stereotype）和个体信息（individuation information）。定型指按照性别、种族、年龄或职业等进行社会分类，形成的关于某类人的固定印象，人们普遍认为它与某些特质和行为相联系。个体信息指关于个人行为、人格特质、家庭背景等方面的信息。人们是如何利用定型和个体信息形成他人印象的呢？许多心理学家对这一问题做了大量的探讨，并提出了一些理论模型。

一、序列模型

印象形成的序列模型认为，知觉者对定型和个体信息的加工不是同时进行的，而是序列的。即首先是基于定型（stereotype - based）的加工过程，这个过程是自动的。如果知觉者受到强烈的内部驱力，或信息的性质妨碍了个体进行归类或再归类，这时个体才会更多地进行基于特征（attribute - based）的加工过程。Brewer 的双重加工模型（dual process model）与 Fiske 和 Neuberg 的连续体模型（continnum model）均属于此类型。

（一）双重加工模型

M. B. Brewer（1988）总结了大量有关社会认知的研究，提出对人的印象形成的双重加工模型[9]。他认为分类——对他人、社会物及社会事件的分类是社会认知过程中印象形成的一个关键环节。以分类为基础的信息加工有两种不同的加工模式，基于定型的自上而下加工和基于特征的自下而上加工。在印象形成过程中，知觉者只进行其中的一种加工模式。他将这两种加工模式分为四个水平：在多维空间内直接的自动的识别；归类；按照亚定型或特例将信息个体化；按照个体的图式或网络命题个性化。加工水平由目标个体的特征、知觉者的需要或目的、以及目标个体与知觉者之间的相似性决定。

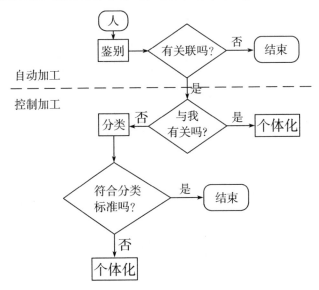

图 3 - 1　社会认知的双重加工模型[10]

上述模型表明，当"人"作为一种社会刺激作用于人的信息加工系统时，认知主体会以一定的社会性标准对所获得的认知对象的知觉信息进行"鉴别"。如果判断信息是不重要的，即"结束"进一步的加工；如果判断信息是重要的（有关联的），则进一步判断是否与自己有关。如果与自己有关（是），则将认知对象"个体化（personalized）"，即确定此人为具有某些特征的个体之后停止进一步的分类加工。如果"与我无关"（否），则进行进一步的"分类"。如果判断此人符合已有的分类标准（是），则"结束"对人的认知。如果判断此人不符合已有的分类标准（否），则将此人"个体化"，即得出该认知对象是具有某些特征的个体的结论。可见，在对人认知的加工模型中，有一个重要的判断过程，即"是否与我有关"，说明认知主体在对人的认知过程中往往会"自我卷入（self - involued）"，即认知主体对他人的"认同作用（i-dentifying）"对人的社会认知有着重要的影响。值得注意的是，M. B. Brewer 的模型区分"自动加工"和"控制加工"两种加工过程，即是否有意识参与的加工过程，这一思想为后来的外显加工和内隐加工的提法奠定了基础。

（二）连续体模型

印象形成的连续体模型是由 Fiske 和 Neuberg（1990）提出来的。他们认为：1. 印象形成是一个连续体，一端是分类加工，类似于理论驱动的加工，另一端是特征加工，类似于材料驱动的加工[11]。这两种类型的加工并不是截然分开的，在印象形成过程中存在中间类型的加工；2. 人们倾向于以类为基础的加工，即以定型为基础的加工，因为这类加工占用资源量少；3. 分类加工会转向特征加工，前提条件是当人们注意到某人的具体特征时；4. 人们对他人特征的注意和解释受到其信息的整合和动机的影响。目标和刺激的轮廓决定着知觉者是否超越初始的印象（Ruscher & Fiske，1990）[12]。注意可以让知觉者获得更多的信息，以证实初始的分类或再分类。动机让知觉者对初步分类后的社会刺激进行判断，如果符合自己的动机需要则进一步作出证实性分类；如果不符合则停止加工。所以知觉者在印象形成连续体的何处停止取决于形成准确的印象对他有多重要。

印象形成的连续体模型可用图示：

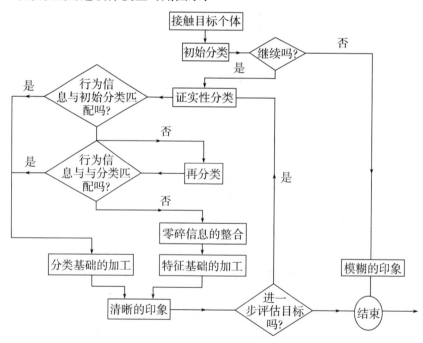

图 3-2 印象形成的连续体模型[13]

从 Fiske 的"人的印象形成的连续体模型",我们可以看到,当认知主体首次接触社会刺激时,首先进行"初步分类",进行原型比较和范例比较加工;然后根据自己的动机系统对初步分类后的社会刺激进行判断,如果不符合自己的动机需要则形成模糊的印象,结束加工;如果符合则加以注意,接着进行"证实性分类"。然后对分类结果进行判断;如果成功则转入"以分类为基础的加工",包括情感的、认知的及行为倾向的分类,进而形成清晰的印象;如果证实性分类不成功,就"再分类"进入第四个阶段,比较行为信息与分类是否匹配。如果二者匹配,那么转入以分类为基础的加工;如果"再分类"还是不成功,则对社会认知的信息进行"零碎特征的整合"加工,并进一步进行"以特征为基础的情感、认知及行为倾向"的加工,形成印象。最后,再对社会认知的"目标靶"作进一步的评估需要判断,如果需要则重新"注意",进入新一轮的"证实性分类";如果不需要则"结束"进一步加工。

可见,序列模型中定型在印象形成过程中占支配地位,定型驱动的加工过程占优先地位。定型和个体信息综合的过程仅发生在占支配作用的定型加工过程无法解释获得的信息,或不能满足知觉者的目标时。序列模型对印象形成的复杂性考虑不多,但也注意到了加工任务和个体的差异,即根据不同的加工任务,加工结果不一样;同时,由于认知主体的情感、兴趣、需要等动机系统对社会刺激进一步加工起着重要的引导作用,即使是针对同一加工任务,加工结果也会有所不同的。

二、平行模型

(一)理论假设

与印象形成的连续体模型理论观点相驳,Kunda 和 Thagard(1996)提出了印象形成的平行限制满意模型(Parallel Constraint Satisfaction Model),认为知觉者对定型和个体信息是序列加工,并且相互限制意义,共同影响印象的形成[14]。

定型与个体信息间的相互限制表现在三个方面:定型影响行为的意义;定型影响特质的意义;个体信息决定知觉者运用定型的哪种亚定型。在不同的情境下,定型和个体信息对印象形成具有不同的影响和作用:

1. 在缺少个体信息的情况下,定型影响对个体的评定。

2. 存在个体信息的情况下,定型对印象形成的影响取决于信息的模糊程度及所要进行的判断任务。个体信息清晰且具有诊断性时,定型不影响特质评定；个体信息模糊但具有诊断性时，定型通过影响信息的解释而影响对目标个体特质的评定。

3. 即使在定型对特质的影响受到个体信息影响的情况下，定型也会影响与特质相关的行为的预测。

4. Hilton 和 Fein（1989）将非诊断性信息分为两种：真正无关的信息和伪相关的信息，前者指对个体人格的任何方面都不具有诊断性的信息，后者指与对目标个体的判断无关，但对人格的其他方面具有诊断性的信息。在第一种情况下，定型影响印象形成，但这种效应在个体信息虚假的情况下，会受到淡化或消除，并且随着虚假信息数量的增加，淡化效应增强[15]。

5. 多重定型通过相互影响共同影响印象的形成。

可见，在平行模型中定型和其他类型的信息是同样看待的。当定型先于个体信息被知觉时，它对印象形成起支配作用；同样，当个体信息首先被知觉时，个体信息处于支配地位；如果二者被同时知觉，这两种类型的信息则处于平等地位，通过激活扩散网络，以平行限制满意为依据共同影响印象的形成。

序列模型是从宏观角度提出了印象形成的理论模型。虽然提出了两种类型的加工以及定型和个体信息在印象形成过程中的作用，但并没有深入探讨在印象形成过程中定型和个体信息是如何作用的。而平行模型吸收了认知科学领域的最新研究成果，它既是预存模型又是计算模型，对印象形成提出了微观的解释。

（二）平行模型的评价

相比较序列模型，平行模型有如下优点：

1. 解释现象范围较广

平行模型能够解释印象形成领域中许多序列模型不能解释的现象：（1）清晰的具有诊断性的个体信息会削弱定型对目标个体特质评定的影响，但不会削弱对该目标个体未来的与特质相关的行为的预测；（2）多重定型联合影响印象形成的现象，序列模型不能解释。即在现实生活中，绝大多数个体都属于多重分类，知觉者根据不止一个分类形成印象，对此序列模型无可奈何；（3）另外，序列模型更无法解释定型间新的组合是如何共同影响印象形成的。

2. 简洁性和准确性

平行模型将印象形成过程区分为五个加工阶段：初始分类、证实性分类、再分类、零碎信息的整合、以特征或分类为基础的加工，基于这一基本过程解释印象的形成，并能用计算机进行模拟。而序列模型并没有深入到印象形成的结构和具体过程中去，所以显得复杂模糊。

3. 不必区分定型和个体信息

在平行模型中，定型和个体信息居于平等的地位，信息对印象形成的影响不取决于它是定型还是个体信息，而取决于它的独特模式及与其它信息之间的联系，所以没有必要区分信息的类型。相比较，定型和个体信息的区分在序列模型中具有重要意义，但是在日常生活中，定型和个体信息之间的界限并不总是清晰的，知觉者往往要通过对目标特征的推理才能获得。所以平行模型较简便，更符合人们认知的实践。

纵观印象形成的理论模型，随着理论和实践研究的深入，模型日趋成熟。这些研究成果为提出社会信息加工模型的发展、完善奠定了基础。后继研究者不断努力，提出更全面、系统的社会认知加工模型。

第五节　Wyer 的社会信息加工模型

Wyer 提出了社会信息加工的一般模型，采用流程图的方式描述了社会刺激从被注意 – 感知、记忆的编码和组织到作出判断和反应[16]。他认为社会信息加工的任何可行理论必须能解释种种社会判断和行为现象；所提出的模型必须能阐述信息加工的各个阶段如何联系、如何操作以产生判断和行为，而且必须能使在每个加工阶段（编码、组织、存贮、提取和推理等）的操作的认知机制具体化。由此他及其他研究者提出了社会信息加工的一般模型。

一、理论假设

从下图中我们可以看出，Wyer 的社会信息加工模型具有三组主要的功能，即信息的输入、记忆和反应。每组功能分别由一些要素组成，形成一个相对独立的子系统。

（一）输入系统

主要由社会信息的各种感受器官和由它们组成的感觉存贮器组成。任何外来信息在按照任何心理码表征之前，都能由各种感觉器官（视觉的、听觉的、嗅觉的等）获得，然后通过相应的感觉存贮器存储。此系统能保存所有触及人类感觉的信息，信息量大且真实，但保存时间短，通常在几秒钟之内快速衰退；对于信息加工是必需的，但对于社会信息的理解、记忆和判断不太重要，因为这些加工过程需要后面将要涉及的更高水平的认知活动。

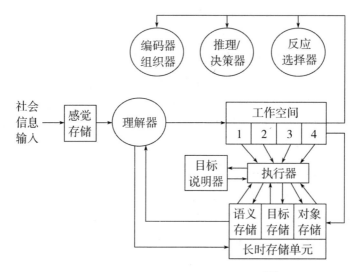

图 3 – 3　Wyer 的社会信息加工模型[17]

（二）记忆系统

主要由理解器、工作记忆单元、目标说明器、执行器以及长时存贮单元等组成。

1. 理解器。按照先前获得的语义概念对当前刺激信息进行自上而下的解释过程，一旦对于环境中的特殊事件引起了系统注意，理解器将被自动地执行。像其他理论家一样，Wyer 也假定，视觉输入信息按照视觉和听觉编码加工，言语信息按照几种不同记忆编码来表征。然而处于理解器中的编码，比那些出现在后面阶段的编码，其抽象性处于更低的水平。

2. 工作记忆空间。是社会信息加工模型的中心结构之一。概念上类似于工作记忆，但有自己的特殊性。它是在跟踪特定的加工目标时，对有关信息进行加工操作并将其结果保持下来的一个临时存贮器。因而在任何给定的时间上，它典型地包括即将被加工的输入材料和加工这种材料时将被使用的各种概念及加工的结果。对信息的保持时间随着对它们的加工操作的时间久暂而异；由于其空间容量有限，因此一旦对有关信息的加工任务已经完成，或者认知主体并不期望对目标进行更进一步的加工时，工作空间将被清理以便对更直接的任务目标进行跟踪；也正是由于容量有限，当更新的信息进入时，较早的信息就会被自动溢出，或者由于清理工作空间使得那些仍未进入长时记忆存贮的信息被丢失。

3. 长时存贮单元。系统的长时记忆部分，在这个单元中有三个不同内容的存贮箱（其容量无限）。一是语义存贮箱，包括基本的名词、行为和特征概念。这些概念能用来解释新信息而不依赖它的特定对象；二是对象存贮箱，包括关于特定的人、物、事及一般的人、物、事的信息；三是目标存贮箱，包括对于达到不同的加工目的的目标图示和程序。这三者随时与"执行器"之间发生信息交流。

4. 目标说明箱。记忆系统的重要组成部分，它存贮着对即使加工目标的解释和达到目标状态的一系列程序指令，并随时对"执行器"的工作发生影响和接受来自"执行器"的信息反馈，以便调整加工目标。在每一种情况下，存贮在目标说明箱用来说明目标图示的指令由执行器检查，并用来完成以下工作：（1）通知相关的加工单元；（2）指引在这些单元和存贮单元之间信息的适当流动。其容量亦是有限的。它限制了同时执行目标定向活动的数量及其复杂性，反映了认知主体意识加工的有限性。此外，由于"执行器"对一些经常频繁使用的加工目标和程序指令的熟练化，可将"目标说明箱"中的某些非常熟悉的加工目标和自动化了的程序指令存入"目标存贮箱"。

（三）反应系统

主要由三个加工单元组成：编码器和组织器；推理－决策器；反应选择器。

1. 编码/组织器。可看作一个功能单元，是从"理解器"到"工作记忆空间"信息传输或从"执行器"到"长时存贮单元"信息传输和提取的解释者，也可看作是一个对进入到加工系统的刺激信息的心理反应过程。它通过使用在目标图示中详细说明的编码和组织操作来达到这一目的；它习惯于按照更抽象的概念来解释信息的个别项目。例如对行为者"骂脏话"这一行为按品质概念将行为者编码为"粗鲁"。另外，在几个信息片断联合的基础上，它习惯于按更一般概念或类的例子来识别信息所涉及的对象。由编码/组织器所建构的输入信息的认知表征不同于信息本身，首先编码比原始信息可能更一般化或更抽象。其次，在该系统所形成的表征中，其特征的组织也可能不同于从理解器传输来的信息的组织。原始信息中并没有详细说明的特征可能自发的增加。

2. 推理－决策器。作为一个加工单元，其功能是在所获得的信息的基础上或者利用已有的相关知识进行主观推理和得出结论。主体通过对信息进行一定的心理运算，包括逻辑的、因果的、代数的运算，或者是若干种算法的联合，其推理形式可以有：判断、行为决定、计划好的行为系列等。然而，有时作出推理、决策时仅仅是在认知材料基础上直接得出结论，如人的直觉现象。

3. 反应选择器。是反应系统与外界直接发生联系的一个环节，加工目的是要作出主观推理或得出结论。当主观的加工活动结果要转换为外显反应时，它便开始发挥自己的功能，其反应形式可能是一种数量上的评价，或者是一种肯定、否定的质的判定，也可能是言语描述、技能行为，或者谈话语调等，反应的转换规则根据心理加工类型和反应类型决定。

二、Wyer 的社会信息加工模型的评价

Wyer 的社会信息加工模式构建了社会信息的输入、存贮和加工三阶段及各阶段的性质和特点，有助于我们深入了解个体对社会信息的心理加工过程。此模型对于解释社会信息加工的复杂心理机制具有积极的指导作用，但也存在一定的局限性。首先人们在做出判断或行为决策时，往往并不是按部就班地贮存信息、提取信息，通过推理、判断作出决策，实际上整个过程是很灵活的、动态的；其次，人们对社会信息的加工远远复杂于对自然信息的加工，社会认知的运作规律要受到认知主体内外环境的诸多因素的影响，包括社会认知主体内部的因素、社会认知对象因素及社会认知情境的因素，表面上看起来类似于自然信息的加工。但 Wyer 的社会信息加工模型侧重从认知的角度提出，对认知主体内外环境因素重视不够。为此，后继研究者发展了此模型，提出了新的社会认知模型。

第六节　社会信息加工的双过程三阶段模型

我国学者周爱保认为，一个好的理论模型应该比现有的理论有更强的解释力，即符合所谓的"好理论"理论[18]。他通过理论研究和实践总结，在 Wyer 的社会信息加工模式基础上，提出社会信息加工的"双过程三阶段模型"。

一、理论假设

何谓"两过程三阶段"？从上述模型我们可以看出，"两过程"指社会信息的加工过程有外显加工和内隐加工两种形式。"三阶段"指社会信息的加工过程分感知－注意阶段、记忆阶段及思维阶段。在模型图中，"——"线以上表示外显过程，以下表示内隐过程，并且这两个过程贯穿于社会信息的各个加工阶段。在各个阶段中信息处理的功能是不同的，感知－注意阶段主要是进行信息的选择、组织和编码；记忆阶段主要是执行贮存功能（包括短时记忆贮存和长时记忆贮存）；思维阶段则是将贮存在长时记忆中的资料，或直接由知

觉提供的资料存放在短时记忆中进行加工处理，所执行的主要是一些思维操作的加工功能。社会信息在这三个阶段有序地流动。对社会信息的理解（编码）过程主要由知觉和记忆之间"自上而下"和"自下而上"两种加工方式完成。社会刺激要能引起注意，要么通过任务导引，要么通过自我导引来实现，前者是由外部强加的要求，后者则是由认知者自身的内部倾向所致。同时，记忆阶段的短时记忆信息和长时阶段记忆信息可互相交流，处于动态变化之中。值得注意的是，社会信息的加工系统处于外部环境和自身内部其他心理系统的影响之下，是一个开放的系统。其中，人的情绪情感系统、意志系统、信仰系统有较多的意识成分，因而处于社会认知的加工系统之上；而人的动机系统、人格系统、价值系统则意识成分较少，因而处于社会认知加工系统之下。

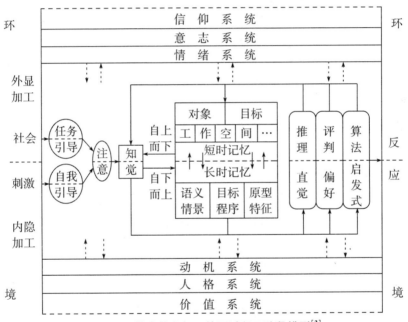

图 3-4 社会信息加工的两过程三阶段模型[3]

二、模型评价

与 Wyer 的社会信息加工的一般模型相比较可以发现，社会信息加工的新模型中，个体是有情感、有需要的，有其自身成长背景、个性因素和独特的人格特征，其所处环境受社会的经济政治条件的制约，带有深深的文化烙印，及当时当地情景和认知对象的影响，个体有着独特的社会信息认知过程。既然是对社会信息的认知，那么必定同纯自然信息的认知有差别，差别就在于社会认知过程受到认知主体内外环境的影响。如果说 Wyer 的社会信息加工的一般模型是单纯从认知的角度提出来的，那么周爱保的新模型却是完全的一个社会认知学者从社会认知的角度提出来的，新模型考虑到生态文化因素的影响，无论是理论还是实践，都更符合我们的社会信息的加工理论。而且，新模型融入了当前所展开的内隐社会认知研究成果，提出认知过程的外显性和内隐性。所以此模型更全面、更完整。

参考文献

［1］ Greenwald A. G, Banaji M. R. Implicit Social cognition：A ttitudes, Self esteem, and Stereotypes, Psychological Review, 4 ~ 27, 1995.

［2］ 沙莲香 著：《社会心理学（第二版）》，中国人民大学出版社 2006 年版。

［3］［4］ 王沛，林崇德：《社会认知的理论模型综述》，载《心理科学》2002 年第1 期。

［5］ Zarate M. A, Smith E. R. Person categorization and stereotyping, Social Cognition, 161 ~ 185, 1990 – 8.

［6］［16］［17］ Wyre R S, Srull T. K. Memory and cognition insocial context, Hillsdale, NJ：Erlbaum, 1989.

［7］［8］ 王沛，胡林成：《社会信息加工领域中的情境模型理论》，载《心理科学进展》2002 年第 3 期。

［9］ Brewer M. B. A dual process model of impression formation, In T. Srull & R. Wyer （Eds.）. Advances in Social Cognition, Vol. 1, Earlbaum, 1988.

［10］［18］ 周爱保：《社会认知的理论和实验》，甘肃教育出版社 2002 年版。

［11］ Fiske S. T, Neuberg S. L. A continuum of impression formation, from category – based to individuating processes：Influences of information and motivation on attention and interpretation, In M. P. Zanna（Ed.）, Advances in experimental social psychology, New York：Academic Press, 1 ~ 74, 1990.

［12］ Ruscher J. B, Fiske S. T. Interpersonal competition can cause individuating processes, Journal of Personality and Social Psychology, 832 ~ 843, 1990 – 58.

［13］ 杨家忠，黄希庭：《印象形成的理论模型综述》，《心理学动态》，1998 年第 1 期。

［14］ Kunda Z, Thagard P. Forming impressions from stereotypes, traits, and behaviors：A – parallel constraint – satisfaction theory, Psychological Review, 284 ~ 308, 1996 – 103.

［15］ Hilton J. L, Fein S. The role of typical diagnosticity in stereotype – based judgments, Journal of Personality and Social Psychology, 201 ~ 211, 1989 – 57.

第四章

社会认知的影响因素

社会认知既是一个完整的心理过程，同时又是一个开放的相对独立的心理子系统。它的运作规律受到认知主体内外环境诸多因素的影响，它们来自认知主体、认知客体和社会情境，这些因素共同作用于个体的社会认知过程，导致个体独特的社会认知结果。研究者们就"社会认知的影响因素"展开了大量的理论和实验研究，大致可分为三方面，其中对认知主体特征的探讨成果颇丰。本章在前面三节将分别介绍认知主体的生理、心理和社会特征，然后逐一介绍认知客体和认知情境。

第一节　认知主体的生理特征

在同一场景下看到相同的事物，不同的个体会产生不同的社会知觉、印象和判断。心理学研究显示，这是因为个体间存在巨大的差异，包括先天的生理、心理差异和后天文化背景差异，这三方面共同影响着个体的社会认知过程和结果。生理的差异，如脑神经结构、性别、年龄；心理的差异，如已有的知识结构、个人经验、人格特质、心理健康状况、情感体验、需要、期望等；文化背景差异，如家庭所在地、家庭教养方式、出生顺序、家庭经济状况、社会地位、社会知名度等。这方面研究成果颇丰，由于篇幅限制，本节选择其中一些典型、具代表性的因素加以介绍。

一、脑神经结构

社会认知作为脑心理系统之一与脑神经功能密不可分。有研究者认为，社会认知可能是一种独立的认知成分，有着特殊的神经结构基础[1]。比如有的人在非社会领域（物理、化学、工程等）能力很强，在社会交际、观点表述方面却较差，表现出社会能力不足；而另一些人恰好相反；当某脑区受损，会导致社会认知功能的选择性损害。这些双分离证据都证明了社会认知具有特殊的神经结构。

关于人类和其它灵长类动物的研究已经发现有一些脑结构（如杏仁核、前额叶、颞上沟、扣带前回等）在社会认知中起着特殊的作用；一些脑区结构（如右侧躯体体感区、岛叶、基底节、白质等）也共同参与社会认知加工过程。

Brothers首开先河对社会认知的脑神经结构展开研究。1990年提出社会认知的神经基础主要涉及杏仁核、眶额叶、颞上回，并率先将这三个脑区称为"社会脑"[2]。随后研究者们锲而不舍地研究发现了更多的神经结构与社会认知与行为有关。

（一）杏仁核

它的功能在丁识别潜在的危险和威胁和感知心理状态。通过杏仁核，相关刺激可以引发情绪反应，包括自主神经反应、内分泌反应、躯体感觉的变化，产生情绪应答的中枢表象。感知刺激的情感和社会信息对于快速、自动地评价刺激的生物学重要性有着特殊意义。目前大家普遍认为：杏仁核在调节社会行为较非社会行为更重要。具体哪些核团参与社会认知加工，作用有何不同又有何联系，有待于进一步研究。

（二）前额叶 PFC

大量的脑损伤、脑功能成像和电生理研究证实了前额叶对社会认知和情绪的重要作用。前额叶腹内侧皮质（VMPFC）感知刺激的情感和社会意义的表象，如果受损可能影响个体将认知过程和情绪信息的整合；在社会决策和推理方面起着关键作用。眶额叶（OFC）的功能在于参与奖赏、惩罚过程及情绪与动机的相关过程。其他部位如额中回可能作用于将情绪与决策、计划整合起来，并在心理状态判断和其他与道德判断相关的社会认知方面起着重要作用。

（三）颞上沟 STS

包括颞上沟、临近的颞上回与颞中回、角回等区域，新近研究发现该区域是感知研究注视方向、感知生物运动（如头、手、脚、肢体等的运动）、感知心理状态等社会线索感知活动的重要结构。

（四）扣带前回 ACC

跟社会认知的情感加工过程有关，与杏仁核在侦测分辨意识阈限下情绪信息方面起重要作用。

（五）其他脑区

越来越多的研究表明，其他一些脑区结构参与社会认知加工过程，在社会认知神经网络中起着不同作用：岛叶可能负责将无意识的情绪反应转化为主观的情感体验，由于参与情绪加工推测其可能参与社会认知加工；右侧躯体感觉区可直接帮助个体建立对他人的表现，对于从面孔判断复杂的混合情绪特别重要，该区受损的患者情感和社会判断、决策能力受损；基底节帮助个体对情境的理解；白质与各功能脑区的联络有关，白质受损会导致通路的破坏，使得社会相关刺激加工所必须的信息整合过程不顺。

社会认知需要大脑多种功能的共同参与，一部分为认知的一般性功能，另一部分为社会领域所特有，如杏仁核、前额叶、颞上沟、扣带前回对社会认知发挥特殊作用。目前研究成果颇丰，但许多研究结果仍未有定论，进一步的研究就非常的迫切和必需。

二、性别

周爱保在一项实验中，以大学生被试性别为自变量，以策略类型（综合比较策略、维度比较策略）为因变量，探讨性别因素和决策策略类型之间的关系。实验假设性别不仅表明社会成员生理上的差异，而且还很可能反映在行为方式、思维特点、兴趣爱好、成就动机、角色期待甚至社会地位等方面的不同。具体操作策略类型时，采用生活中常见的"择偶情境"来规定这两种策略：策略一为"综合比较策略"，指既考虑认知对象正的特性，又考虑其负的特性，当确定了所有候选者的预期效用后，只要选取具有最高效用的候选者即可；策略二为"维度比较策略"，指在多数维度上某候选者的特性优于其他候选者，则被确定为选择对象[3]。

实验从大学生日常生活的七个方面（学业成就、社交能力、口才、智力、性格、健美/漂亮、家庭出身）出发，对甲、乙两位配偶候选者在"五点量尺"上进行满意度评分，最满意为"5"分，较满意为"4"分，一般满意为"3"分，较不满意为"2"分，最不满意为"1"分。每位候选者在七个方面分别获得一个分数，如果将部分得分加起来，则乙得分更多，即可认为被试选择了"综合比较策略"；如果将甲、乙在七个方面分别比较，则甲会在更多的方面取胜，即可认为被试选择了"维度比较策略"。实验结果显示：男性更倾向于选择"综合比较"策略，女性没有表现出对哪种策略的偏好，验证了先前的假设，即社会认知过程和结果方面存在性别差异。

三、年龄

发展与教育心理学研究表明，儿童的社会认知能力与其实际年龄和智力年龄相关。Ribin（1978）研究发现儿童的观点采择能力（社会认知能力之一）与智龄（MA）的相关系数在 0.43 ～ 0.77 间[4]；Shantz 研究发现儿童观点采择能力与其实际年龄（CA）间的相关系数在 0.40 ～ 0.78 间，而儿童的观点采择能力与智商（IQ）间相关在学前期为最高（0.39），在小学五年级为最低（0.10）[5]。这些表明儿童的社会认知能力与年龄的相关高于与智商的相关。Dodge 的研究也显示：年长儿童比年幼儿童的社会信息加工模式更加复杂，而且随着年龄的增长，社会信息加工过程和社会行为之间关系更密切[6]。因为随年龄增长，个体社会经验不断增长，已有研究证实人们的社会认知水平与其社会经验存在高相关，所以社会认知水平与年龄相关，个体社会认知水平随年龄增长而提高。

第二节　认知主体的心理特征

一、个人已有的知识结构

个体已有的知识结构，又称"基模"，它代表着有组织的知识。一个基模既可以是对某些特别的人、某个群体或社会的某种角色的刻板印象，也可以是对自己、对一般人或特殊的他人的态度，以及对某些事物的一般认识等。基模中有比较抽象、具有一般性意义的部分，也有比较具体、关于某个特殊事情的部分。每个人生长的环境有差异、个人经验千差万别，相应形成的基模也会存在差异，可以说有百般人就有百般基模。为了方便起鉴，本书一律称个人已有的知识结构为"基模"。

基模的差异使每个个体思考的侧重点不同，即使同一个社会刺激，也会有不同的认知内容。例如对同一个人的认知，艺术家侧重于外貌、身材、姿势、语调等，考虑该人能否当演员或绘图模特儿；伦理学家则倾向于观察该人的行为举止及道德品质；学者则可能考虑该人的智慧、能力及专业知识……。这些经验和知识背景都是个体在社会互动过程中形成的，以此作为我们认识他人的前提，对他人形成印象，做出决策和判断。在儿童的相关实验研究中，国外研究者假设，如果儿童与其同伴的社会互动经验影响其社会认知能力，那么在控制两类儿童的认知能力的前提下，受欢迎的儿童在社会认知能力测验上的得分应高于较不受欢迎的儿童。格内普（Gnepp. 1989）实验证明了此假设。他让 8 岁的儿童依据一个陌生儿童以前的少量行为来推测其现在的内心状态，控制两类被试的智商，结果发现，在社会认知水平测验上，受欢迎的儿童的得分显著高于具有相同认知能力的较不受欢迎的同伴。这一结果有力地说明了儿童的社会经验对其社会认知能力的发展具有重要的影响[7]。

此外，大量研究表明基模（即个体已有的认知结构）有助于我们对信息的加工、处理、回忆，有助于对不完整信息的推理、解释，帮助我们对未来预期、对未来有所准备等。

（一）基模有助于回忆

Cohen（1981）的实验证实了基模对回忆的影响。让被试观看一段录像，其中场景是一个妇女和丈夫坐在家里。一半的被试被告知那个妇女是图书管理员，另外一半被试被告知那个妇女是个服务员。这个妇女的其中一些特征与图书管理员是一致的，比如戴着眼镜，吃着沙拉，喝着葡萄酒，弹奏着钢琴；另外一些特征与服务员是一致的，比如房间里有一个保龄球，没有书橱，吃着巧克力蛋糕。随后，让被试回忆这个录像的细节。实验结果显示：与基模相一致的内容回忆得更好，而不论是要求被试立即回忆还是一周后再回忆；与基模不一致的信息并不总是回忆得差，与基模相一致的或者是与基模不一致的信息都容易被记住，尤其是当个体的基模刚刚发展或基模已经得到完善发展的时候；与基模无关的信息容易被忘记。

（二）基模有助于推理

基模能够告诉你在某种情况下哪些信息之间是相互关联的，通过对这些信息的了解，就能够较好的把握自身所处的情境。例如一个儿科医生正在为一个患有腮腺炎的儿童看病，他会对这个小孩的情况自信地做出推理，包括小孩是怎样生病的、有什么症状、这个疾病的过程是怎样的、哪种治疗方案是最好的等等。

（三）基模驱动情绪

基模驱动的情绪指基模中包含着关于基模内容的情绪，当我们用了某种基模的时候，就会伴随有某种情绪反应。例如有些人对政治家有好感，认为他们有效的制定了社会的法规、促进社会进步；但有些人相反，他们鄙视政治家，认为政治家不过是由一些狡猾、自私和好权力的人组成的集团而已。当环境的信息与基模相吻合时，与该基模相一致的情绪就会被引发出来（Fiske & Neuberg，1990）[8]。

在一些情境下，基模可能会改变我们对该事物的情感。Tesser 的系列研究发现，带着基模想一想某些事物，就能够强化人对这些事物的情感。如一件伤心的事，你越想就会越沮丧。在另外一些情境下，基模可能使我们的感受更加复杂，而不是强化（Linville & Jone，1980；Linville，1982）[9,10]。因此我们可以解释为什么同一事件同一物体，不同个体会有不同的认识和感受；即使是同一个人，在不同的时间、地点、情境下，也会有不同的认知过程和结果。

二、情感体验

我们在生活中经常会碰到这样的事情：当心情好时，我们可能会注意到一些平时并不会太注意、也不认为是令人愉快的事情，也可能会自然地回忆起以前那些令人愉快的记忆；当心情好时，好像这个世界都变得更美好，我们倾向于认为自己周围的每一件事情和每一个人都更令人喜欢，甚至对那些以前并不接受的人也变得宽容起来。相反，心情不好时，对周围的一切都很默然，旁人的一句玩笑话不经意间可能就触动了不知哪根神经，让人恼火、愤怒或悲伤，所谓"感时花溅泪，恨别鸟惊心"再贴切不过了。日常经验表明，当情绪饱满时，人的认知活动积极、活跃，思路开阔；当情绪低落时，认知反应变慢，思路狭窄。

在探讨情感体验对社会认知的影响时，心理学家围绕着上面所谈到的生活现象展开研究，将上述生活现象分解为两个主题：一是情感体验对社会认知策略的影响；二是情感体验对社会认知结果的影响。研究者们通过对记忆、社会判断、社会行为等方面的研究来探讨情感体验对社会认知结果和策略的影响。本节旨在介绍这些研究成果，并附以简要的评价。

（一）情感体验影响社会认知策略

情感体验对社会认知策略的影响有哪些具体表现？在不同的情感体验状态下，人们在进行社会决策时所采用的策略有哪些区别？造成这些区别的可能原因是什么？这是目前社会心理学家们关注的问题。研究者们通过人们日常生活经验推断和实验研究，证实情感体验会影响个体的社会认知策略，包括对社会认知加工策略的选择，如积极情感体验的个体倾向于采用启发式加工策略，通过认知加工提高个体的合作水平；而且情感体验还影响个体的决策过程、创造力和态度改变等。

1. 理论及实验研究介绍

（1）情感体验影响社会认知加工策略的选择

社会心理学家福加斯（J. P. Forgas）所做的实验证明了情感体验对认知加工策略确实有影响，并导致社会行为产生差异。福加斯以做社会判断实验为名雇用了一些被试，被试分为两组分别观看不同的电影：一部带有喜剧色彩，另一部是悲剧。随后，立刻请求被试帮忙去隔壁的办公室找某个人拿一份资料。事实上这时实验已经开始，而被试并没有察觉到。研究者为被试指定要找的那个人是研究助手，他用微型录音机准确地记录下被试请求拿资料时所说的话。结果表明，两组被试发出请求的语言显著不同。先前诱发出消极情感体验的被试提出请求时的语调更诚恳，显得也更有礼貌，表述的理由更详尽、充分，措辞更委婉；而看完喜剧的被试在发出请求时更为直接，态度也没有另一组被试那样有礼貌。说明当一个人心情好时，判断的速度会加快，判断或推理过程就显得不那么缜密、细致。

①积极情感体验促使个体倾向于采用启发式认知策略

帕克和巴纳吉（J. Park & M. R. Banaji）的实验证明：好心情可以使人们减少认知努力、转变社会认知策略去使用启发式（Heuristic）心理捷径这一现象。研究者通过对人们形成刻板印象的过程进行研究，比较了积极情感体验和消极情感体验的不同作用。帕克和巴纳吉预测好的心情将会导致个体对"刻版。印象"产生更强烈的依赖，因为这些心理框架可以减少心理努力。当人们处于好的心情时，他们不想做任何会破坏它的事情。仔细的、系统的思维都是困难的工作，好的心情常常使人们避免这样的耗费。为了检验这个观点，帕克和巴纳吉选择了一些美国人的名字作为实验材料。这些名字中的一部分是美国黑人典型的名字，而另一些是美国白人的。要求被试指出不同的名字是属于"罪犯"的范畴，还是属于"政客"的范畴。被试分为两组：一半看一个滑稽的电视片断，诱发积极的情感体验；另一半看的是山、河之类的风景片，诱发中性的情感体验。研究者发现，处于积极的情感状态下的参加者有更强的倾向把美国黑人的名字放入"罪犯"的范畴，把美国白人的名字放入"政客"的范畴。结果证实了与处于中性情感状态的人相比，处于积极情感状态下的人更可能表现出刻板印象的结论。刻板印象本身就意味着被试在社会认知加工的过程中，使用了启发式的策略以减少认知努力。积极情感状态下的被试对思维定势表现出更强的依赖，这是社会认知中的一种心理捷径。

在后续研究中，帕克和巴纳吉发现，处于积极情感状态下的人们对刻板印象的依赖有两个来源：对名字敏感性的降低（降低了区分名字的能力）以及降低了划分这些名字到特定范畴的决策标准（罪犯和政客）。然而，处于消极情感状态下的被试（看了一段令人悲伤的电影片段）并没有产生同样的效果。消极情感似乎可以通过提高分配不同的名字到特定的范畴中的决策标准来减弱对"刻板印象"的依赖。积极情感体验可以提高人们使用启发式等心理捷径的倾向，而消极情感体验则不会产生这样的作用。

②积极情感体验提高个体合作水平

海特勒（G. Hertel）等人运用胆小鬼难题游戏（Chicken dilemmagame）研究了不同情感体验对个体合作行为的影响，发现情感体验是通过改变认知策略而改变合作水平的。游戏中那些被诱导出愉悦情感状态的被试倾向于直觉地模仿他人行为，而悲伤的个体倾向于在行动之前系统地分析游戏的结构。由此，不同的认知策略使得人们在不同情境中表现出合作或不合作的行为：愉悦情感状态的被试比悲伤的被试更易表现出合作行为。

（2）情感体验影响决策过程

庄锦英进行了有关情绪、边框影响决策认知过程的实验研究。在为被试提供一个公司决策情景前诱发被试的积极或消极的情感体验，然后要求被试进行假想的投资决策并完成问题空间问卷。研究结果表明，积极边框与积极情绪组的被试在问题空间的各因素间的相关程度较高；而消极情绪和消极边框组在相应方面的相关较少。庄锦英认为，自动加工依赖习惯、脚本、常规等完成对信息的处理。习惯、脚本等提供了一种统一的标准，被试以这种标准评估所有空间因素。对各因素做出的判断会保持较高的内部一致性，各因素间的相关程度就高。而当对问题空间进行控制加工时，决策者会根据每个因素的具体情况做出评估，这使得各因素评估分数之间的波动较大，相关就比较低，甚至没有相关。因此，积极情绪或积极边框条件下相关程度高是认知策略中存在自动加工的证据，而消极情绪或消极边框条件下的相关弱是认知策略中存在控制加工的证据。

（3）情感体验影响创造力

在对个体创造性行为的研究中也发现，不同情感体验会对人们的创造性问题解决有着不同的影响。艾森和埃斯特拉达（A. M. Isen & Estrada）通过对处于不同情感体验状态下的被试进行创造性问题解决实验，发现愉悦的情感状态与消极的情感状态相比可以增强创造性。埃斯特拉达认为这是因为与消极的情感状态相比，愉快的情感状态激活了更大范围的思维和联想，并且合并这些联想成为新的模式。

（4）情感体验影响态度改变

施瓦茨和布莱斯（N. Schwarz & H. Bless）等人所做的关于态度改变的研究证明：处于消极情感体验下的个体比处于积极情感体验下的个体更容易自发地收集并注意信息的细节，处于中性情感条件下的个体则处于两者之间。施瓦茨和布莱斯通过对不同情感体验下的被试进行态度改变的研究，发现处于消极情感体验下的个体只有那些说服性强的信息才能改变他们的态度，那些力量较弱的信息很难影响他们；而那些处于积极情感体验下的个体改变态度则显得容易得多，不受信息强弱的影响。因此，施瓦茨和布莱斯认为在劝说的过程中，对那些处于消极情感状态下的个体采用说服力强的信息更有效，但当你感觉你所给出的信息并没有太多的说服力时，最有效的劝说方法是使你的听众变得高兴起来。

2. 不同解释方式的争论

通过大量的实验研究，心理学家已经明确了积极和消极的情感体验对社会认知的加工策略有着不同的作用。虽然这种现象在生活和研究中不断得到重复，然而将两种情感状态所带来的不同加工策略对立起来的作法一直就受到心理学家们的质疑。虽然积极和消极的情感体验能够带来不同的加工策略，但并不意味着孰优孰劣。

对不同情感体验在加工策略上的影响，心理学家们有着不同的解释倾向。从现有的资料来看，大致分为三种倾向：

（1）情感体验对认知策略的不同影响是由于情感体验造成动机上的差异

一些心理学家认为动机对于这种现象的产生起着至关重要的作用。艾森认为情感体验对认知策略的影响可以归功于是动机的作用。由于人们普遍存在着避免使用、评价更多的信息，希望能用最少的信息作决策和判断的倾向（认知吝啬），因此积极的情感体验可能会直接调整认知策略，使得个体能够保持住这种愉悦的感觉，避免认知努力。消极的情感体验不存在保持心情的问题，因此会使个体更认真、更谨慎，努力搜寻外部信息，希望能够更准确地做出判断，从而避免恶化自己的感觉。

目前情感体验对社会认知的结果和加工策略的影响，研究者们还未形成统一的理论，均处于探索过程中。但可以看出，虽然各自的出发点并不相同，但在它们之间有相互包容的内容，这使得统一理论的形成成为可能。

（2）情感体验对认知策略而言是一种信息的提取索引

菲尔德（K. Fielder）认为积极和消极的情感体验并非简单地产生更多或者更少的系统化、分析化的加工策略。取而代之的是，积极的情感体验更容易进行自上而下、有生命力、多产的思维，并且允许创造性地使用已有的信息。相反，消极的情感体验更容易产生归纳式的、聚焦于外部信息的思维方式。菲尔德指出，不同情感体验对于认知加工过程中提取的内容和影响方面是不同的。积极的情感体验影响的是同化过程（assimilation），而消极的情感体验涉及的是顺应过程（accommodation）。这两个过程的信息提取是不同的。同化过程主要涉及信息的主动生成（active generation）、已有知识取向（knowledge - driven）、探索动机（exploring novelty）、创造性工作（productive task），而顺应过程涉及信息的保守（conversation）、刺激取向（stimulus - driven）、规避错误动机（avoiding mistakes）、再现工作（reproduction task）。由于不同情感体验所调动的过程是不同的，导致积极和消极情感体验所带来的认知策略的不同，这也是积极情感体验状态下个体容易采取启发式思维的原因。启发式思维就是在判断事物时，只依靠头脑中原有的知识体系选择一个规律，然后直接进行判断，它与系统的思维形成对照。

布莱斯（H. Bless）也持同样的看法。他认为积极和消极情感体验带来的认知策略的差异，关键是由于个体在两种状态下使用不同的知识和信息。积极情感体验产生更多"纲要式"的思维（schematic thinking），而消极情感体验则更依赖于社会认知中细节的、片断的信息。布莱斯认为这种解释方式要比简单地把认知策略分为好坏两种更精确。

（3）情感体验对认知策略的影响是人类进化适应环境的信号

另一部分心理学家从人类进化过程中适应性行为的角度来解释这种现象，把情感体验对认知策略的不同影响看作是人类进化时适应环境的信号。科勒尔和施瓦茨（G. L. Clore & N. Schwarz）等人提出的情绪信息模型（Affect - as - Information Model）认为，积极的情感体验意味着所在的环境是安全的、可预料的，因此认知资源（cognitive resources）不需被分配。个体愿意采取更多的自上而下、纲要式的、启发式的信息加工策略，并且认为环境能提供更大的空间鼓励使用不同寻常、创造性的思维。消极的情感体验意味着自己正处于一个存在着问题和困难的环境。人们为了避免遇到"危险"，不使处境变得更糟，迫使自己更集中注意力，采用更细致和严谨的认知策略，也不得不花费更多的认知努力。这种观点唯一不能解释的是这类现象：为什么兔子看到一条蛇之后（处于危险情景），做出的反应和判断是如此之快？施瓦茨认为除了适应作用以外，已有知识体系在提取时的难易程度间接存在着影响的。

（二）情感体验直接影响社会认知结果

"愉悦能否带来积极的社会认知结果"是研究者们最先涉及的问题。国外学者对人类判断、社会行为和记忆等方面进行了大量的实验研究，产生了所谓的"一致性现象"和"矫枉过正现象"。前者指情感体验与社会认知结果一致，即情感体验愉快则产生积极的社会认知结果，如友好、助人行为等；后者指情感体验与社会认知结果的不一致，良好的情感体验可能产生消极的社会认知结果，不良的情感体验也有可能产生积极的社会认知结果。

1. 一致性现象

"一致性现象"的研究成果体现在情感体验促使助人行为的产生，即情感体验与记忆和对他人态度的一致性方面。

（1）情感体验有助于助人行为的产生

这是最早关于情感体验作用的研究。较有影响的研究来自艾森（A. M. Isen）。根据生活经验，她推测说积极的情感体验能够增加助人行为的产生机会。因为帮助别人是一个积极的行为，这个行为和好的情感体验相适应。当人们处于积极的情感体验的时候，就想着去保持这种体验。达到这个目的的一个方法就是去帮助别人。因为这样既可以提高自我形象，也使自己感觉良好。

为了验证自己的推理，艾森进行了一系列的实验研究。在这些研究中，艾森采用意识状态下的情感启动的方法，设计了一些精巧的方案，使被试处于一种积极的情感体验状态。在第一个研究中，她告诉被试（学校教师），他们在一系列的任务中表现得非常好或者是非常差。艾森假设那些被告知表现很好的人，将会经历"成功的喜悦"，出现积极的情感体验。然后记录下被试愿意为某一个地方学校购买空调的基金捐款金额，以此作为对被试助人行为的测量。结果表明，那些处于积极情感体验状态下的被试捐款金额比较大——平均46美分，而那些被告知他们表现的非常差，处于较不高兴状态下的被试，他们的捐款金额平均只有7美分。

在后来的研究中，艾森都得到了同样的结果：与消极情感体验的条件相比，处于积极的情感体验状态下的个体更愿意帮助别人。随后的许多研究者也证实了这个结果。巴伦（R. A. Baron）通过在售货大厅内释放令人愉悦、清新的气味，来考察助人行为的产生。结果表明，当在售货大厅中释放了令人愉悦的气味后，被试对陌生人的帮助确实显著增多了。

（2）情感体验与记忆的一致性

这是来自记忆方面的研究。鲍威尔（G. H. Bower）做的相关实验有力地证明了这个观点，发现了"心境一致记忆"和"心境依存记忆"现象。

鲍威尔所说的"心境一致记忆"指个体经历一种情感体验后，当他们接触、阐述、学习材料时，倾向于以一种相同的情感体验来解释这种经验。在一个实验中，鲍威尔要求被试阅读一个关于两个大学生的故事。其中，杰克显得很忧郁和沮丧，因为他的学业出现了问题，女朋友也和他闹矛盾。相反，安德烈觉得很幸福，因为上述问题与他都无关。阅读故事前，通过催眠的技术诱导出被试愉快或悲伤的情感体验。阅读完成后，要求被试在一个中性情境中去回忆故事。结果发现两组被试有很大不同：在阅读中处于悲伤情感体验的被试，更多的认同杰克，认为他是故事的主角，并且记住了其更多的细节；而阅读时处于愉悦情感体验的被试则更多地认同安德烈，并且能够回忆出更多的相关信息。实验证明，积极的情感有利于积极信息的加工和回忆，消极的情感便于消极信息的加工和回忆。

在另外一个实验中，鲍威尔还发现了另一种一致性的现象——"心境依存记忆"。"心境依存记忆"指伴随过去事件的情感体验类似于当前加工阶段的情感体验时，回忆效果增强。如果被试学习时的心情是悲伤的，当再度悲伤时，更容易回忆起当时学习的材料。心境依存记忆现象与记忆内容的特征无关。鲍威尔对这一现象进行过实验研究，研究者要求被试在愉快或悲伤的状态下分别学习两个词表（两个词表可以认为是等质的）。随后，在愉快或悲伤的情境中对被试进行测试。结果发现：当状态匹配时，被试的回忆成绩明显好于不匹配时，从而证明了心情依存记忆的存在。通过无意识情感启动研究也得到一致性的结果：无意识悲伤情感组比中性情感组想出更多消极事件；无意识积极情感组比中性情感组想出更多的美好事件。

（3）情感体验影响对他人的态度

在对他人的态度研究当中，也同样发现了一致性现象。巴赫和派特莫纳卡（J. A. Bargh & P. R. Pietromonaco）在研究中，向不同组的被试呈现含有不同比例（0% ~80%）的表述敌意的词的词汇表。所有的词在认知水平以下呈现。词汇呈现完毕后，要求被试对一个没有表露敌意的人进行几种人格特质评价。尽管没有觉察到先前呈现过的敌意的词汇，但是随着语汇中敌意词比率增加，被试对他人的评价更消极。

克罗尼克（J. A. Krosnick）也做了相似的研究。研究者向两组被试呈现同一个人的一系列照片。对第一组被试在呈现照片时，同时阈下呈现积极情感唤起的照片（新婚夫妇、一组人玩牌欢笑或浪漫情侣），另一组则同时阈下呈现消极情感唤起的照片（一个头盖骨、一筐蛇、一只狼、烧焦的脸）。呈现照片之后在阈上水平给两组呈现同一个人的一组幻灯片。随后要求两组被试立刻填写问卷，报告他们对此人的态度，以及对该人的人格和吸引力的评价。结果发现：积极情感唤起组对被评价者有更积极的态度，给予她更积极的人格评价。

2. "矫枉过正" 现象

虽然大量的研究结果证实了情感体验与社会认知结果是一致的，但也确实存在着一些例外。在一些研究中，那些看上去并不愉悦的被试，在进行判断时倾向于更积极的判断客体，有时甚至比心情不错的被试还要积极。一些研究者按照鲍威尔的阅读实验重新做了一遍，得出的结果与鲍威尔的结果大相径庭。实验结果并没有发现积极或消极的情感与信息加工和回忆的一致性，甚至有时在经历积极情感体验后出现消极信息的加工和回忆，消极的情感反而会促进积极信息的加工和回忆。

（1）情感体验与记忆的不一致

威廉姆斯和布罗德本特（J. G. Williams & K. Broadbent）的研究证实消极情感体验并非总能提高消极性材料的学习和回忆。他们给那些近期服食过量药物企图自杀的个体呈现积极或消极刺激，以此做背景来回忆他们的亲身经历。结果发现，虽然处于积极状态下的自杀未遂者在回忆个人经历时比正常控制组被试要慢一些，但在消极状态下的自杀未遂者身上却没有看到相反的现象。在回忆个人消极经历时，他们并不比正常的控制组快。伯克威茨和特罗克利（L. Berkowitz & BT. Troccoli）在他们的人格描述实验中也发现了不一致的现象。

这些观点和研究结果看上去完美无缺。因为无论是实验设计还是实验过程都没什么不妥之处，有些还是对经典实验的重复研究。然而同样的研究程序、研究设计会出现截然不同的结果，使得研究者们对情感体验和社会认知结果的一致性开始产生怀疑，企图对研究结果不一致做出解释。

（2）对不一致的解释

首先，可能是由于内隐情感体验与外显情感体验对社会认知结果存在着不同的影响。产生不一致结果的研究多数集中在外显情感体验的研究中。当被试能够清晰地确认自己所处的情感体验时，被试的认知结果可能与他的情感体验状态并不一致，甚至相反。然而，内隐情感体验的研究很少出现类似的情况。关于外显情感体验容易出现这种不一致，有些研究者认为是因为当人们意识到他们的情感体验可能会给他们需要判断的目标产生影响，并且人们试图调节这种偏差时，人们往往会选择一些"过激"的做法，即"矫枉过正"。这样不一致的结果就容易产生了。比如说，如果你认为某明星长得十分英俊，并且坚信英俊所带来的积极体验不应该对你的社会判断产生影响时，你会自动地调节你的认知结果，期望平衡这种误差，造成向相反方向倾斜的局面。"矫枉过正"现象说明当情感体验被个体察觉时，有可能造成与社会认知结果不一致的情况。伯克威茨和特罗克利（L. Berkowitz & B. T. Troccoli）专门做过实验，期望能够证实"矫枉过正"现象。实验结果表明了情感体验中意识状态的作用。当被试处于意识状态下，迫使自己去思考情感体验的内容，判断情感体验的作用和行为的原因，这时容易产生"矫枉过正"现象。

其次，研究结果的不一致性可能还因为在实验过程中忽视了其他因素的影响。心理学家们开始怀疑在实验过程中，是否有其他被研究者忽略了的因素（人格、环境等）对社会认知结果产生了影响。一些研究表明确实存在这种情况。有研究者在实验过程中引入了一些新的变量（如被试个体间的差异、自尊、焦虑变量等），从而使得这种不一致的结果得以解释，相关研究在后面的论述中将详细介绍。

情绪体验会影响社会认知决策和结果，反过来，社会认知也会影响情绪体验，二者是互动的。本章旨在讨论影响社会认知的因素及其作用机制，故不继续讨论社会认知对情绪的作用。

三、心理健康

王炳芳的研究表明，社会认知水平的高低影响心理健康，社会认知是否完善是心理健康与否的一个重要指标。那么心理健康是否也会反过来影响社会认知呢？卡沃尔和卡斯特罗（M. G. Calvo & M. D. Castillo）的研究发现，高焦虑被试对模糊含义信息的解释比低焦虑被试更容易出现一致性。研究者向被试呈现一些含义含糊又有关威胁的句子作为启动，随后是一些不模糊的句子，这些句子中的目标词要么证实了启动内容的结果，要么没有证实。被试的任务是阅读这些句子，并且拼写目标词。结果表明，高焦虑被试命名与威胁一致的目标词比低焦虑被试要快，表现出一致性效果。

郭力平沿用 Jacoby（1991）的加工分离思想[11]，以焦虑症状个体、抑郁症状个体以及情绪正常个体为被试，施以社会信息（攻击和被攻击特征）与自然信息（人物衣着的明暗特征）两个维度特征的图片再认任务。通过对被试完成测验的意识性加工和自动加工贡献的比较分析发现：针对自然信息，焦虑组、抑郁组与情绪正常组被试加工水平间无任何差异，而针对攻击和被攻击特征的社会信息，焦虑组、抑郁组被试的内隐和外显社会认知（分别由自动加工、意识加工表征）间出现了冲突，尤其对于焦虑组被试，内隐与外显社会认知间反差十分突出。

以上介绍的实验研究结果均表明，心理健康状况有差异的个体，社会认知也会有差异。二者谁是因谁是果呢？我们认为二者是互惠的，正如情绪体验与社会认知相互作用一样：社会认知失调会导致心理健康水平的下降；心理健康状况异常也会影响个人的社会认知，从而影响行为。具体的研究有待于继续开展，诸如抑郁、焦虑、敌对等心理异常将会如何影响社会认知的过程、结果等。

四、人格特质

什么是"人格"？美国著名的社会心理学家阿尔波特（G. Allpirt）认为："人格是一个人的真相，人格决定着个人对于其环境独特适应的身心系统以及内在的动力组织"。与他同时代的卡特尔则认为："人格是一种倾向，可借以预测一个人在给定环境的行为，它与个体外显和内隐行为联系在一起"。我国著名人格心理学家陈仲庚教授认为，人格是个体内在的行为倾向性，是具有动力性、一致性和连续性的持久自我，是人在社会化过程中形成的给予人特色的身心组织。尽管这些概念在表述上有差异，但都蕴含着人格是个体所具有的特定心理特点的独特综合，它对个体的心理、行为产生重要影响。

人格是如此重要的一个变量，我们在探讨社会认知的影响因素时，自然少不了探讨人格对社会知觉、社会印象和社会判断的影响。这里简要回顾一下研究者们关于自尊与社会认知间关系的研究。

史密斯和佩蒂（S. M. Smith & R. E. Petty）实验研究发现，在社会认知中，关于消极情感的一致性和不一致性效应都依赖于个体的自尊状况。实验中被试看一段录像，这段录像描写了一个身患癌症男孩的生活情况，从而诱发出被试的消极情感体验，随后给被试一个中性图片，让其根据图片内容写一段故事。研究者通过让被试判断故事所表达的情感时发现，低自尊的被试所描写故事的情感与诱发出的情感体验正相关，而高自尊被试相反。说明当引入一个消极情境时，低自尊者表现出心境一致记忆；高自尊者相反，高自尊者越是感受到消极情感，则越表现出积极的认知，即产生心境不一致的记忆。遗憾的是史密斯的实验只是在消极情境中进行的，没有关于积极情境的研究。

自尊作为一种稳定的人格特质，对社会认知的影响还可以归纳为两类现象：自我服务偏见和拥有效应：

（一）自我服务偏见

Dunning, Leuenberger, &Sherman（1995）和 Kunda（1987）研究发现，

人们通常以一种"自我服务"的方式收集和评估信息，即人们普遍顽固地相信好的事情会发生在自己身上，而不好的事情不会发生在自己身上[12,13]。比如许多人在进行自我判断时往往对自我持积极肯定的态度，而这种倾向又不被个体自身所意识到，这就是一种内隐的自尊现象（Greenwald etal，1995；Brewer，1988）[14,15]。组织行为学的调查研究发现：大多数管理者将他们的发展归功于自己的知识水平和在工作中取得的成就。80%以上的中层管理人员认为这两项是他们晋升到管理层职位的最主要因素，当被问及哪些因素阻碍了他们晋升更高职位时，56%的管理者说因为自己没有与"恰当的人"建立关系，23%的人说自己缺乏足够的教育、智力或专业领域方面的知识。说明管理者们倾向于把成功归因于内部因素（自己的知识和工作中的成就），而把失败责备为外界因素（"认识恰当的人"这种隐含的政治手段）。

（二）拥有效应

拥有效应指当知觉者把刺激和自己联系起来时（把刺激纳入自我统一时，不论是意识的和无意识的），认知主体对它的知觉就会不同于其它与己无关的刺激，而对它做出更为积极肯定的评价。这种现象已被许多实验所证实，如"自己姓名中的字母"，"自我关联的汉字"。然而如果刺激是负性的，"拥有效应"是否也会产生积极作用呢？有待进一步的研究。

除自尊外，其他人格理论如大五人格、A型人格、乐观与悲观、控制点等，研究者们分别在不同的研究领域探讨其对人类心理、行为的影响和作用机制，如人格与压力的认知和应对的关系，人格与员工组织绩效的关系等等。这里不再累述。

五、动机

关于个体内部因素对社会认知的影响，研究领域不断扩大，目前有研究扩展到了动机和社会推理的关系。Pelham和Neter（1995）做了一系列研究，用不同的方法操纵动机的水平，这些方法包括金钱奖励（高动机水平），被试明确对决策所承担的责任（中等动机水平）以及被试参与决策的程度（低动机水平）。在三个不同的实验中，研究者发现，动机水平对判断准确性的影响与判断本身的属性有关，对于较低难度的判断，高动机水平能够提高判断的准确性，对于难度较大的判断，高动机水平会降低判断的准确性。动机中的某些特殊内容也会影响推理[16]。

六、需要

个体的需要会影响个体的社会认知，包括社会认知的内容、过程和结果。

例如急切想知道某事的进展或某项改革的人，有关这方面的信息一出现立即就能被感知到。在实验中，等着电击而被吓坏的被试会把别人也看成是很恐惧的，在这里，一个认知者的需要和情感，极大地影响他对别人的知觉，他总是把自己的情感也投射到别人的身上。需要正是因为缺乏，缺乏使得个体特别容易提取有关的信息。一项饥饿的实验验证了这一影响。研究中一组被试一个小时前吃了东西，另一组被试 16 个小时没吃任何东西，首先给被试呈现一组主题模糊的图片，然后让其对图片加以解释，结果发现：个体饥饿的程度影响到他们对模糊图片的解释。相比较，16 小时没吃东西的被试容易把图片知觉为食物的频率比其它的物品的知觉频率高出很多。

最后，期望也对社会认知产生影响。比如对社会知觉的影响，它使你所看到的是你所期望看到的，如果你认为某朋友"很势力"，一起共事的某某"爱挣面子，抢风头"，你就会以这种方式知觉他们，发现他们真的是"势力"或"爱出风头"，而不管他们的实际特点如何。

可见，社会认知过程和结果带有明显地主观色彩，它会受到个体身心状况、文化背景的影响。

第三节 认知主体的社会特征

个体的社会基础指如自身社会地位、家庭所在地、家庭教养方式、出生顺序、家庭经济状况等因素。有研究者做过这方面的研究，结果证实了社会基础对社会认知过程和结果的影响作用。

谈到社会基础范畴，首先想到的就是个体在社会中的地位，体现在个体拥有权力的多少。Fiske 等人（1996）研究了权力在人际知觉中的作用，结果发现：没有权力的人对有权力的人存在更多依赖，因此更多地寻求有关权力者的最具诊断价值的信息；相反，有权力的人不会寻求有关下属的复杂信息，而是把注意放在证实而不是否定刻板的信息上，从而更进一步加强了刻板印象的作用。当没有权力时需要警惕，权力允许人们忽视有关其他人的大量信息，因为他对没有权力的人依赖较少[17]。

此外，有一些关于社会基础对个体社会认知方式影响的综合实验研究：

周爱保以大学生为测试对象，研究个人背景因素对其社会决策策略和倾向的影响。实验中以被试的性别、年龄、家庭住址、家庭教养方式、出生顺序、家庭经济状况、学业成就、性格类型、体格状况、异性和同性朋友的数量、对自己的容貌满意度、对自己的智力评价以及对自己上进心的评价为自变量，以"才-情"决策倾向为因变量。"才-情"决策倾向的具体操作为，给两名配偶候选人分别赋予"才智"或"情感"方面的特性，并将其置于"六尺量尺"的两端，被试可在期间的六个数值上做出倾向性的选择。多元回归分析显示：只有家庭住址（城乡）因素、性别因素和对自己的容貌评价因素对决策倾向的回归影响显著。经方差分析，被试的家庭住址对决策倾向影响的差异显著，表明城市学生看重未来配偶的"才学"成分，农村学生看重未来配偶的"情感"成分。性别差异显著，说明男性看重未来配偶的"情感"成分，女性看重"才学"成分。对自己容貌的评价也显著地影响了决策倾向，且对自己容貌的评价较高的被试看重未来配偶的"才学"成分，而对自己容貌的评价较低者看重"情感"成分[18]。

在这个实验中，被试的性别、体格状况、年龄主要体现了被试生理属性，家庭所在地、家庭教养方式、出生顺序、家庭经济状况、异性和同性朋友的数量、学业成就则更多地反映了被试的社会属性，而其性格类型、对自己的容貌满意度、对自己的智力评价以及对自己上进心的评价则是被试精神属性的一些指标。由实验结果可见，一个人生理的、社会的、精神的属性都会影响其决策倾向的。城市学生倾向于看重未来配偶的"才学"成分，农村学生看重未来配偶的"情感"成分，这是因为与他们所处的社会、经济、文化环境有关；城市生活给有"才学"的人提供了更为广阔的发展空间，人们所拥有的社会价值"才学"是一个重要的指标；而在我国的农村社会、经济、文化都相对落后，异性之间纯朴的感情仍然是人们所推崇的。男性更看重未来配偶的"情感"成分，而女性则更倾向于看重男性的"才学"成分，这与我们传统文化中的"郎才女貌"的观念是相吻合的，可见"贤妻良母"和"事业有成"的择偶模式深深根植于我们民族的灵魂之中。对自己容貌的评价较高的被试看重未来配偶的"才学"成分，而评价较低者看重"情感"成分，实际上是有其深刻的人格背景的；对自己容貌的评价在相当程度上反映了一个人的自信和对自己的接纳程度。客观地讲，每个人的容貌的美度是不一样的，而审美（对容貌的评价）则是一个主观的过程；一个人长得怎么样与他或她如何看待自己的长相完全是可以分离的，其间的差异实际上反映了人格特质的差异。上述这些因素如果我们没有特意将它们激活的话，它们是内隐于每个人背景因素中的，是不被我们所意识的，他们一直存在着，影响着我们的思想和行为。

可见，个体的社会背景会影响其社会认知，来自不同环境的个体，其社会认知过程和结果存在很大的差异性。

每个人都是生理的、心理的和社会的属性的统一体，要正确把握自己或他人的社会认知过程就要综合考虑这三方面的因素。生理的因素最显著的差异要算性别属性了；心理的因素包括个体已有的知识经验、人格特质；而社会的因素包括个体所处的社会情境，更脱离不了所在社会文化的制约和影响，这种制约和影响力是潜移默化的，但当你一旦与其发生冲突或有所违反的时候，就会强烈感受到它的存在和约束力。

第四节　认知客体因素

认知对象的特点影响主体的社会认知。社会认知客体可分为社会人、社会物、社会事件。与普通心理学的认知相比，社会认知客体的显著特征是具有社会性或者社会意义，认知对象对社会认知策略和结果的影响可能是正向的，也可能是负向的。认知客体的哪些特点会对认知主体的社会认知产生影响呢？研究者们很关注这个问题。本节就对以往相关研究作一梳理。

一、认知客体对认知主体的重要性

Fiske 和 Neuberg（1990）提出的印象形成的模式强调了印象形成中目标的关键作用：当一个关系对于印象形成者来说非常重要时，他将分配充足的认知资源在有关目标对象的特殊信息基础上去形成印象；当关系不重要时，他将简化印象形成的任务，把目标归入某一范畴，根据刻板印象形成印象。[19]可见，认知对象对认知主体的重要性影响其认知过程。

社会人作为社会认知客体之一，一直是研究的焦点。以下内容将着重介绍社会人的哪些特征将影响主体社会认知。

二、认知客体的身心特征

作为认知对象的社会个体包括外表特征和人格特征两大方面；前者包括一个人的仪表（如体型、相貌、服饰等）和表情（如面部表情、动作表情、眼神和言语表情等），后者包括一个人的气质类型、智力状况、道德品质等。社会认知对象具有的魅力会影响个体的社会认知。构成个体魅力的因素既有外表特征和行为反应方式方面，又有内在的性格特点方面。如容貌美、有能力、正直、聪明、友好等等，如果一个人拥有这样一些积极属性，就说明他是有魅力的。但在实际认知过程中，个体往往只需具备其中某一两个特性就可能被认为是有魅力的，即发生光环效应。

当与某人首次接触时，最新接收到的是个体外表长相、衣着的信息，形成第一印象。戴恩（K. Dion）等人在实验中让被试通过外表上魅力大大不同的人物照片来评定每个人其他方面的特性。结果发现，在几乎所有的特性方面（如人格的社会合意性、婚姻能力、职业状况、幸福等），有魅力的人得到的评价最高，而缺乏魅力的人得到的评价最低。

除了相貌之外，态度也同魅力相关。如前所述，对于认知者来说，对方的态度同自己接近，决定着其魅力的大小。人们把自己作为判断别人是否和自己相似的参照系，同时还常常会观察别人对自己的态度。按照弱化理论，人们喜欢爱自己的人而讨厌恨自己的人。在这个意义上，只要认知对象的判断对自己有利，认知者就会把他看成是有魅力的，并对他持积极肯定的态度。

三、认知客体的社会特征

认知客体的社会特征指客体在社会、群体中的地位、荣誉等等。这些因素强烈影响着主体的社会认知结果。

个体在社会中的地位影响自己对他人的知觉，他人的地位也会影响自己对他人的知觉。地位（status）是指别人对群体和群体成员的位置或层次的一种社会性的界定，包括社会政治地位和社会经济地位，它渗透在社会的各个角落。前一节内容谈到个体的社会地位会影响其自身的社会认知。同样，当我们在理解别人行为时，地位也是一个重要的因素。个体的社会地位影响其自身个体透过他人的地位对他人进行认知；将自己的地位与别人的地位加以比较；将自我地位的认知与别人对自己地位的认知一致性与否加以比较，从而影响个体的行为反应。在群体研究中，研究者们区分出正式地位与非正式地位，前者指由群体正式给予的，后者反之。

维廉姆·怀特（William F. Whyte）在他的经典性饭店研究中，表明了地位的重要影响。他认为，在一个群体中，如果行为是地位高的人向地位低的人发起的，那么他们在一起能够合作得比较愉快；如果某种行为是由地位低的人最先做起，在正式地位和非正式地位间就会引起冲突。该现象可解释为个体在社会中的地位赋予个体独特的角色，他人根据该个体的地位、角色对其产生相应的期待和认知，个体也在这种期待下调整自身行为反应。当个体行为符合角色期待时他人给予正性评价，反之，给予负性评价。

值得注意的是在不同的社会状态下，社会政治地位和社会经济地位对个体社会认知的影响程度是不一样的。

第五节　认知情境因素

我们在什么情境下认识和了解物体或事件也很重要，周围的环境因素会影响到我们的社会认知。比如在周末晚上的夜总会上，一个身穿礼服、浓妆艳抹的 25 岁女性不会引起我们太多的注意，但同一女性如果以同样的着装出现在周一上午学生的课堂上，则会非常吸引我们的眼球。周末晚上与周一上午的知觉者和知觉对象都没有发生变化，只是情境变化了。

研究者们指出，社会认知过程会根据情境的需要，在不同的社会情境采取不同的认知策略，或采取需要花费大量认知资源的系统加工策略，或采取花费较少认知资源的策略性加工策略。哪些因素决定着认知情境呢？据社会认知的情境模型理论，人们在理解过程中至少需要建构 5 个维度：空间、时间、实体、起因、目的。这些都可以看作是影响我们社会认知的情境因素。目前研究者们提出空间距离、背景参考、交流过程等因素。

一、空间距离

在社会认知活动中，交往双方的空间距离构成了一种情境因素。根据人际间不同的空间距离从而判断他们间的关系，或恋人夫妇，或朋友熟人等等。如果一个陌生人莫名其妙地一步一步向自己靠近，就会令人恐惧、紧张，提高警惕，处于警戒状态。

二、背景参考

巴克（K. Back）指出，对象周围的环境常常会引起我们对其一定行为的影响，从而影响我们的社会认知。人们往往认为，出现于特定环境背景下的人必然是从事某种行为的，他的个性特征也可以通过环境加以认定。20 世纪 20 年代以来的许多实验研究一致表明，画中所描绘的刺激人所处的背景对于决定被试做出什么样的判断非常重要。被试做出如何判断以及判断的准确程度，受到判断对象周围景物和色调的强烈影响。如一个人的笑，由于人心理和行为具有的不一致性，我们只有通过他所处的具体情境才能判断出他的笑是表示高兴或者是别的意思。

三、交流过程与认知

Krauss 和 Fussel（1996）指出，交流是一个人影响另一个人的主要方法[20]。近年来，社会心理学家对此进行了大量的研究，认为社会认知和判断过程中的许多偏差和差误可能部分地是由于研究情境中交流的性质引起的，并不表示人在社会认知和判断中必然存在内在缺陷，对偏差和差误应根据研究情境中交流的性质加以理解。

Grice 认为，社会交流应依据合作的原理，它可以用四个准则加以表示：质的准则，要求交谈者不说自己认为是假的或缺乏确切证据的东西；关系的准则，要求交谈者为达到交流的目标做出自己的贡献，提供的信息应与交流的目标有关；量的准则，要求交谈者为达到交流的目标提供更多的信息，但不要提供与目标无关的信息；方式准则，要求交谈者提供的信息是清楚的，不是模糊模棱两可，交流的信息应该是真实的、相关的和清楚的。同时，听者应该根据合作原理及其准则对说者提供的信息进行解释。这些心照不宣的假设常常影响实验中的被试对实验材料的理解，从而影响实验的结果，产生明显的偏差。Kahneman 和 Tversky 提供给被试一些关于一个人的描述：他对于政治和社会问题没有任何兴趣，而花费大量的时间于他的许多嗜好，包括家庭木器、航海、数学难题。告诉被试这个人来自于一个包括工程师和律师的样本，让被试确定这个人的职业。结果发现，虽然被试得到的这个人是工程师的概率不同，在0.30~0.70 之间，但被试大都认为这个人是工程师。这表明，被试的判断依赖较少诊断价值的个性方面的信息，忽略了更具诊断价值的概率信息，与判断的统计模式不一致。这一结果的出现，与被试对于提供的信息的理解有关。在判断研究中，实验者作为交流的一方，有时呈现的信息可能既没有信息性，也不相关。不过，根据交流的原理和准则，被试却没有任何理由怀疑在严肃的研究情境中提供给他们的信息的相关性，会在任何实验信息中寻求相关。他们通常超出实验者表达的信息字面意义，把不相关的信息当作相关的，导致相对于标准统计模式的误差，因为标准的统计模式只考虑表达的字面意义，不考虑交流背景的意义。这些误差是由于在实验中部分违反了交谈的准则造成的。

在上面的研究中，被试根据交流的准则会认为呈现在前面的关于个性的信息非常重要，否则不会首先呈现它们，从而导致了判断偏差。Krosnick 等对 Kahneman 和 Tuersky 的研究作了一些改进，在一种情况下告诉被试这些人格描述是由一个心理学家写的，在另一种情况下告诉被试这些人格描述是心理学家从大量的样本中通过计算机抽取的。结果发现，在前一种情况下，被试认为这个人是一个工程师，不管提供的他是工程师的概率是多少；在后一种情况下，被试更多地依赖更具诊断性的概率信息来判断这个人是工程师还是律师。这一结果反映出由心理学家写的人格描述要注意合作交流的特征，应符合交流准则，当它是计算机随机抽取的时，交流的准则就不起作用。因此，被试在前一种情况下重视人格信息，但在后一种情况下却忽视了这方面的信息。

同样，在问卷调查的过程中，被试根据交流的准则理解问题的意义。Schwarz 等（1991）请被试回答"你认为你在生活中有多成功？"这一问题，同时呈现给被试一个 11 点评估量表，范围从完全不成功到极端成功 11 点量表上的值采取两种不同的方式，一种是从 0（完全不成功）到 10（极端成功），另一种是从 -5（完全不成功）到 5（极端成功）。结果发现，量表上的数值对于研究结果有十分重要的影响，在后一种情况下，有 34% 的被试在不成功这一端选择一个值，而在前一种情况下只有 13% 的人在同一端选择一个值。这种结果的出现，与被试对于"完全不成功"的理解是密切相关的，它是指缺乏杰出的成就还是指生活中的失败。结果表明，当它在量表中的值是 0 时，被试解释为"缺乏杰出的成就 0"，当它与 -5 联系在一起时，量表中的中点是 0，被试理解"完全不成功"是生活中出现失败[21]。

以上介绍的是具体的社会情境，更广范围指的是社会文化背景，在下一章将会详细介绍中国社会政治经济文化背景下中国人特有的社会认知特点。

参考文献

［1］朱春燕，权汪凯，LeeTMC 编：《社会认知的神经基础》，载《心理科学进展》2005 年第 13（4）期，第 525～533 页。

［2］Brothers L. The social brain：a project for integrating primate behaviour and neurophysiology in a new domain，1 Concepts in Neuroscience，27～51，1990．

［3］［18］周爱保编：《社会认知的理论和实验》，甘肃教育出版社 2002 年版。

［4］Rubin K. H. Role Taking in Childhood：Some Methological Consideation，49 Child Development，428～433，1978．

［5］Shantz C. U，John，Willey，Sons. Social Cognition，In Mussen，P. H.，3 Handbook of Child Psycology，495～555，1983．

［6］Dodge K. A，Price JM. On the relation between social information processing and socially competent behavior in early school－aged children，65 Child Development，1385～1397，1994．

［7］Gnepp J. Children's use of personal information to understand otherpeople's feelings，In C. Saarni & P. L. Harris（Eds.），Children's understanding of emotion. New York：Cambridge University Press（1989）．

［8］［19］Fiske S. T，Neuberg S. L，A continuum of impression formation，from category－

based to individuating processes: influences of information and motivation on attention and interpretation, 23 Advances in experimental social psychology, 1 ~ 74, 1990.

[9] Fiske S. T, P. W. Linville. What does the schema concept buy us? 6 Pesonality and Social Psycology Bulletin, 543 ~ 557, 1980.

[10] Wilson T. D, Linville P. W. Improving the academic performance of college freshmen: Attribution therapy revisited, Personality and Social Psychology, 367 ~ 376, 1982 – 42.

[11] Jacoby LL. A process dissociation framework: separating automatic from intentional uses of memory, 30 Journalof Memory and Language, 513 ~ 541, 1991.

[12] Dunning D, Leuenberger A, Sherman D. A new look at motivated inference: Are self – serving theories of success a product of motivational forces? 69 (1) Journal of Personality and Social Psychology, 58 ~ 68, 1995.

[13] Kunda Z. Motivation and inference: Self – serving generation and evaluation of evidence, 53 Journal of Personality and Social Psychology , 636 ~ 647, 1987.

[14] Greenwald A. G, Banaji M R. Implicit Social Cognition. Attitudes, Self – Esteem and Stereotypes, 102 (1) Psychological Review, 4 ~ 27, 1995.

[15] Brewer M. B. "A dual process model of impression formation. " In R. S. Wyer & T. K. Srull (Eds.), 1 Advances in social cognition Hillsdale, NJ: Erlbaum, 1 ~ 36, 1988.

[16] Pelham B. W, Neter E. The effect of motivation on judgment depends on the difficulty of the judgment, 68 Journal of Personality and Social Psychology, 581 ~ 594, 1995.

[17] Fiske S. T, Depret E. Control, interdependence and power: understanding social cognition in its context, 7 European review of social psychology, 31 ~ 62, 1996.

[20] Krauss R. M, Fussel S. R. Social psychological models of interpersonal communication. In: E T Higgins, A W Kruglanski ed, Social psychology: Handbook of basic principles. New York: Guilford, 655 ~ 701, 1996.

[21] Schwarz N, Knauper B, Hippler H. J, et al. . Rating scales: numeric values may change the meaning of scale labels, 55 Public opinion Quarterly, 570 ~ 582, 1991.

第五章

特定文化背景下的社会认知

前面章节介绍了影响社会认知的内外影响因素，内部因素指个体的身心特征，外部因素包括认知客体的特征以及特定的情境因素。由于特定文化背景下人们的社会认知过程和结果都存在巨大的差异，本章力图阐述文化对社会认知的影响和作用机制，并回顾社会认知的中国化研究进展，介绍中国人的社会认知特点。

第一节 文化模式对心理和行为的影响

20 世纪 90 年代以来，文化心理学的崛起对心理学研究提供了一个有益的视角。文化心理学认为，心理和文化是相互生成的过程。心理并不是一个独立的、自主的过程体：文化习惯和意义生成塑造心理过程；反过来，心理过程建构文化习惯和意义。人与文化的关系就像鱼儿与水的关系，人们的认知、情感、动机和行为通过其生活的文化世界而塑造，也只有在与文化的紧密联系中才存在和发挥作用，这正如鱼儿离不开水一样。也就是说，人们必须参照当地的文化模式来思考、感觉和行动，这些模式不仅仅是类型或概念，还包括关系、蓝本、习惯、规则、过程、参照和决策程序、评价、动机、目标、记忆策略、符号编码等，简言之，一切意义和活动。这些文化模式成为人们心理的一个组成部分，但它的存在又常常不为人们所在意，迁入另一个不同文化中的人所受到的挫折之一就是当地居民常常很难向外来人解释他们独特的特点。

由此可见，当人们根据普遍的、历史形成的、各种各样组织的文化意义和活动系统调节自己的反应时，心理差异性就不可避免了。

一、文化模式的划分

文化影响人的心理与行为。不同文化背景下的个体，其心理和行为存在差异。那么文化是如何影响人的心理和行为的呢？为探讨文化对心理的影响机制，根据实践条件，研究者们确定不同的维度及分析框架对文化加以区分。

（一）克拉克洪－斯托特帕克（Kluckhohn－Strotbeck）的框架

这一框架确定了6个文化维度：与环境的关系、时间取向、人的本质、活动取向、责任中心和空间概念。

1. 与环境的关系：指人们是屈从于环境，还是与环境保持和谐关系，或能够控制环境？可以预期这些对待环境的不同看法会影响到人们的认知和实践活动。

2. 时间取向：文化注重的是过去、现在还是将来？不同的社会对时间的价值观不一样。对不同文化的时间取向的了解能够帮助你认识不同文化下个体对"最后期限的重要程度，是否普遍采用长期计划，工作任务安排的时间范围"等。例如当你了解了美国"关注的是现在和近期未来"，就能理解为什么美国人那么热衷于节省时间的设备，如记事本、电子邮件和ATM题款机等。

3. 人的本质：指文化把人视为善的、恶的，还是两者的混合物？

4. 活动取向：一些文化重视做事或活动，他们强调成就；一些文化重视存在或即时享乐，强调体验生活并寻求对欲望的满足；还有一些文化重视控制，强调约束欲望。

5. 责任中心：指文化中对他人幸福的责任的重视程度。比如美国文化高度个人主义，他们认为一个人的责任就是照顾好自己；日本或韩国注重集体，强调团队合作。

6. 空间概念：与空间的拥有有关，一些文化非常开放，活动公开，比如日本文化，表现为在组织里几乎没有私人办公室；一些文化则极为重视让事情在私下进行，比如北美人的公司通过一个人使用的办公室和拥有的秘密来反映个人地位。

（二）霍夫斯塔德框架

该文化框架由吉尔特·霍夫斯塔德（Geert Hofstede）从组织行为学角度提出。他通过对组织的大量调查研究发现：国家之间的差异可以令人信服地归因于民族文化的差异，民族文化对雇员与工作相关的价值观和态度起着主要影响作用，组织里管理者和员工的差异可表现在民族文化的4个维度上：个人主义与集体主义；权力距离；不确定性规避；生活数量和生活质量。

1. 个人主义与集体主义：个人主义（individualism）指一种松散结合的社会结构，人们把注意的焦点放在个体身上，强调个体的独特性、独立性、自主性，强调个体与他人和群体的不同，如欧美等西方国家的文化；与此相反的是集体主义（collectivism），以一种紧密结合的社会结构为特征，人们把注意的焦点放在群体或社会水平上，强调和睦的关系、人际之间的相互依赖、个人为集体利益所做的牺牲、个人对社会的义务和职责、个体在群体和社会中所扮演的角色，如亚洲的日本、印度和中国等东方国家。霍夫斯塔德发现一个国家的个人主义程度与该国的富裕程度密切相关。富裕的国家较为个人主义，贫穷的国家较为集体主义。

2. 权力距离：以衡量社会对机构和组织内权力分配不平等这一事实认可的尺度。权力距离大的社会认可组织内权力的巨大差异，称号、身份、地位占据极为重要的地位；而权力距离小的社会尽可能减少这种不平等。下级并不惧怕或敬畏上级。

3. 不确定性规避：指社会成员对未知的不确定的反应。高不确定性规避的社会里，其成员以高焦虑水平为特征，感受到不确定性的威胁，试图创建机构来提供安全和减少风险。社会成员对异常思想和行为缺乏容忍，趋向于相信绝对真理。如日本、葡萄牙等国。

4. 生活数量和生活质量：强调社会数量的文化以过分自信和物质主义为特征，强调社会质量的文化重视人与人之间的关系，并对他人的幸福表示敏感和关心。研究发现，日本、美国和奥地利等在生活数量维度上得分高；而法国、瑞士、芬兰等在生活质量维度上得分高。

这两种文化模式的分析框架现已广泛应用于组织行为学领域。

（三）将文化划分为个体主义和集体主义两个维度作为研究的切入点

自吉尔特·霍夫斯塔德（Geert Hofstede）提出个体主义和集体主义以来，大量关于国家间文化差异的研究都沿用这一模式。Gouveia V. & Clementa M. 研究表明，在现有的条件下，个体主义和集体主义这对文化模式是一个较为妥当的切入点，在于它为文化概念提供了客观的评价。Triandis 和他的同事们指出：如果研究者们试图理解社会心理现象与文化的关系，必须首先分析文化变量的各个维度对这种联系的影响，而个人主义与集体主义就是这种维度。Kagitcibasi 进一步提出了这种文化模式分法的两个优点：使得研究者能系统地比较社会间的异同；以此可探究某种行为模式与其文化背景的一致性。我国学者叶浩生分析和解构了这两种文化模式的差异[1]：

1. "自我"的概念不同。在个体主义文化下，"自我"是自主的、独立的，人们从自我的角度观察、分析社会；个体做决定时参照的是自我的种种特性和能力。在集体主义文化下，自我同他人是相互依赖的，做决断时首要参照系是集体的要求和社会的规范。

2. 行为目标的性质不同。个体主义文化下，个体的目标是实现自我的潜能和价值，当个人目标和群体目标冲突时，文化允许个人首先考虑个人价值和目标。但在集体主义文化下，个人与群体连为一体，个人目标与集体目标是一致的，当二者冲突时，个人倾向于放弃自己的目标维护集体目标，以便维护群体的团结，若个体执意实现自己的目标则会受到集体舆论的谴责。

3. 行为的决定因素不同。不同的文化模式使人们产生不同的行为倾向。个体主义文化下，决定行为的首要因素是态度、个人需要、天赋的权力。在集体主义文化下，相比较自我的内在价值、独特品质，人们更关注群体利益和群体目标，行为更多受到行为规范、家庭责任和社会义务的影响，个体可以为了集体而放弃自己的权力，这对个体主义的社会来说却是不可思议的。

4. 对社会关系的重视程度不同。集体主义文化条件下，自我不是独立和自主的，而是与他人相互依赖，共同构成一个紧凑的群体，所以人们更看重社会关系，注重与他人和睦相处，互帮互助，个人需要的满足不是依靠自身的力量，而是依赖他人的提供。相比较，个体主义社会的个体并不把社会关系看的那么重要，因为每个人都是独立的，个体的一切需要依赖自身的勇气和力量；做决定时首要考虑的是个人的得失，在反复权衡收益和损失的基础上，理智地做出决定。集体主义文化下，人们可以为关系牺牲自己的利益，而个体主义文化下的人们在利益和关系的冲突面前，更倾向于放弃关系，保护自己的利益。

据大量研究表明，我国是一个典型的集体主义文化的国家，以其重视人际关系，重集体为突出特点，与日本、韩国等东亚国家相似，与美国、英国等西方国家相区别。综合以上三种文化模式，本文采用个人主义和集体主义文化模式加以分析，了解国人的心理和行为特点。

二、文化模式对心理和行为的影响

在任何一种文化下，并非所有的人都表现出该类文化的特征，必定有例外的。所以研究者们在个人主义和集体主义文化模式对心理和行为关系的研究中，区别出文化水平上的分析和人格水平上的分析，即使用集体中心倾向（allocentrism）和个体中心倾向（idiocentrism）分别表示人格特征上的集体主义倾向和个体主义倾向，以便于在人格的水平上区分集体主义文化和个体主义文化的影响。

研究表明，文化通过社会风俗、行为规范、儿童养育实践等潜移默化地影响个体，个体主义文化塑造个体中心倾向的人，形成独立的自我概念，集体主义文化塑造集体中心倾向的人，形成相互依赖的自我概念。不同的自我概念导致心理和行为的差异。

（一）认知的差异

1. 注意的重心不同

集体中心倾向的人形成相互依赖的自我概念，这种自我概念促使个体把选择性的注意指向自我与他人的关系，要求个体了解他人，知晓个体所处的社会环境和人际关系。个体中心倾向的人形成的自我是独立，对其最重要的是个体内部需要和潜能的实现。因此，不会像集体中心倾向的人那样关注他人和关系的重要性。

2. 有关自我、他人知识的组织、加工和提取方式不同

个体中心倾向的人，自我是独立的、自主的，因而关于自我的知识是围绕着个人的特质、能力、需要和兴趣组织，与他人的关系不是主要成分。集体中心倾向的人恰恰与此相反，其自我的知识框架中，他人的知识、自我与他人的关系占据着主要地位，在自我的知识和他人知识的组织和加工中，所运用的是更为情景化、具体化的加工策略；而个体中心倾向的人更倾向于按照一般的特性和一般的能力来认识自我和他人。

3. 思维的差异

个体中心倾向的个体由于维护其自我的独立，他们不轻易接受他人的主张，思维更富有批判性，尽显自我独特性。因此，对他人观点经常持怀疑态度，更善于表达怀疑，更倾向于对他人观点进行评价。集体中心倾向的人形成相互依赖的自我，批评、怀疑易于导致关系的不和谐，因而思维经常缺乏批评性，思维品质中接受的一面大于怀疑的一面。在思维类型上，集体主义文化下的个体更擅长于整体思维和辩证思维，而个体主义文化下的个体更擅长分析思维，更倾向于使用逻辑规则来理解事物。

（二）学习模式的差异

许多研究表明，不同的文化模式下，人们的学习模式具有很大的差异。属于集体主义文化模式，如东方文化，人们的学习模式是孔子式的学习模式，强调努力，对能力水平的高低给予较少的关注；注重基础知识的掌握；学习目标经常是外在的、实用性的、对学习过程本身的兴趣是次要的，迎合社会、他人的需要是根本的。个体主义文化模式，典型的是西方文化，人们的学习模式是苏格拉底式的，注重思维和推理能力的培养，能力被看作是最重要的学习因素，注重个性的培养，个人观点的形成。影响机制主要也是通过自我概念。集

体主义文化模式下形成相互依赖的自我，促使个体更多的关注他人的要求和社会的规范，通过学习这些要求和规范，改变自己的行为，适应社会的需要。个体主义文化模式下，形成独立的自我概念，强调独立和质疑。

文化不仅与认知、学习模式紧密联系，它同时影响人们的情绪和动机。研究表明：虽然任何文化条件下人们都有喜怒哀乐的情绪表现，但擅长表达的情绪类型和诱发情绪的刺激条件随文化的不同而出现差异。动机与文化模式的联系较情绪更为紧密，集体主义或个体主义的文化促使人们形成社会取向或个人取向的动机。

总的来说，关于文化与心理和行为的关系，研究者们认为，文化通过塑造不同的自我概念，进而影响认知、情绪、动机等心理过程。那种认为心理学的研究成果是可以超越文化的普遍真理的说法已经被推翻。实际的情形是心理学的概念和定律、心理学的理论和体系都是一定文化历史条件下的产物，其研究结论带有文化的局限性。文化作为一个重要的变量引入心理学研究中，越来越受到重视。许多心理学家开始在文化的生态环境中，以文化敏感的方式设计心理学的研究范式，改变心理学的"文化迟钝"特性。正如澳大利亚心理学家卡西玛指出："跨文化心理学和文化心理学，以及心理学中对人类的文化现象感兴趣的思想传统（如话语心理学、社会建构论等）正日渐增长。"文化对行为的解释被看作为继行为主义的环境决定行为、精神分析的潜意识决定论和人本主义心理学的自我实现论之后的解释行为的"第四势力"。

第二节　社会认知研究的文化观

受文化心理学的影响，社会认知研究也开始关注研究对象的文化背景，注重考察文化对社会认知活动的影响。研究结果表明：不同文化背景下的人们，其社会认知过程和结果都带有文化的深深的烙印。本节就从认知失调理论、归因理论分析入手，这两个理论曾被认为具有普遍意义，适合于各种不同的文化，而新近研究结果表明，先前的研究结果不过是西方文化的产物，不具备超越文化的普遍意义。

一、认知失调理论的文化观

著名的认知失调理论由 Leon Festinger（1957）提出，他认为人有一种保持认知一致性的趋向，若产生不一致即认知失调，人的心理上就会产生痛苦的体验。认知失调的方式有两种：认知逻辑的不一致和态度与行为的不一致。Festinger 假定：当失调存在时，个体由于心理上的痛苦和焦虑会试图减少失调，达到认知和谐，以减少心理上的不舒适感。为了避免这种痛苦和焦虑，个人就会采取手段使认知趋于一致。这些方式有：改变自己对行为的认知、态度；改变自己的行为；改变自己对行为结果的认识[2]。此理论一经问世，在西方心理学界和社会学界都引起了巨大反响，具有广泛的方法论意义。但近年来一些心理学家指出，这种"一致性"概念或多或少具有地域文化的差异性。在强调个人价值、看重个人自我愿望的表达和追求自我目标实现的文化中，人们把不按照自己的态度来行事视为虚伪——即使由此可能伤害到个人间的关系，适应他人可能会使自己陷于外物的束缚而不忠于自己。但在强调关系的文化中，如果人们面临保持社会平衡的冲突，按照个人的意图来行动就会被视为自私、不成熟或不忠实，甚至仅仅表达这样的态度就会受到这种谴责。对于认知不一致所表现出的文化差异，在近 20 年里，跨文化心理学中涌现出大量的对东亚文化（被称为"相依文化"或"集体主义文化"）与欧美文化（被称为"独立文化"或"个体主义文化"）对比研究。

（一）与他人意见分歧情况下的"平衡"恢复

Iwao（1988）研究表明：在集体主义文化中的人们常常为了人际关系的和谐而牺牲个人认知一致性。Iwao 询问美国和日本的被试，当面临各种意见不一致时，他们将优先选择什么——是设法改变他人的观点、改变自己的观点还是假装同意？美国人比日本人更乐于去设法改变他人的观点，而日本人则更可能优先选择假装同意。日本人中的后一种行为对于持有个人独立见解的人来说似乎是虚伪的，因为日本人更看重不同于他们"真正"相信的那些行为。然而，用集体主义文化观来看，保持良好的关系可能比试图"制造"不一致更重要，所以他们对矛盾或争论就不太敏感。实验结果验证了前述不同文化模式下个体对待社会关系的重视程度的差异[3]。

（二）"自由选择"模式中的不协调

个体主义文化下的个体所认为的与态度不一致的行为，可能被集体主义文化中的个体视为只是对环境的一种灵活反应。

Kashima（1992）等研究发现：东亚人在其行为不符合他们自己的态度或信念时较少感到不安，因而并不会必然感受到认知不协调[4]。Heine & Lihman（1997）进行的一项研究对自由选择的认知不协调模式的可能性提供了初步的支持。实验中，让被试在两张具有同等吸引力的 CD 盘中进行选择，当选择完后某种不协调可能被唤起，因为所选的 CD 盘可能存在一些否定的特性，而未选择的 CD 盘可能具有一些令人满意的特征。这种不协调直接与独立模式中心论前提相矛盾，即一个人的行为（选择）是与其内在的特征（爱好）相一致的。这样，有可能唤起一种动机，即通过改变相关的认知从而消除这种不协调状态。正如无数的调查者所发现的一样，在北美的被试当中，做出选择以后会出现相当多的爱好"扩展"现象，诸如增加对所选 CD 的喜欢程度，对未选 CD 的喜欢程度降低等。然而，这些研究并没有在日本被试中找到对比效应。这一结果说明：对于持有自我相依模式的人来说，内在一致性的要求是相对弱的。证实了不同文化模式下人们对待认知不一致的心理和行为的差异[5]。

正如前述，个体主义文化下，自我概念是独立自主的，行为的参照点是个体内部特质和能力，是个人的需要和意愿，既然一切都是个体自身决定的，那么态度和行为方面的不一致就会造成矛盾，认知就会出现不平衡。但是在东方集体主义文化条件下，个人的自我是相互依赖的，行为的参照点是群体，是个人与他人的关系，个体可以为道义和责任放弃自己的观点，即使违背自己的态度和意愿也是如此。在这种条件下，个体内在的态度和行为之间的不一致并不会造成失调，因为个体完全可以用责任、义务、角色等来解释自己与态度不一致的行为，不会造成任何的痛苦情绪体验。在这里，经典的认知失调理论就失去了它的解释力量，显示出了文化的局限性。

（三）"不充足理由"情境下的不协调

"一个人的行为受自身内在的特性所引导"，这是西方文化公认的假设。当实验中被试被驱使去从事一些违背他们的信仰或态度的行为时，就会产生不协调，即所谓的"强迫选择"或"不充足理由"范式。Festinger 和 Carlsmith（1959）指出，诸如告诉某人一项乏味的任务非常有趣，但是此类不愉快的行为如果没有外在的理由（比如钱或其他补偿），就可能导致人们的不舒服感。人们一旦采取了这样的行为，他们就可能被驱使去增加对任务的喜爱，由此来避免他们的态度和行为之间的不协调[6]。此论点建立在如下假设基础之上：人们认为行为通常必然来自"内在的"特性，如爱好、意图或者原因（如直接补偿）。由此，进一步假定：实验者接受任务有趣的理由是不充足的，他们只有改变原有的态度，才可能保持自我认知的协调。

认知协调和不协调效果等同于如下假设：1. 行为是自由选择的；2. 选择意味着爱好；3. 爱好在相当长的时间内是稳定的；4. 爱好暗示着与自我

的一致性；5. 选择结果在很大程度上是可以控制的；6. 人们应该对其选择行为的结果负责；7. 聪明的人会做出好的选择，其结果也是他们所喜欢的。在大多数西方文化中，这些假设都是不言自明的，但是许多别的文化并不共享这些假设，也没有充足的理由认可它们，在不同文化背景下，实验结果差异显著。因此以上所述三种现象都是西方社会常见的现象，在其他文化中不一定就必然存在。正确认识人类心理只有通过结合心理过程产生的文化背景。

二、归因理论的文化观

（一）"基本归因错误"的文化差异

"基本归因错误"（The fundamental attribution error）指人们倾向于对他人的行为进行内在的、个人特性方面的归因，即使在明显的情境因素的情况下，仍然偏好于作个人特性推断的一种偏见。Jones & Hamis（1967）发现，"基本归因错误"在西方个体主义文化背景下（如美国）相当普遍，但在更为集体主义的亚洲环境（如印度、日本、韩国）则明显地减少。研究者们对此问题进行了大量的研究[7]。

1. 对人归因的文化差异

Miller（1984）发现，美国人对他人好或坏的行为结果主要归因于该人的特性，而信仰印度教的印度人则把行为结果归因于该人的社会角色、义务和别的情境因素。印度人的情境归因比美国人多两倍，而美国人的个性归因比印度人多两倍。他认为归因中的这种文化差异取向是通过社会化过程渐渐发展起来的[8]。

Weisz 及其同事（1984）将美国人与日本人作对比研究，结论支持 Miller 的研究结果，即美国人倾向于"内在"归因，存在明显的"基本归因错误"；而日本人并不会表现出"基本归因错误"，他们偏好"外在"归因，类似于印度人的归因[9]。研究者把这种归因差异与这两个国家间体现在儿童养育、宗教信仰、工作和心理治疗等方面的基本文化差异联系在一起，认为美国人获得的是他们称为超越环境的"初级控制"，在初级控制中，人们力图直接影响其生存环境。与此相反，日本人则倾向于用"次级控制"作为获得对其生存环境控制的手段，次级控制指通过自我适应于他人而获得。他们指出，正是这种对于控制感的文化趋向上的差异，造成了美国人和日本人之间的误解，如美国人被日本人视为"冲动的"和"自私的"，日本人则被美国人视为"不可理喻的"和"不正直的"。

Cousin（1989）的研究也指出，印度教徒比美国人更少进行内在归因；日本学生很少像美国大学生那样用个性特征来描述自我，相反倾向于把注意点集中在他们的社会身份上[10]。Snyder 和 Jones（1974）以及随后的 Choi 和 Nisbett（2005）通过对美国和韩国被试的实验研究也发现美国人明显的"基本归因错误"，而韩国人跟日本人、印度人不存在这种归因错误[11]。

2. 对事件归因的文化差异

在对物理事件的归因中，一些研究也发现类似的差异性。Lee、Hallahan 和 Herzog（1996）通过比较研究，发现中美记者对体育结果的解释存在显著性差异[12]。中国香港记者集中于对体育结果的背景解释，而美国记者集中报道的是个性因素。Nakamura（1964/1985）&Needham（1962）指出，这是由于东、西方的物理历史截然不同，西方倾向于把行为视为物体属性（Lewin 称之为"亚里士多德式物理偏见"），而东亚文化环境，如中国在两千多年前就已理解了物体间相互作用的基本原理[13,14]。这些研究都表明归因存在文化差异，东亚文化下的个体更可能从周围环境角度来解释模糊的物理事件，而西方文化下的个体更可能从物体单独的内在属性来解释。

3. 对文化差异的解释

Shweder & Bounle（1982）认为，东、西方文化下社会知觉者的归因有不同的取向。西方文化的分析性、机械论倾向于支持个体活动者的特性归因，而许多非西方文化则用"非普遍化、情境范围和特殊背景"的方式来解释行为。

Krull（1993）采用综合的观点认为，集体主义文化背景下（如东亚文化）社会知觉者对行动者行为的归因倾向于采取稳定的情境特性归因优于采取稳定的行动者归因，因为集体主义文化下的社会知觉者（如东亚人）认为个体是受到限制的，个体的活动自主性比集体少得多，而个体主义文化（如北美人）认为个体是自由活动者[15]。

Menon、Morris、Chi - yue Chiu 和 Ying - yi Hong 认为社会知觉者关于个体和团体的内隐理论有着文化差异。人们先后通过三个实验研究了这一假设，这三个实验分别是日本和美国对商业丑闻的原因分析、美国和中国香港的大学生对企业效率下降的个体或组织的归因及比较不同情境下个体和团体的归因差异。结果发现：美国被试对个体行为比对集体行为更多地进行内的、稳定原因的归因，而中国被试的归因恰好与此相反，中国人比美国人的归因更为情境化。由此，我国学者乐国安等人认为，文化差异的来源并不在于认知风格的差别（个性与情境），而在于把这种风格应用于行为者时，他在社会中所具有的自主权利（个体与团体）[16]。

归因的文化差异已成为不争的事实。如何解释这种差异呢？还有待于文化心理学、社会心理学进一步的探究。

（二）"自我服务归因"的文化差异

"自我服务归因"指人们倾向于把积极的行为结果（成功）归因于个体因素，而把消极的行为结果（失败）归因于环境因素。大量研究发现，人们普遍存在这种归因偏见。但新的研究发现，"自我服务归因"偏见也是存在文化差异的。Chandler、Shama、Wolf、Planchard（1981）和 Takata（1987）通过比较研究发现：美国被试表现出自我服务的偏见，亚洲人特别是日本人则表现出相反的偏见[17,18]。Markus 和 Kitayama（1991）对此解释为：美国社会鼓励独立的自我解释，在那里，自我是有价值的，个体的唯一性被最大化，行为的意义是根据个体的想法和感情来决定的。与此相反，团体取向的社会，如日本，鼓励和认可的是相依型自我解释，人际和谐和服从受到奖励，强调的是与他人的适应性[19]。Heine 和 Lehman（1995）则认为，持有个体主义文化的国家的成员，如美国人，通过把自我抬高，促进和保持了独立的自我观念——个体是独一无二的、强壮的、有能力照顾好自己[20]。与此相反，集体主义取向社会的成员，如日本人，如果有意把自我抬高会产生自我优于他人的意识，从而把自我与他人分离开来，这与他人所持的相互依赖的观念是相矛盾的，会引起很大的困扰，所以个体会避免这种情况的发生。不过，也有研究得出相反的结论，David S. Crystal（1999）对美国和日本 5 年级和 11 年级学生的对比研究发现，美国学生抬高自我的趋向总体上来说并不比日本学生高；在积极和消极的自我概念与自我和异常榜样（攻击、抑郁、敌对和学校恐惧者）之间的相似性方面，两国被试表现一样[21]。

有关自我服务归因偏向的跨文化研究提醒我们，也许需要重新考虑归因理论中"内在—外在"这一核心维度的差异性情况。Taylor、Doria 和 Tyler（1983）把集体主义文化中强调的"个体所属团体"作为一个潜在因素引进归因，区分出四种归因类型：1. 内在的归因：把自我知觉为原因；2. 内团体（包括自我）的归因：自我所属团体和自我都被知觉为原因；3. 内团体但不包括自我的归因：只是把自我所属团体而非自我知觉为原因；4. 外在的归因：把自我及其所属团体之外的因素知觉为原因。新的分类把文化变量引入归因过程，这既可以说明传统的自我服务归因偏见（如对积极事件的内在归因），也可以说明团体服务归因偏见（如对积极事件进行内团体但不包括自我的归因），又可以解释在更为集体主义倾向的文化背景中的自我服务归因偏见特点（如对积极事件进行内团体并包括自我的归因）[22]。

（三）归因因素和归因维度上的文化差异

西方归因理论认为，能力和努力是人类进行成败归因普遍使用的因素。这一理论自诞生之日起就为人们普遍接受和广泛使用。但随着文化运动的兴起，亦表明这一研究存在局限性。

特赖恩迪斯（1972）测查美国、希腊、印度、日本四种文化中对成功的原因排序，发现美国人、希腊人、日本人都把能力和努力评定为成功和失败的最重要的原因，而印度人则丝毫未提到能力和努力，研究结果如表所示：

表5-1　按照选择各种原因的频数所排列的次序提出成功的原因

美国人	希腊人	印度人	日本人
艰难的工作	忍耐	行动计划步骤	努力
能力	意志力	领导	意志力
努力	能力	庞大的军队	忍耐
专心致志	努力	计划	能力
忍耐	勇敢	一致性	好钻研的精神
计划	合作	纪律	合作
准备	进步		勇敢

（来源：特赖恩迪斯，1972）

Susan、Keiko、Robert 和 Hiroshi（1986）从归因的文化差异角度考察日本学生的数学成绩优于美国学生的原因，发现日本的母亲和孩子强调为数学成绩所付出努力的作用，特别是在数学成绩低于他人的时候，不会抱怨学校的教学质量不高；而美国的母亲和孩子则对于低数学成绩不但强调缺乏努力，也强调缺乏能力和教师教得不好。中国的一些研究者认为强调努力归因为日本学生提供了高成就动机背景，这也许为日本学生的数学成绩优于美国学生提供了一种解释。因为一些跨文化研究发现，日本人强调个体对家庭和所属团体的责任感和忠诚，个体的价值不在于能力有多高，而在于个体为家庭和团体做出了多大贡献。在这种文化背景下，个体的努力就被看得更为重要。对于学生来说，取得较高的学业成绩是对家庭责任感的最好体现，因此日本人（无论家长还是学生）都对学业成绩给予高度评价。在家长的这种压力或期望下，学生对数学功课付出了更多的努力，也更多地进行努力归因。

我国学者孙煜明（1991）考察了各国大学生对学业成败的归因特点[23]。她采用问卷调查法，以美国加州大学分校 126 名分属中国（包括台湾、香港）、日本、朝鲜、南亚（包括菲律宾、印度、印度尼西亚）、美洲（墨西哥、巴西、阿根廷）、欧洲（西班牙、比利时、芬兰、瑞典）六个不同国家和地区的外国留学生为被试，对不同文化国家和地区的大学生进行跨文化的研究。结果显示：1. 在觉察到的主要原因、原因知觉在维度上的特性以及受维度影响的情感体验都具有共性。2. 各文化组的原因知觉、原因结构和情感反应不仅具有共同性，而且具有各自的特点。中国组学生对成功结果觉察的主要原因是努力、能力、心情轻松等内部原因，原因倾向于内部的、稳定的特性；日本组主要归因于努力和能力，倾向于内部的、可控制的特性；朝鲜组觉察到朋友的帮助的平均数高于其他组，而内部原因知觉相对地偏低，在内部的、稳定的、不可控制的特性上都低于其他组且差异显著；南亚组主要归因于努力、考试前准备，原因知觉倾向于内部的、可控制的特性比日本组明显；美洲组主要归因于能力、心情轻松、教师水平，倾向于内部的、不可控制的特性；欧洲组归因于能力、心情轻松、考题容易，在原因维度上内部的、稳定的、不可控制的倾向明显。与原因知觉相一致，在情感体验上反映出各文化组有关自我的情感体验高于有关他人的情感体验和惊讶感，美洲组与欧洲组在有关他人情感上差异显著，朝鲜组的惊讶感明显。3. 获得成功结果的水平愈高，觉察到能力原因的平均数愈大，在原因特性上愈倾向于内部的、稳定的、不可控制的因素，有关自我的情感反应愈强。

综上所述，归因明显受到文化的影响和制约，文化的差异使得个体在归因的维度和因素上存在显著的差异。社会认知研究的文化视角有助于我们正确把握不同文化背景下的个体的社会认知特点，增强理论应用的实践性和针对性。

第三节　中国人的社会认知

社会认知研究文化观的兴起带动了一批中国学者对中国人的社会认知现象及认知过程的探讨，如中国人的社会认知的目标和策略，中国人的自我认知，中国人的社会行为知觉，中国人的风险认知，中国人的印象形成、印象管理、刻板印象，中国人的归因等。除了关于大学生、成人的研究，中国儿童的社会认知特点也逐渐得到重视。

一、社会认知的目标和策略

李庆善（1995）通过对汉语谚语的整理和分析，揭示了中国人社会认知的若干特点[24]。他指出："刨树刨根，看人看心"，"种地要知地性，用人要知人心"。知解人心是中国人社会认知活动的基本目标。但是，由于"人心隔肚皮"、"人藏其心"、"人心多变"、"人心各变"，使中国人常常感到"人心难测，海水难量"。中国人力图通过五种观人术知解人心：一是观语言，认为"要知心腹事，但听口中言"，但又遇上心口不一、言不由衷和口是心非的麻烦；二是观行为，认知"欲知其人，观其所行"，"观过知人"；三是观相貌，认为"吉人自有天相"，"有一分貌，必有一分才"，但很快发现相貌与人心并非是"一对一"的关系；四是类化，认为"物以类聚，人以群分"，"人各有藕，物从其类"，把个人身世、关系和教育认同归类，以类性推测个性，但已发现了类性、共性并不简单等于个性、特性；五是省察己心，以己心推及他人之心，但己心不等于人心，"难持我语同他语，未必他心似我心"。中国人主要运用五种策略求知人心，识别真伪、忠奸、信诈、善恶。一是时间考验，强调"日久见人心"、"事久见人心"；二是危难考验，强调"国乱见良相"，"困难显忠臣"，"艰难识英雄"；三是利益考验，强调"利动小人心，义动君子心"，"人用财试，金用火试"；四是世态炎凉考验，强调在得失、顺逆、成败、贫富和祸福变化中识别人心；五是众人考验，强调"千只眼睛看穿天"，"是非难逃公论"。中国人在社会认知方面有以下五个特点值得讨论：一是实用性，即社会认知是为了交人、用人和做人；二是道德性，即知人和求解人心主要是对人及其人心做出道德判断和解释；三是集体性，即相信并依赖于集体的认知；四是辨证性，即在真与假、表面与实质、外显与内隐等种种矛盾现象中全面把握人心，力戒片面性；五是乡土性，即社会认知反映了封闭、稳定、关系熟悉的传统农业社会或乡土社会的特点。

二、社会行为知觉

孙健敏、张厚璨（1994）探讨了在中国文化背景下，社会行为知觉的特点和推论维度及其信息加工机制[25]。他们以400名大学生为被试，发放开放式问卷，分别研究：（一）中国人社会行为知觉的特点，即人们如何通过行为形成对活动者的印象？中国人在知觉社会行为时是否有推论过程？这个过程推论的是什么？（二）知觉者是根据哪些信息做出这种推论的？具体的信息加工机制是什么？作者给出的结论是：（一）社会行为知觉是一个多维度的推论过程。对于同样的刺激信息，不同知觉者可以选择不同的维度做出反应。知觉者不仅可以推论活动者的人格特点，而且能够推论活动者的职业角色、年龄、性别等多种特点。其中，人格特质和职业角色是两个最主要的维度。（二）知觉者从不同维度推论活动者的特点，对职业的推论主要受活动线索的影响；对人格特质的推论则同时受活动线索和活动性质的影响。当刺激信息有线索时，知觉者更倾向于推论活动者的职业角色；无线索时，更容易推论人格特质。有线索时，从具体活动中容易推论人格特质；无线索时，从抽象活动中容易推论人格特质。

三、自我认知及相关情绪

王垒、付凯（1995）研究了中国人的自我认知及其相关情绪。他们首先对照分析了两种自我认知理论——自我差异理论和自我图式理论[26]。

自我差异理论由希金斯（Higgins，1987；Higgins，1985，1986）提出。该理论大致可划分为两个构架（见图5-1）：（一）自我认知的结构及组成成分（理想自我、实际自我和应该自我）的比较，从而形成自我的差异；（二）自我认知的作用，即与情绪的对应关系。在第一个框架中，希金斯把自我界定为三个成分：（一）实际自我，即个体或他人认为该个体实际具有的特质，就是通常意义上的自我概念；（二）理想自我，即个体或他人希望该个体具备的特性；（三）应该自我，即个体或他人认为该个体在有关承担责任与义务方面应该具有的特质。理想自我和应该自我是人们生活的一种标准，因而也被用作对自身进行评价的标准，与个体的实际自我进行对照，而这种对照就产生了两种自我差异：实际——理想自我差异和实际——应该自我差异。在第二个框架中，希金斯认为两种自我差异代表了两种不同的负性状态，分别对应于两种不同的情绪。他认为，在实际——理想自我差异中，个体由于其愿望、理想未能实现而处于肯定性结果缺失的动机状态，因而易于产生抑郁类型的情绪，导致沮丧、悲伤、失望等体验；在实际——应该自我差异中，个体认为自己未能履行职责，将受到惩罚、责备，这种否定性结果的出现，常常导致了焦虑类型的情绪。

自我图式理论由贝克（Beck，1967，1987）提出（见图5-2）。该理论认为，自我图式由一系列负性特质的集群构成，这个集群作为一种框架影响着个体对当前信息的理解，特别是影响对与自我有关的信息的加工。换言之，自我图式在内容上代表了在长时记忆中按等级组织的知识体系，在功能上与输入信息相互作用，从而组织对自我相关信息的加工，并激活相应的情绪。

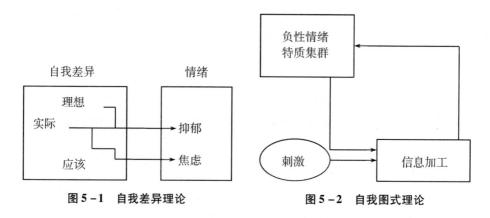

图 5-1　自我差异理论　　　　图 5-2　自我图式理论

以上介绍的这两个理论模型都是国外学者研究成果，我国学者乐国安（2004）认为这两种理论各有合理之处，但都有不足。希金斯对自我认知结构成分的说明有独到的见解，但对这一结构的角色作用（如引起特定情绪），甚至对结构本身的存在性的说明带有很大的假设性，其研究证据主要来自于相关研究[27]。贝克实验探讨了自我认知对情绪的激活过程及原理，说明了它的心理意义，但这种认知图式本身把认知和情绪结合在一起，对结构缺乏说明，更没有分析其中不同成分的作用。因而他综合这两种理论形成新的理论模型（如图 5-3），作为研究的理论构想之一。

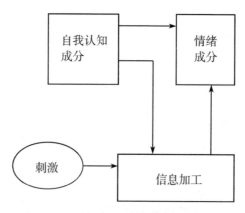

图 5-3　自我差异与自我图式理论的组合

另一理论构想是对自我认知及其社会性情绪的文化内涵的思考。认为无论对于自我认知及其机能采取怎样一种理论假设，都不能不究其特定的文化含义。原因在于：（一）自我认知的内容有其文化特性。无论是实际、理想、应该自我中的哪一成分，都是在具体文化中塑造的，都必然带有文化的烙印。（二）复合的社会性情绪（诸如抑郁、焦虑）有其文化特性。不同情绪条件在不同文化下引起的情绪不仅在程度上可能不同，甚至连性质也可能不同。因此关于自我的理论要具有普遍的意义，就必须说明文化因素的影响。在此理论构想的基础上，乐国安学者以中国人为对象进行了一系列的研究，旨在解决以下问题：（一）自我差异是否与情绪有特异的跨文化对应关系？（二）自我认知扮演什么样的角色，对情绪有什么机能？（三）中国人的自我认知结构是否存在有独立机能意义的三种成分？（四）现代中国青年自我认知的特点是什么，和文化的关系是什么？研究得出如下结论：（一）自我差异与情绪之间并不存在具有跨文化一致性的关系。不同文化下有不同的表现模式。就中国人而言，无论实际—理想自我差异还是实际—应该自我差异，都对应于焦虑水平而不是抑郁水平。（二）自我认知结构蕴含着一定的情绪意义，它能被负载相应情绪信息的刺激激活，从而促进对这一信息的加工。（三）现代中国青少年的自我认知特征可概括为：1. 深刻性。随着特征和抽象的概念，反映出自我认知的内部指向性和深刻性。2. 社会化。随着年龄的增长，对异性突然关注起来，十分看重能力、才华，对社会经济地位的关心明显增加。3. 道德意识。自我描述中有关道德和人际关系的内容并没有随年龄增长而发生明显变化。事实上，中学生已具有相当程度的道德意识。（四）中国人理想自我和应该自我有相当大的重合，这反映了中国文化统一意识，强调群体而较忽视个性的传统。（五）抑郁并不是中国人的易感情绪，把它作为自我差异的对应情绪或敏感指标是不恰当的[28]。

根据以上分析，结合图 5 - 1，5 - 2，5 - 3，乐国安（2004）提出"自我认知的文化构造与自主机能论"（见图 5 - 4）[29]。文化构造说是指自我认知的结构是由文化参与构造的，自主机能说则是指这种认知结构一旦形成，具有促进对相关信息的加工和激活对情绪的启动效应的功能。图中显示：（一）文化是一个核心的塑造源，对自我认知、情绪和信息加工过程都发生影响；（二）自我认知在文化的影响下建立与情绪的对应关系，并干预对有关信息的加工；（三）加工过程对两方面的信息进行处理（如匹配或判断），并遵从文化的原则，而它的输出信息则可能激活有关的情绪。

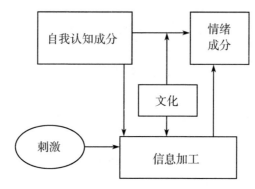

图 5-4 文化构造与自主机能论

四、中国人的风险认知

谢晓非、徐联仓（1998，1999）先后分别对一般社会情境和工作情境中中国人的风险认知特点进行了实验研究[30,31]。在一般社会情境下对风险认知的实验研究中，他们以机关职员、私营企业员工、全民企业员工共229人为被试，讨论了他们对46个风险因素的风险程度和风险特征的知觉、个性特征与风险认知的关系及群体的风险认知类型特征。结果发现：（一）对风险因素的风险程度认知，对社会而言，高风险因素是：国内动乱、经济危机、物价上涨、食品短缺、人口过剩、伪劣商品、政治、经济改革、能源危机、社会风气败坏、犯罪、战争、社会治安不良、核战争、政治因素干扰、吸毒、地震、洪涝、火灾、环境污染、电力、核电站、铁路运输，其中最高风险因素是国内动乱、核战争；低风险因素是登山、滑雪、游泳、足球、辞职、跳槽。对个人而言，人们对46个风险因素的风险程度认知普遍存在忧虑，但对社会的忧虑程度普遍高于对个人的忧虑程度。（二）冒险-保守倾向变量与自评人格变量中独立、自信、强烈的竞争意识3个变量有很高的相关；冒险-保守倾向变量与3个风险性质变量（各风险因素对人们影响程度的大小、风险因素发生风险而引发后果的严重程度、风险因素发生风险而引发后果的可能性大小）也有较高的相关。（三）群体风险认知类型可以分为3类：1. 高风险程度认知类型（称为焦虑型），被试倾向于保守，在独立、自信、竞争意识方面都较弱，对风险性质的认知也最为消极；2. 低风险程度认知类型（称为积极坦然型），被试有较为独立的个性特征倾向，他们积极、乐观、独立、自信，有强烈的竞争意识，并且对风险没有心理负担，持有坦然、豁达的态度。3. 介于上述两种类型之间（称为适度忧虑型），被试对风险因素存在适度的警觉，并伴随一定的忧虑情绪特征。

在对工作情境下员工风险认知的研究中，他们采用问卷设计的方法，探讨和比较了企业中员工及管理人员的风险程度认知状况，以及员工与管理人员认知上的异同。结果表明：（一）员工对 20 个风险因素的风险程度认知均超过了中性水平，"企业效益"被知觉为最高风险点。（二）对企业的风险程度认知因素中，有显著差异的因素是：各种改革措施、福利、劳保待遇、生活环境、子女教育问题、居家及个人安全、退休保障、工作条件、工作满意感；对个人的风险程度认知因素中，有显著差异的因素是：个人身体健康、子女教育问题、居家及个人安全、退休保障、企业领导的个性特征、工作条件、工作满意度。（三）风险特征变量之间的相关分析表明，风险特征责任维度（企业的——个人的）与对个人的风险程度认知（风险因素的重要性、风险因素产生后果的严重性、风险因素产生后果的可能性）有高相关，且方向一致，即越是被知觉为该由企业负责的风险因素，越是被知觉为高风险因素；风险程度各指标与风险产生的速度维度有高相关。

五、中国人的印象形成和印象管理

（一）中国人印象形成的核心品质

美国心理学家阿希和凯莱的研究表明，在印象形成中，与其他品质关联较多、影响较大的就是核心品质，如热情与冷淡。由于文化背景之差异，人们对各个品质的评价可能不同，各个品质在不同人的印象形成中的意义、影响也可能不同。缪建东、沈祖樾（1997）以中国大学生为被试的实验研究了中国人印象形成中的核心品质，结果显示：热情和冷淡在中国人印象形成中并不是处于核心地位，真诚和虚伪也不是核心品质[32]。蔡建红（1999）也对中国人印象形成中核心品质进行了实验研究，并由此引起了对这一问题研究方法的思考[33]。他以两所大学的 144 名大学生为实验对象，首先以开放式问卷进行调查，选出四对概念（热情与冷淡、心胸宽广与心胸狭窄、真诚与虚伪、谦虚与自以为是）作为假定的核心品质，重复阿希的实验方法来研究中国人印象形成中的核心品质。结果显示，它们在中国人印象形成中都不处于核心地位。由此作者认为，在以中国人为被试进行同样的实验研究中，必须首先研究我们假设的核心品质与哪些表示特征的评量词语具有高度联系，用这些词语来做评量的尺度，才能科学地论证我们的假设是否成立，简单重复阿希的实验是行不通的。

（二）中国人的印象管理及其影响因素

印象管理（Impression management）也称之为自我呈现（Self presenta-tion），是自我的社会认知观点的核心关注点，指在某种动机（人情、面子、关系）驱使下，采取一系列的"饰"（修饰、掩饰、装饰）性策略，从而达到控制他人对自己形成某种印象的人际互动现象。M. R. Leary 和 R. M. Kowalski（1990）提出印象管理的双成分模型，认为印象管理包括两个不连续的过程，每个过程依据不同原理运作，并被不同的情境和特质影响。第一个过程是印象动机，第二个过程是印象建构。影响印象动机的因素主要有：印象的目标关联；欲求结果的价值；欲求形象与当前形象间的差异。印象建构指一个人想给他人留下什么样的印象以及如何留下这个印象的过程。Lerry 和 Kowalski 认为影响印象建构有五个变量，两个是个人内变量（自我概念和欲求身份），三个是人际间变量（角色限制、目标靶的价值观和当前的或潜在的社会形象）。印象管理为人们提供了社会表现的礼仪样式和规则，是保护面子的策略。心理学家长期以来强调人际行为中印象管理的重要性，并在个人行为与心理层次开展研究，除了丰富印象管理的基础理论，还纷纷展开了本土化的研究。中国人历来被人们认为最讲究面子，中国文化最强调社会的和谐与人际关系的融洽，中国人被刻画为带有强烈的外部引导的、高度社会的、实际的和折中的人。在中国文化的价值体系中，"自制"似乎是养成社会责任感及达到成就的手段。那么，在这种"自制"的先决条件下，一个人如何表现他自己呢？

李琼（1999）对中国人的印象管理及其影响因素进行了实验研究[34]。他根据前人的研究，选择了两个人格因素——自我监控性（高与低）和社会性焦虑（有与无），以及情境因素（公开与私下），采用 $2 \times 2 \times 2$ 混合实验设计的方法，对 213 位参加者进行问卷施测，所用问卷包括修订后的自我监控量表（SMS）、综合后的社会性焦虑量表（SAS）以及作者自编的印象管理清单（IMC）。结果揭示了两个独特的中国人的印象管理特征：社会道德维度和人际关系维度。在私下时中国人表现出来退缩性、良知取向、刚强性和脆弱性，在公众中表现出封闭性、不和谐性取向和刚强性。具有价值判断色彩的良知取向和不和谐取向属于社会道德维度，其他因素属于人际关系维度。与 Schlenker 研究中提出的美国人的自我呈现的两个维度即能力和人际关系显然不同。加以比较，发现中国人的自我呈现不注重能力而是注重道德特征。这是为什么呢？我国学者乐国安认为，这是文化熏陶和社会适应的产物。中国是礼仪之邦，是德治大国，儒家伦理的道德安排是整个文化安排的核心，克服个人摩擦和自私自利以保持人际关系和谐是很重要的。另一方面，为什么中国人在与人接触中表现出封闭性和不和谐倾向呢？作者分析到：中国人喜好中庸、内敛，中国文化对个人基本价值的构想是克制、妥协、不走极端的中庸权衡，理想的人际关系是"和合"状态。"和合"的意义是以妥协的态度来达到人与自然的和谐共存。中国人具有内倾特性，害怕冒尖的心理无处不在，人际交往中更不愿显得与众不同，所以他们表现出被动和不开放。在中国"自制"的文化里，"不求表现自己"可能是表现自己的常规。而中国人一向信奉"人隔脸，树隔皮"，"知人知面不知心"，"害人之心不可有，防人之心不可无"等观念，所以私下具有的良知取向到了与人酬酢时，就演化成了一种负向的价值导向——不和谐取向。这正是几千年中国儒家伦理中人际关系准则运作的通俗化体现。

六、中国人的归因

前述归因存在显著的东西方文化差异，或者说是存在集体主义和个人主义文化的差异。中国地处东亚，中国的文化属于典型的集体主义文化，那么在此文化下的中国人是否倾向于从总体环境角度来解释人和事呢？国内外的三项实验研究验证了这一假设。

研究一：Morri 和 Peng（1994）分析了中文报纸和英文报纸对美国发生的两起相似惨案的报道。一起惨案是：一位在中西部大学的中国博士留学生自认为受到导师的不公正待遇，为此心怀不满而开枪杀死了导师和几位在场人；几乎与此同时，在 Detroit 发生了另一起惨案：一位邮递员自认为受到上司的不公正对待，开枪杀死了上司和几位在场人。他们的分析发现，英文报纸对这两起惨案的报道，几乎完全集中于对两位谋杀者心理不稳定和其他消极的个性因素的推测，而中文报纸的推测则集中在情境、背景甚至可能在工作中发生的社会因素。他们对中国和美国的大学生如何解释这一事件的调查也得到了相似的结论：中国大学生更偏爱于情境归因，而美国大学生则更偏爱于个性归因，这种归因倾向无论对美国谋杀者还是对中国谋杀者都是一样的。

研究二：他们还对中国和美国大学生关于动物行为的归因进行了研究，其方法是制作一组动物卡通片，表现一条鱼和一群鱼的不同游动方向。如在一张卡片中，这条鱼游离鱼群；在另一张卡片中，这条鱼游进鱼群，要求被试说出对于这条鱼的行为，内因和外因哪一种解释是最好的。中国被试把这条鱼的行为看作是外因的产物，而美国被试则倾向于把它看成是内因的产物。

研究三：对于事件的解释，Lee 、Hallahan 和 Herzog（1996）通过比较研究，发现中美记者对体育结果的解释存在显著性差异[35]。中国香港记者集中于对体育结果的背景解释，而美国记者集中报道的是个性因素。

可见，中国人认为所有行为是环境中各种因素共同作用的产物，行为只是其中的一个组成部分，因此他们用总体环境来解释行为。

七、中国儿童的社会认知特点

（一）中国儿童对友谊特性的认知

方富熹、方格（1994）以友谊许诺为主题的故事分别对冰岛（雷克雅未克市）和中国（北京市）的 7 岁和 9 岁小学儿童作个别随访，探查儿童在友谊矛盾冲突情景中是如何做出行动方向选择及对选择做出有关的道德评价[36]。结果发现两种不同文化的儿童对行动选择、评价所依据的人际－道德规范的优先考虑次序是不同的：冰岛儿童更关心个人利益，更重视许诺的道德义务；而中国儿童则把利他和发展维持良好的人际关系放在优先地位。随着年龄的成长，冰岛儿童"利己"的考虑百分比下降，"许诺"的考虑上升，而中国儿童"利他"和"关系"的考虑越来越占统治地位。作者认为这跟被试个性倾向性的文化差异有关。冰岛具有西方文化的传统，与具有东方文化特点的中国形成鲜明对照，表现意识形态、生活方式、宗教信仰、居民习俗等方面的不同。

李淑湘、陈会昌、陈英和（1997）以北京市普通幼儿园、小学和中学的 6 岁、8 岁、10 岁、12 岁和 15 岁儿童共 100 名为被试，采用结构访谈法，考察了我国儿童、青少年的友谊特性的认知发展规律和特点，探讨了儿童友谊特性的认知结构[37]。研究结果发现：（一）6～15 岁儿童对友谊特性的认知结构由五个维度组成，即个人交流和冲突解决、榜样和竞争、互相欣赏、共同活动和互相帮助、亲密交往。（二）对于 6～15 岁儿童，友谊特性中的五个维度的重要性次序为：共同活动和互相帮助、个人交流和冲突解决、榜样和竞争、互相欣赏、亲密交往。（三）从发展上来看，对友谊特性不同维度的认知发展趋势有很大的年龄差异。6～8 岁儿童只能认识到友谊特性中一些外在的、行为的特征，以后才能逐渐认识到那些内在的、情感性的特征。但是，原来那些外在的特征并没有随着儿童年龄的增长而被取代，而是在与内在的、情感性的特征结合在一起，在认识中逐渐深化。（四）小学六年级儿童在共同活动和游戏上表现出性别差异，即男生的认知水平高于女生；而在冲突解决上，女生的认知水平高于男生。此外，初中三年级学生在互相欣赏方面，男生的认识水平高于女生。

（二）中国儿童的自我认知和他人认知

林仲贤、张增慧、张家英、陈美珍（1997）探讨了北京地区 3～5 岁学龄儿童对中外通俗故事情节的自我认知能力和对他人认知能力的发展比较[38]。实验材料为两套图画故事集，其中一套为《白雪公主》（外国故事），另一套为《孙悟空》（中国故事）。实验是通过看图讲故事提问题方式以探讨不同年龄的学前儿童对故事情节的自我认知及他人认知的能力。结果表明：3~5岁儿童对白雪公主故事情节及孙悟空故事情节的理解，回答问题的正确率都随年龄增长而提高。4岁与5岁儿童已能很好地理解这两个通俗故事及正确回答有关问题。但3岁儿童存在一定困难，对自我认知水平及对他人认知水平都较低。在各个不同年龄组中，对他人认知及自我认知的问题回答的成绩，两者没表现出明显的差异，处于同步发展水平；男女性别的比较只在3岁儿童中存在一定差异，4岁及5岁儿童中不存在差异。

以上是近年来我国学者开展的中国人的社会认知特点研究的一些前沿问题和最新进展，其中不乏名家大师的开创性高水平研究。而且还创造了一些新的研究方法，如李庆善运用对中国谚语整理、分析的方法，来揭示中国人社会认知的特点[39]。这些研究加深了我们对中国人的社会认知特点的了解；另一方面，不容否认，目前国内大量研究还是在验证国外的理论和实验研究结果，且存在不少重复性研究，本土化的研究有待于进一步加强。但总的来说，在不久的将来关于中国人社会认知特点的本土化研究将会向更全面、更深入的方向发展，最终构建起中国特色的社会认知理论体系，并在注重社会认知研究的"生态效度"的基础上，开展更具体的应用研究。

参考文献

［1］叶浩生编：《文化模式及其对心理与行为的影响》，载《心理科学》2004年第27期，第1032~1035页。

［2］利昂·费斯汀格著，郑全全译：《认知失调理论》，浙江教育出版社1999年版。

［3］［4］［29］［28］乐国安主编：《中国社会心理学研究进展》，天津人民出版社第2004年版，第3页。

［5］Heine S. J, Lehman D. R. The cultural construction of self - enhancement：An examination of group - serving biases, 72 Journal of Personality and Social Psychology, 1268 ~ 1283, 1997.

［6］Festinger L, Carlsmith J. M. Cognitive consequences of forced compliance, 58 Journal of Abnormal and Social Psychology, 203 ~ 211, 1959.

［7］Jones E. E, Harris V. A. The attribution of attitudes, 3 Journal of Experimental Social

Psychology, 1 ~ 24, 1967.

［8］Miller J. G. Culture and the development of everyday social explanation, 46 Journal of Personality and Social Psychology, 961 ~ 978, 1984.

［9］Ward IL, Weisz J. Differential effects of maternal stresson circulating levels of corticosterone, progesterone, and testosteronein male female rat fetuses and their mothers, 114（5）Endocrinology, 1635 ~ 1644, 1984.

［10］时蓉华:《社会心理学》,上海人民出版社1994年版。

［11］Snyder M, Jones E. E. Attitude attribution when behavior is constrained, 10 Journal of Experimental Social Psychology, 585 ~ 600, 1974.

［12］Lee F, Hallahan M, Herzog T. Explaining real life events: How culture and domain shape attributions, 22 Personality and Social Psychology Bulletin, 732 ~ 741, 1996.

［13］Nakamura H. Ways of thinking of eastern peoples（P. P. Wiener, Ed.）, Honolulu: University of Hawaii Press. 1964/1985.

［14］Needham. Rodney Structure and sentiment, Chicago: University of Chicago Press, 1962.

［15］Krull D. S. Does the grist change the mill? The effect of the perceiver's inferential goal on the process of social inference, 19 Personality and Social Psycology Bulletin, 340 ~ 348, 1993.

［16］乐国安主编:《20世纪80年代以来西方社会心理学新进展》,暨南大学出版社第2004年版,第10页。

［17］Chandler T. A, Shama D. D, Wolf, F. M., & Planchard, S. K. . Multiattributional causality: A five cross – national samples study, 12 Journal of Cross – Cultural Psychology, 207 ~ 221, 1981.

［18］Takata T. Self – deprecative tendencies in self evaluation through social comparison, 27（1）Japanese Journal of Experimental Social Psychology（in Japanese）, 27 ~ 36, 1987.

［19］Markus H. R, Kitayama S. Cultural and the self: Implications for cognition, emotion, and motivation, 98 Psychological Review, 224 ~ 253, 1991.

［20］Heine S. J, Lehman D. R. Cultural variation in unrealistic optimism: Does the West feel more invulnerable than the East? 68 Journal of Personality and Social Psychology, 595 ~ 607, 1995.

［21］Crystal, David S. Who Helps You? Self and Other Sources of Support among Youth in Japan and the USA, 139（5）Journal of Social Psychology, 596 ~ 610, 1999.

［22］Taylor D. M, Doria J. R, Tyler J. K. Group performance and cohesiveness: Anattribution analysi, 119 Journal of Social Psychology, 187 ~ 198, 1983.

［23］孙煜明:《学生考试成功结果的归因——归因理论的跨文化研究》,载《心理科学》1991年第2期,第178 ~ 187页。

［24］李庆善：《知解人生：中国人社会认知的目标和策略——从汉语谚语看中国人社会认知的特点》，载《华人心理学家学术研讨会及第三届中国人的心理与行为科际研讨会会议论文》，台湾大学心理学系及研究所1995版。

［25］孙健敏，张厚璨：《中国人行为知觉的推论维度》，载《社会心理研究》1994年第6期，第16～27页。

［26］王垒，付凯：《中国人自我认知及其相关情绪的系列研究——中国文化与国民心态的关系》，载《社会心理研究》1995年第1期，第1～7页。

［27］乐国安主编：《20世纪80年代以来西方社会心理学新进展》，暨南大学出版社2004年版，第10页。

［30］谢晓非，徐联仓：《工作情境中员工风险认知研究》，载《应用心理学》1999年第5期1卷，第20～24页。

［31］谢晓非，徐联仓：《一般社会情境中风险认知的实验研究》，载《心理科学》1998年第21期（第5卷），第315～383页。

［32］沈祖樾，缪建东：《中国人印象形成中核心品质的初步研究》，载《社会心理研究》1997年第4期。

［33］蔡建红：《犯罪青少年父母的教养方式调查》，载《健康心理学杂志》1999第3期，第347～349页。

［34］李琼，郭德俊：《印象整饰的概念、动机及行为策略简述》载《心理科学》1997年第1期。

［35］Lee F，Hallahan M，Herzog T. Explaining real life events：How culture and domain shape attributions，22 Personality and Social Psychology Bulletin，732～741，1996.

［36］方富熹，方格：《对友谊关系社会认知发展的跨文化比较研究》，载《心理学报》1994年版。第26期（第1卷），第44～50页。

［37］李淑湘，陈会昌，陈英和：《6～15岁儿童对友谊特性的认知发展》，载《心理学报》1997年第1期。

［38］林仲贤，张增慧，张家英，陈美珍：《3～5岁儿童对中外通俗故事情节的理解——自我认知及他人认知的研究》，载《心理发展与教育》1997年第1期，第1～5页。

［39］李庆善：《"防人"：国人人际交往的误区》，载《社会学研究》1999年第3期，第52～56页。

第三篇

社会认知的研究范畴

第六章

印　象

第一节　印象形成
——人是如何认识他人的

　　生活中人们常会说"我对某人印象很好";求职面试时,应聘者力图给用人单位留下一个好"印象";日常生活中,人们如此频繁地使用"印象"这个词,那么到底什么是"印象"呢?在印象形成过程中,认知主体是从哪些方面去认识认知客体?人们是如何利用所获得的信息形成对他人的印象呢?印象形成中的偏差又是如何产生的呢?本节内容将对此进行一个系统的介绍。

一、印象形成的概念

　　印象就是我们最初在遇到某一个人的时候,根据自己的主观理解而形成的对别人的评价。印象是我们理解别人和采取下一步行动的背景和前提基础,它直接影响我们和别人之间进一步的交往和相互关系。如果对别人的印象好,可能意味着一段交往的开始;如果印象不好,可能意味着交往的终结。

据美国合众国际新闻社 8 月 23 日报道，一项新研究发现，当人们见到一张新面孔时，他们只需要十分之一秒就能对一个人有没有吸引力、值不值得信赖做出判断。美国普林斯顿大学心理学家亚历克斯托多洛夫指出，只有长期交往后才能改变人们脑海中形成的最初印象。

托多洛夫发现，人们在看对方的脸 100 毫秒后，就能在魅力、信任、能力和进取心等方面形成自己的第一印象。人们对面孔的直观看法是如此之快，以至于不可能有时间对第一印象进行理性的思考。因此，理性思维不能对第一印象产生任何作用。在第一印象中，魅力和信任是形成最快的印象。

印象形成是社会心理学的一个重要研究领域。20 世纪 70 年代以来，受认知心理学的影响，这一研究领域开始探讨人的内部心理加工过程。

社会心理学家认为，印象就是指认识主体对认识客体的看法。它包含了认识对象各方面的突出特点，反映的是对象的总体特征。

二、印象形成过程中的信息来源

如上所述，印象是在很短的时间内形成的，在这么短的时间内，我们不可能注意到各方面的信息，而只能注意到其中一部分信息，而正是这一部分信息决定了印象的好坏。那么，在初次相遇的时候，人们一般会注意哪些信息呢？

（一）自然特征

包括性别、种族、外貌等。在遇到陌生人的时候，人们首先从这三个方面将人分类。一般说来，人们会认为女性比较温柔善良；而男性则是魁伟矫健。外貌对印象的形成也有很大影响，"爱美之心，人皆有之"，对于那些长得漂亮的人，人们更容易产生好感，而对于娇弱的人，人们会更容易产生怜惜的感觉。

（二）社会特征

包括职业、身份、居住地区和社会地位等等。日常生活经验告诉人们，生活在同一地区，或者从事同一行业的人具有某些共同点。因而，在与别人接触时，一旦知道对方的职业、身份，人们就会借助我们所知道的某个职业的人所具有的共同特点来评价他，从而形成对他的印象。例如，如果知道某人是法官，我们就可能认为他比较正直、冷静、刚正不阿。

（三）性格特征

虽然初次接触，不可能了解得很深入，但人们还是喜欢根据别人当时的表现来推测其性格特征。人们通常会根据这个人的服饰、说话做事的风格、言语多寡来判断这个人是有品味还是比较俗气、是沉默寡言，还是活泼开朗、是好交际还是不合群等等。

三、印象形成的启动效应研究

启动效应一般是指经验对当前任务的积极（facil itatory）或消极的（in-habitory）影响（杨治良，1999）[1]。启动效应最初是由美国的认知心理学家在研究人的回忆过程时提出来的。他们认为，人们在某一任务中的回忆效果受当前心智活动的影响。若当前的任务与先前的活动是同类的，回忆效果就好，否则，回忆效果就差。印象形成的启动效应按其对随后判断的影响方向，可分为同化效应（assimilation effect）和对比效应（contrast effect）。同化效应是指当人们接触启动信息后，对目标的判断会转向（shift toward）由启动所激活的认知构念（cognitive construct），而做出与之一致判断的现象；对比效应则与之相反，它是指人们接触启动信息后，对目标的判断会转离（shift away）由启动所激活的认知构念而做出与之相反判断的现象（Herr，1986）[2]。

（一）印象形成的启动效应研究

20 世纪 70 年代末至 80 年代中期，印象形成的启动效应研究在认知心理学的影响下逐渐发展起来。起初，Higgins 等人（1977）在实验中让被试首先阅读一些积极或消极的特质概念，例如：冒险、自信或鲁莽、自负，随后，在看来无关的"阅读理解"中，让被试阅读短文，并进行评价。结果表明，阅读积极特质概念（如冒险、自信）的被试，其评价也是积极的，阅读消极特质概念（如鲁莽、自负）的被试，其评价则亦消极，其差异非常显著，但在评价无关特质（如智力）方面则无显著差异。Higgins 认为这是由于先前激活的知识影响了运用其它知识对随后的刺激进行反应[3]。

Srull 和 Wyer（1980）考察了从启动到刺激出现的时间间隔对同化效应的影响。他们用"拼凑句子"的方法启动特质概念。结果发现，启动对判断的影响随时间延长而显著减少，1 小时之后，启动对判断几乎没有什么影响。他们还考察了频繁启动对印象形成的影响，结果发现启动特质概念的次数越多，同化效应表现越强烈[4]。

随着研究的深入，研究者们逐渐发现，在实验中除同化效应外，还有另外一种现象，即：先前的启动对后来的判断有一种相反的影响，这就是对比效应。Herr 等人（Herr et al.，1986）用大小不同的动物进行启动，然后在一个看似无关的实验中，让被试对大小比较模糊的动物进行判断[5]。结果表明：先前启动极端大小动物的被试对目标动物的判断出现了对比效应，即先前启动特别大或特别小的动物的被试对目标动物的判断比较小或比较大；而启动中等大小的动物的被试在判断时则表现出了同化效应，即先前启动中等程度大或中等程度小的动物的被试对目标动物的判断也偏大或偏小。Herr 将此结果解释为：同化和对比效应是否发生要依赖于启动类别的特征和要判断的刺激的重叠程度，如果二者重叠或匹配，就会发生同化效应，重叠得越多，发生同化效应的可能性就越大；如果二者不重叠或正好相对时，对比效应就会发生。

纵观上文可以看出，研究者们对印象形成的启动效应的研究在不断地深入，在揭示先前经验对随后判断的影响时，不仅考察了正性的影响（同化效应），同时也考察了负性的影响（对比效应）。而且在进入 20 世纪 90 年代后，人们对印象形成的启动效应研究更加广泛并且深入，并开始注意到情绪、动机等因素在印象形成中的作用，在此仅举两个具有代表性的研究。

Stapel 等人（1998）对动机在印象形成中的作用进行了深入细致的研究。在他们的实验中，被试要完成两个看似无关的任务。第一个任务是完成包含特质的句子（启动阶段）。启动任务完成后，被试被分成两组：高精确动机组和低精确动机组。高精确动机组的被试被告知：形成对目标人物的精确印象是十分必要的。实验后他们对目标人物的判断将和著名心理学家的判断进行比较；低精确动机组的被试被告知，他们只是帮助实验者测验将来做实验用的材料，他们同时也被告知他们是被完全信任的且他们也可以匿名回答。在每一组内又有两种情况：一是非再激活组，一是再激活组。非再激活组的被试直接阅读短文，再激活组的被试要先回答一些问题，然后再阅读短文，如：在前面的任务中共完成了几个句子，句子中出现了几个"he"等。被试的第二个任务就是根据一段人物描写对其特征进行评价。结果发现，在低精确动机条件下，非再激活组出现了同化效应，再激活组出现了对比效应；而在高精确动机条件下，非再激活组几乎没有表现出同化效应，而再激活组同样也表现出了对比效应。Stapel 对此解释说，在非再激活条件下，随着动机越来越强烈，动机逐渐使人们超越被启动结构所激活的目标的解释，脱离被激活的信息的影响，所以随着动机水平的提高，同化效应在逐渐减弱；动机水平越低，同化效应越强，反之则弱。而在再激活条件下，由于再次激活使得被试更可能意识到启动事件，更可能感到启动信息影响他们的判断，因此他们会从对目标人物的"真实"反应中转移开。并且精确动机越强，对比效应表现得也越强烈[6]。

我国学者钟毅平采用不同的成语作为实验材料，探讨印象形成的启动效应中认知因素和情绪因素的作用[7]。实验中将 80 名大一学生随机分成 8 组进入不同的实验处理，其中两组进入控制——控制组，被试为 20 名学生。然后从成语库中选择描述善良、聪明、骄傲、虚伪的成语各 8 个，并从中性成语中抽出 20 个作为控制成本并组成 7 组结构不同的材料。其方法与程序如下：启动刺激；以一定的速率呈现成语，要求被试对成语的结构进行判断，并告诉被试实验的目的是为了考察被试对成语的掌握程度。目标刺激：启动刺激后，或立即或延迟呈现目标刺激，目标刺激为一幅不太清楚的照片和一段关于该人的文字描述，要求被试据此形成对该人（目标）的印象。判断反应：形成目标人的印象后，每个被试发一张答卷纸，要求被试分别就目标人的善良、聪明、骄傲、虚伪四个方面的品质进行评价。实验结果见表 6 - 1，表中数字越高，表示被试对目标越具有该品质，即评价越好。

表 6 - 1　各组被试对目标的相关和无关品质评价的平均值

		相关品质		无关品质	
		积极	消极	积极	消极
刺激类型	积极——消极组	7.2	7.1	5.5	5.2
	积极——控制组	7.5	5.1	5.0	5.6
	消极——控制组	5.9	7.6	5.4	5.4
	控制——控制组	5.3	5.9	5.2	5.8

本实验结果支持启动效应的认知解释。通过使用不同的启动刺激，考察印象形成过程中认知和情绪的作用。结果表明：事先呈现的积极或消极成语对随后的印象形成有明显的启动效应；启动效应的产生主要是由于认知因素的作用，而并非情绪因素。

（二）有关同化和对比效应的几个理论模型

1. 图式理论（schemata theory）

图式理论认为，个人的知识经验均被组织成一定的单元，这种单元就是图式（schemata）。包含在这些单元中的除了知识本身外，还有关于这些知识如何被利用的信息。图式是由许多变量组成的。当图式活动起来后，其变量就被一些特殊的信息具体化了，这个具体化的过程就是所谓的理解过程。

图式理论还认为，图式的中心作用在于建造对于一个事件、一个条件或一种情景的解释。这些图式的总体就组成了我们关于周围世界的个人理论。在某一特定的时刻，这些图式的具体化就成了我们所面对的情景的内部模式。

一些研究者在用图式理论来解释印象形成的启动效应时认为，人们是用图式去解释所面对的环境的，当人们面对一个新环境或面对一个新刺激时，人们总是调动大脑中的有关图式去解释所面对的信息。这个活动起来的图式就是激活的图式。当某个图式处于激活状态时，它就是最便于利用的，人们就会用它去解释所面对的环境，这样就会导致判断出现同化效应。

2. 存贮箱模型（storage bin model）

Wyer 和 Srull（1980）在总结其研究结果的基础上提出了存贮箱模型。该模型认为，知识是以存贮箱的形式储存的。最新激活的概念被放在存贮箱的顶部，下面依次存放着以前激活的概念。为了对接受的目标刺激进行解释，大脑将会对相关的存贮箱进行从上到下的搜寻，这样存贮箱顶部的概念最容易被提取和使用。如果对目标信息有几个适用的概念或结构，那么最近激活的最有可能被利用，同时只要在这个存贮箱中其它的概念或结构没有被激活，那么这个概念或结构将继续保留。Wyer 和 Srull 认为，由于启动使得被激活的概念最易于被用来解释随后的信息，这使得对这些信息的解释同化于被激活的构念[8]。

3. 包含/排除模型（inclusion/exclusion model）

由 Schwarz 和 Bless（1992）提出的包含/排除模型认为，当启动的构念"包含"在目标中时，就会发生同化效应；当启动的构念"排除"在目标中时，就会发生对比效应。该理论主要强调目标类别的范围（width）及启动的构念和目标类别的关系[9]。

4. 预期和对比模型（expectation and contrast model）

由 Manis 和 Paskewitz 提出的预期和对比模型（1984，1991）认为：同一范例的启动既有可能导致同化效应，也有可能导致对比效应[10,11]。一个给定类别的范例可以通过以下两种方式影响我们对其它目标的判断：（1）提供一个比较的基础（会导致对比效应）；（2）引导判断者预期新的范例可能类似于那些以前接触过的信息（会导致同化效应）。该模型认为，这是由于判断者在目标刺激和回忆起的同一类别的刺激之间做出自发的比较造成的，并假设对先前经验的倾向可导致预期（expectation），而且假设判断者将来能使用最近经历的经验。

从以上模型可以看出，研究者们对启动效应的同化和对比效应的研究是一个循序渐进的过程。他们对此的解释越来越全面和深刻，也更加能说明研究中的发现。但尽管有的解释比较全面，也尚未有一个模型能解释所有的研究发现，每一个模型都有其使用的局限性。

四、印象形成的理论模型

现实生活中，人们形成对他人的印象总是源于一定的信息，心理学家通常将这些信息分为两类：定型（stereotype）和个体信息（individuation information）。定型指按照性别、种族、年龄或职业等进行社会分类，形成的关于某类人的固定印象，普遍认为它与某些特质和行为相联系。个体信息指关于个人行为、人格特质、家庭背景等方面的信息。

人们是如何利用以上信息来形成对他人的印象呢？许多社会心理学家对此提出了一些理论模型。

（一）格式塔与元素分析的观点

Asch（1946）认为，对他人印象的形成是综合刻画个体的全部信息的结果。他从格式塔主义的观点出发，假设知觉者将目标个体的不同特征混合成连贯的、统一的印象。在综合的过程中，知觉者既考虑个体特征的意义，又考虑个体同他人的人际关系，使个体的不同方面得到修正，以求前后统一[12]。

元素分析的代表人物 Anderson（1968）认为形成他人印象的过程就是综合描述个体的全部信息的过程，这一点与格式塔主义的观点大同小异。但不同的是，他从元素主义的观点出发，假设知觉者分别评估每条信息的意义，然后以代数的方式综合形成概括的印象[13]。

（二）序列模型

印象形成的序列模型认为，知觉者对定型和个体信息的加工不是同时进行的，而是序列的。这种观点认为，基于定型（stereotype – based）的加工过程先于基于特征的加工过程而存在，而且是自动的，只有知觉者在受到强烈的驱动时，或特征的性质妨碍了对个体进行归类或再归类，个体才会更多地进行基于特征（attribute – based）的加工过程。

Brewer 认为印象形成的过程中存在着两种不同的加工模式：一是基于定型的自上而下加工；二是基于特征的自下而上加工。在印象形成过程中，知觉者只进行其中的一种加工模式[14]。而学者 Fiske 和 Neuber（1990）认为印象形成是一个连续体，一端是分类加工，另一端是特征加工[15]。这两种类型的加工并不是截然分开的，而是在印象形成过程中存在中间类型的加工。知觉者在印象形成连续体的何处停止取决于形成准确的印象对他有多重要。

（三）平行模型

平行模型认为，在印象形成过程中，知觉者对定型和个体信息的加工不是序列进行的，而是同时加工的，并且相互限制意义，共同影响印象的形成。

定型和个体信息的相互限制表现在三个方面：定型影响行为的意义；定型影响特质的意义；个体信息决定知觉者运用定型的哪种亚定型。定型和个体信息对印象形成的影响有以下四个方面：

1. 在缺少个体信息的情况下，定型影响对个体的评定。

2. 存在个体信息的情况的下，定型对印象形成的影响取决于信息的模糊程度及所要进行的判断任务。即：个体信息清晰且具有诊断性时，定型不影响特质评定；个体信息具有诊断性但模糊时，定型通过影响信息的解释而影响对目标个体特质的评定。

3. 即使在定型对特质的影响受到个体信息影响的情况下，定型也会影响与特质相关的行为的预测。

4. 多重定型通过相互影响意义，共同影响印象的形成。

以上几种理论模型都从不同的角度探讨了印象的形成机制，从最初笼统粗糙的理论模型发展到从宏观角度提出的比较完善的理论模型，进而又吸收了认知科学领域的研究成果，对印象形成提出了比较微观的解释。

五、印象形成过程中的偏差

印象是根据认知主体已有的个人经验对认知客体做出的理解和判断。过去经验对印象形成的影响是直接的，又是难以避免的。在这个过程中，认知主体所形成的印象与实际情况之间产生偏差也是在所难免的，主要存在以下几种偏差：

（一）首因效应和近因效应

在印象形成过程中，信息出现的顺序对印象形成具有重要的作用。最初出现的信息影响最大，称为首因效应；最新获得的信息影响也较大，因为它在时间上离认知者最近，故称为近因效应。

（二）光环效应

在第一印象形成中，认知者的好恶评价是重要维度。个体对认知对象的某种品质一旦形成倾向性印象，就会用它评价认知对象的其他品质。最初的倾向性好似一个光环套在其上，使其他品质也因光环影响反射出类似色彩，这类现象叫光环效应。

（三）刻板印象与定型

Fiske 和 Neuberg 提出的印象形成的模式就强调了印象形成中目标的关键

作用：当一个关系对于印象形成者来说非常重要时，他将分配充足的认知资源在有关目标对象的特殊信息基础上去形成印象；当关系不重要时，他将简化印象形成的任务，把目标归入某一范畴，根据刻板印象形成印象。

人们通过自己的经验形成对某类人或某类事较为固定的看法叫刻板印象。如果刻板印象是针对某一个群体成员则称为定型，对某一群体成员特征的认知带有价值倾向的概括化印象即是定型。

刻板印象与定型的积极作用是使社会知觉过程简化，消极作用是容易形成偏见。在有限经验基础上形成的定型往往具有负面性质，会对某些群体的成员产生偏见，甚至歧视。

六、印象形成的规律及其实践意义

人们在相互交往的过程中，必然要对他人产生一定的印象，以便在此印象的基础上，决定自己的行为方式以及将同别人保持怎样的交往关系。因此，把握印象形成的规律对我们有效地进行人际交往具有十分重要的意义。

任何一种印象的形成，都必须具备三方面的因素：（一）认知者，即形成印象的主体。认知者的知识、阅历、兴趣、价值观以及情绪状态等因素，都会影响其对他人的判断。（二）被认知者，即被他人形成印象的人。被认知者的仪表（容貌、服饰）、语言表现（声调、音量）、非语言表现（表情、眼神）以及年龄、性别、职业等方面的特点，都会左右认知者的印象形成。（三）交往情境。任何人际交往都是在一定的时间、地点、氛围、目的这些情境背景中进行的，交往的情境在一定程度上决定着印象的形成。因为交往情境不同，人们所扮演的角色和角色行为也就有所不同。而认知者，对任何一种角色基本都抱有共同的角色期望，如果认知者知道了某人的角色，便可以根据这种期望来判断他可能具有什么样的人格特点。所以，交往情境可以为认知者提供了解被认知者的某些线索。

人们在相互交往过程中的印象形成往往具有以下几方面的规律：

其一是统一性规律。认知者一般只在获得被认知者很少的信息资料后，就力图对他的大量特性做出判断。甚至在有关某人的信息出现矛盾，即相反的特性时，人们也力图去除这些不一致，或者重新整理这些资料，或者有意将其歪曲。

例如，只看了某人的照片或仅有一面之缘，便对其年龄、品质、文化程度等方面进行估量，并倾向于把各种特性协调统一起来。此人不会被看作是一个既诚实又虚伪、既热情又冷酷的人。可见，印象形成深受认知者的经验因素以及联想、想象等心理因素的影响，社会印象带有十分强烈的主观性。

根据上述规律，我们在人际交往中需要对他人进行认知形成印象判断时，就应当有意识地控制自己的认知偏差，避免"以点概面"、"先入为主"。由于社会印象带有主观性，就难免不全面、不确切，因此，在人际交往时，要有意识地消除认知偏差的干扰，尽量全面、客观、公正地评价，以获得真实的印象，保证人际交往的有效性。

其二是评价的中心性规律。社会心理学家指出，人们所形成的印象总是带有一定的评定性，即评价方面（好－坏）、力量方面（强－弱）、活动方面（主动－被动）。这三方面中，评价方面最为重要，而且最具区别性，一旦对某人的判断在评价方面确定了，其他方面也就差不多确定了。比如当某人被评价为"品质优良，为人真诚"时，无论他在力量方面是强是弱，活动方面是主动还是被动，人们对他都不会产生太差的印象。

这一规律的实践意义就在于：在人际交往时，应注意印象管理，无论是装束打扮还是言谈举止方面都要使自己适合于当前的交往环境，有效地控制公众对自己形成好的印象，当公众在这些方面获得了正面的信息后，就容易对别人形成"好"的评价。当然，这样并不意味着只注重社会特性方面的修养而不用注重智慧特性方面的修养，只有既让人喜欢又令人尊敬的人才能给公众留下最好的社会印象。

其三是核心特性作用。在人们形成印象的时候，有些特性的信息常常比其他的特性信息更有分量，并能改变整个印象，这些特性就是核心特性或称中心特性。影响印象形成的核心特性与交往的情境密切相关。一般来说，当被认知者是一个陌生人的情况下，他的外表、表情等因素是决定认知者形成某种印象的最重要因素；反之，则外在特征的影响作用相对降低，内在的品质等特性就成为影响认知者形成印象的最有力因素。与此同时，核心特性也决定于特性信息的强度。被认知者的那些正面性或负面性的特性，在认知者的印象形成中往往都成为核心特性。在其他条件相同的情况下，负面特性对整体印象的影响远大于正面特性的影响。不论一个人其他的特性如何，一个极端的负面特性会使人对他产生一种极端否定的印象。

这一规律告诉我们，要特别注重性格修养，努力改造自己的负面特性，强化正面特性，使它朝着与自己的身份、职业及时代相适应的方向发展。性格在人的个性中具有核心地位，它具有社会评价的意义，有好坏之分，而且是内在美的重要体现。因此，对印象形成具有重要影响力的核心特性主要来自人的性格特征。每个人都应善于运用自己的力量，战胜自身的弱点，促使自身性格趋于完善，优化典型的正面特性，使自己在人际交往中总能给别人留下美好难忘的印象。

第二节　印象管理

从 20 世纪 50 年代开始，印象管理现象开始受到社会心理学家的关注，在短短半个世纪内，有关印象管理的研究在社会学、组织学、管理学、沟通学和心理学领域中得到迅速的发展。印象管理是社会生活中普遍存在的特征，并且社会生活也要求每个社会成员通过合适的自我表现，给他人一个可接受的角色形象。比如，在求职面试时，除了个体的能力、素质等要素外，一个人的外在形象以及从言语中所透漏出来的内在形象，也是决定考官对求职者进行评价的重要因素之一。所以求职者会采取自我提高、吹嘘逢迎、找借口等手段来试图给考官留下一个良好印象。鉴于印象管理在人类生活中的重要性，社会学领域和心理学领域的研究者便把目光投向了印象管理的研究中。

一、印象管理的涵义

印象管理（impression management），也叫自我呈现（self presentation），是指一个人通过一定的方式影响别人，形成对自己的印象的过程。它是自我的社会认知的核心关注点，是社会互动的本质成分。

从印象管理的涵义可以看出，人们留给他人的印象表明了他人对自己的知觉、评价，甚至会使他人形成对自己的特定的应对方式。所以，为了给别人留下好的印象，得到别人好的评价与对待，人们常会使用一种给他人造成特定印象的方式产生行为。印象管理不仅在管理着自我在他人心中的形象，而且还影响着他人对其他人甚至他人对其自身的看法。在现实生活中，人们通过各种手段来进行印象管理。例如，我们的所作所为和行为方式，我们的衣着打扮，甚至是面部表情或体态姿势，都为我们的印象管理服务；他人也是通过这些貌似零散的信息来判断、估计我们的性格特征。事实上，这些因素也确实能够传递客观信息，包括我们希望别人如何看待自己的愿望。人们进行印象管理的原因，可能在于人们希望和他人建立良好关系，得到他人的欣赏和赞同，因而要表现出色一些，而隐蔽其他的个人特征。这时，他们会留意他人对自己的印象，并渴望影响他人对自己的看法，当这种动机增加到一定强度时，人们就会选择合适的形象进行管理。

当然了，印象管理也会有失败的时候。例如，一些小孩子为了与成人达到平等，渴望得到像成人一样的待遇，为此他们模仿大人抽烟喝酒，甚至穿跟大人一样的衣服，结果不但没有达到预定的效果，反而让人觉得更幼稚。通常情况下，无论在组织内部还是在组织外部，我们都希望被别人积极看待而不是消极看待，因此我们同时进行着获得性印象管理和保护性印象管理。

二、印象管理的类型

（一）获得性印象管理

所谓获得性印象管理，就是试图使别人更积极地看待自己，努力树立和完善在他人心目中的完美形象，其目的是为了获得他人的好评和赞许。获得性印象管理主要有四个方面：

1. 吸引力管理（讨好技术）。讨好行为可以减少他人对自己的刻板印象，降低人们排斥和贬低自己的认知倾向，改善人际关系并提高组织内外情境的和谐性。讨好行为有意见遵从、热情相助、抬举他人和自我抬高四种类型。

（1）意见遵从。即附和他人意见。成功的意见遵从有两种策略：一是在一致意见中夹杂不一致意见，在遵从他人的同时，应有自己的观点，这样可以增强遵从行为的可信度；二是节节退让，起初表达不一致意见，而后逐渐转为同意和认可，这样既可以提高自身受欢迎度，又表现出自立的形象。

（2）热情相助。对他人的事情表示关切，并愿意提供力所能及的帮助，而且确有帮助他人的举动。这样可以使讨好行为更好的进行下去，并得到对方的信任。

（3）抬举他人。人们倾向于喜爱喜欢自己、鼓舞他们自信、给他们积极评价的人。适当的抬举他人会使自己更受他人的喜爱。成功的抬举他人也有两种策略：一是利用第三方，通过第三方呈现自己对别人的积极评价，这样可以减小风险，获得抬举别人的收益；二是增强溢美之词的可信度。

（4）自我抬高。通过仔细观察，发现所讨好对象喜欢的特征，然后表明自己刚好具有，并表现出来。大力宣扬自己能力超群、聪明能干，努力让别人发现自己的优点、承认自己的业绩。

2. 合理的威慑作用。虽然威慑是讨好的对立面，但成功的威慑有时会引来他人的讨好行为，下级对上级的威慑称为逆向权力。但要注意恰到好处的运用威慑作用，以免适得其反。

3. 间接印象管理。间接印象管理的一般原则是：与积极的个体相联系以影响和控制他人对自己的看法。"做什么事情并不重要，重要的是和谁一起做"。

4. 非语言的印象管理。面部表情、触摸、身体位置、姿态和人际距离等非语言行为能够有效地影响人们之间的相互印象。其原因主要有：难以避免；与情感相联；不易察觉；缺乏记录；表达独特的含义和对事件的快速反应。

从上面这些举动看，获得性印象管理往往在不经意间改变着我们对他人的看法，影响着我们的正确判断，而且这些方法经常被那些善于投机取巧的人掌握利用，结果可能会出现溜须拍马之风，可以说获得性印象管理对人力资源管理有不良影响。例如在员工的招聘过程中，业务能力低下、工作不力却善于进行获得性印象管理的应聘者可能利用意见遵从、抬举主考和自我抬高等手段来树立在考官心中的完美形象，赢取他们的好感，从而顺利获取任职资格。而对那些不善此道者，即使他们拥有很强的工作能力，完全符合岗位的要求，也可能会因为相对平常的表现而出局。若工作本身确实需要员工的获得性印象管理能力（如推销、公关等工作），那么无疑这次招聘可能是成功的，若工作本身根本不需要员工的印象管理能力（如打字、会计），那么这次招聘可能会错失许多优秀人才。

（二）保护性印象管理

所谓保护性印象管理，是指尽可能地弱化自己的不足或避免使别人消极看待自己的防御性措施，其目的在于避免惩罚和责备，修复受损的形象。一般情况下人们通过以下手段进行保护性印象管理：

1. 合理化理由。合理化理由有借口和辩解两种形式，这两种形式是人们在面临危机情境时经常使用的印象管理的语言手段。借口即承认行为本身有错，却否认自己应该对行为负责，而是归咎于其他因素。例如，迟到员工可能借口路上堵车、昨夜失眠等。借口要有效，必须是充分、正规、真诚和易于被人接受。对于辩解来说，当事人则愿意对行为负责，但否认其行为对他人造成伤害或引起其他不良后果。例如，迟到的员工会坚持说上班早晚几分钟无关紧要，不用大惊小怪，或者指出某某领导也迟到过。在遇到危机处境时，应注意使用借口和辩解以降低对自己的不良影响。特别是借口的使用，要注意借口的有效性，有效的借口应该具备充分性、正规化与真诚性等特点。

2. 自设障碍。自设障碍是指在成功面前设置障碍，这是一种特殊的保护性印象管理。当结果不确定时，个体通过自设障碍从而为后来的不良结果提供一个外部理由。如员工接到上司交代的重要任务后，感觉心里没底，于是又自动承担许多额外任务，一旦到期不能完成任务，就推说太忙。这种方式为人们提供印象管理中的双重利益：如果成功，成功的价值将会提高；如果失败，失败所带来的消极影响将会减弱。

3. 道歉。道歉即承认自己应负的责任，并对自己的行为表示自责和悔恨，以期望获得他人的原谅。这是在借口、辩解、自设障碍都失败的情况下保护性印象管理的一个最好的技巧。

以上几类保护性印象管理行为在组织中用得非常频繁，而且屡屡奏效。例如，在对员工考核时，本来其业绩不好，甚至十分糟糕，但却可能搬来一大堆借口，并充分地进行辩解，通过这些努力，业绩表现差的员工得到了管理者的原谅，其业绩考评的结果往往会比实际更好，因此有失公允，甚至引起其他员工的不满。因为每一个员工都会比较自己和他人的努力和回报，当辛勤工作而取得优良业绩的员工发现那些没有努力工作的员工通过印象管理而获得良好的评价时，他们会产生不公平的感觉，从而做出离职或者降低努力的举动。

三、印象管理的影响因素

印象管理涉及到心理的认知、情感和行为的方方面面，与多种个体特质有关。

（一）人口统计学因素

1. 性别差异

在人口统计学方面研究最多的是性别差异问题。有关社会心理学对性别差异的研究表明，女性比男性对社会性刺激更敏感，因此一般而言，女性应该比男性更关心自我表现。如 Berinsky（2004）的全国性问卷调查研究表明，女性比男性在印象管理上得分更高。另外，日常生活中也可以看出，女性之间的自我表露多于男性之间的自我表露[16]。

Bolino 和 Turnley（2003）对组织环境中使用胁迫策略（胁迫是印象管理策略的一种）的性别差异进行研究，考察不同性别胁迫策略的使用与上级对他们的喜欢性和绩效评估的关系。结果发现，在女性雇员中，印象管理的胁迫策略的使用与上级喜欢性评价之间呈负相关；相反，男性雇员胁迫的使用与上级喜欢性评价无关。另外，对女性来说，胁迫策略的使用与绩效评估无关，男性雇员的胁迫策略则与绩效评估成正相关[17]。

2. 其他人口学因素

印象管理可能还与民族差异有关。美国人与德国人的印象管理就有明显差异，相对于德国人来说，美国人会更多使用印象管理进行自我表现。另外，印象管理的使用还具有文化差异，如 Schlenker（1975）提出，对于美国人等西方文化来说，印象管理更强调能力和人际关系两个维度，而中国文化的印象管理则强调社会道德维度和人际关系维度[18]。

（二）自我监控与印象管理

有关社会赞许性的研究表明，自我监控和印象管理是社会赞许性的两个方面，二者的目的都是寻求社会赞许并避免不赞许性评价，但二者又不完全相同。自我监控是有意识的主动的行为，而印象管理既可以是有意识的也可以是无意识的，并且，自我监控更侧重于监控和控制表达性行为的能力，而不是行为本身。所以说个体的自我监控水平会影响其印象管理水平及具体印象管理策略的使用效果。

中国学者李琼、郭德俊（1999）的实验研究充分说明了自我监控性在有效地应用印象管理策略中的作用[19]。此实验选取北京师范大学、清华大学的学生213人（男生85人，女生128人）为被试，采用Snyder的自我监控量表（Self - monitoring scale，SMS）以及自己发展的印象管理清单（Impression Management Checklist，IMC）。采用2×2×2的实验设计，以不同的指导语控制情境，然后填写问卷，其统计分析结果如下：

表6-2　不同自我监控性水平的人在不同的公众形象上的差异显著性检验

公开条件	高 SM		低 SM		t 值	P
	M	SD	M	SD		
积极形象	46.52	4.563	41.71	3.322	5.15	.000
中性形象	36.18	3.320	36.97	3.892	-.96	.342
消极形象	28.60	5.555	31.40	5.013	-2.28	.026

表6-3　不同自我监控性水平的人在不同的私下形象上的差异显著性检验

私下条件	高 SM		低 SM		t 值	P
	M	SD	M	SD		
积极形象	46.28	5.048	41.89	3.939	4.15	.000
中性形象	38.05	4.290	38.40	-3.201	-.40	.694
消极形象	30.63	6.531	31.66	4.179	-.80	.425

（转引自：李琼，郭德俊：《中国人的印象整饰特征及其影响因素初探》，《心理科学》，1999年第22期）

表6-2和表6-3的结果反映了自我监控性在有效地应用印象管理策略中

的作用。高自我监控性的人要比低自我监控性的人做得好。表1可以看出，在呈现自己的公众形象方面，高自我监控性的人与低自我监控性的人有显著差异：前者更善于将积极形象归于自己所有，而回避消极形象。对于中性形象，两种人均无显著差异。从表6-3可以看出，在描述自己的私下形象方面，高自我监控性的人与低自我监控性的人有显著差异：前者更善于将积极形象归于自己所有。对于中性形象和消极形象，两种人均无显著差异，其平均数都明显低于积极形象的平均数，说明他们都有否认消极特征的倾向。此结果还表明：情境公开性不仅对印象管理具有单独的效应，它还可能是自我监控和印象管理的一个调节变量[20]。

（三）自尊与印象管理

Kolditz和Arkin（1982）提出，自我设防首先是一种印象管理策略，因为自我设防更多出现于公众场合而非个人私下场合。自我设防的主要动机是保护自尊免受失败的影响，自我设防是个体试图寻求或创造与自我表现有关的阻碍性因素，从而提供对失败的一种劝说性原因解释，以此来减少对自尊的威胁。由此看来，印象管理具有保护自尊的功能[21]。

有研究表明，心理健康的人会歪曲事实以提高自尊和自我效能。另外，个体的自我保护策略与低自尊水平有关，害羞和自尊的个体差异对自我表现风格具有预测作用，尤其是对一般意义上的自我表现和保护性自我表现而言。越来越多的证据表明，自尊主要是一种防御结构，与积极刺激相比，消极刺激更能引起与自尊有关的行为。因此，消极自我信念，如威胁社会价值的信息会唤起补偿行为，如自我服务归因（Greenberg等人，1997）[22]。由此可见，有关自尊对印象管理的影响作用目前还没有统一的观点，而有关自尊对印象管理不同维度的影响的研究更是缺乏，还有待进一步探讨。

四、印象管理的测量

人们在印象管理倾向性上存在差异，这种差异是可以测量的。下文介绍的这些测量工具的侧重点各不相同。

（一）自我监控量表

自我监控量表（self-monitoring sale，SMS；Snyder，1974）是最流行的印象管理的测量工具，它考察个体对社会线索的留意与回应程度。该量表是由社会适应性的情境线索引导的个体对自己进行的自我观察、自我控制和自我调节，是联系人格和社会行为的纽带，生活中的每一个体都处于自我监控性由低到高这一维度的某一点上（Snyder，1974）[23]。

自我监控量表（SMS）共有 25 题，得分从 0 ~ 25 分，得分大于 15 分为高自我监控者，少于 9 分为低自我监控者。量表含有两个主要因素：一个与强化价值关系密切，称为他人倾向（other - directedness），另一个与社会技能（social potency）有关。"为了与人相处并让人喜欢，如何符合人们的期望往往是我首先考虑的问题"和"在一群人中，我很少成为注意的中心"分别典型的说明了这两个因素的含义。在他人倾向上得高分者应被看作高自我监控者，因为在他人倾向上得高分者反情景压力的预测力远不如对他人倾向上得分低者的预测力。

一般来说，高自我监控者具有较强的社会能力来恰当地调节他们的行为去适应不同社会环境，以求给外界留下好印象。与之相反，低自我监控者倾向于在各种情境下都表现出真实的性情和说话方式，他们对一个特定情境的社会要求相对感觉迟钝，对自己有更清晰的认识，认为自己有一个原则性的自我，是建立在其行为语言上的自我，这同高自我监控者的"实用的自我"相反。

（二）社会称许行为均衡量表

社会称许行为均衡量表（BIDR）脱胎于 Sackeim 的自欺与他欺问卷，用于测量印象管理（Impression management，IM）与自欺性拔高（self - deceptive enhancement，SDE）两个方面。原来的自欺问卷的编制基于这样的理论设想：具有自欺倾向的个体易于否认心理上有威胁的想法和感受。威胁性的想法和感受（如憎恨父母、从排便中获得快感、存在性幻想等）源自于精神分析的理论。但是 BIDR 主要注意对正性认知态度的夸大（对自己的判断与理性过分自信）。这样，其重点从自我防御转向自我拔高。其中，印象管理分量表测量的是人们有意识地伪装自我，迎合他人的倾向；自欺性拔高测量人们无意识的欺骗自我、夸大自我的倾向性，自欺性拔高不易受到有目的的操纵，不同于印象管理。

BIDR 主要应用在应答偏差，特别是社会期望性回答的测量和控制上。近来它在组织中的应用集中在计算机调查领域。BIDR 共 40 个题目，以陈述句给出，要求被试对每一陈述用 7 分制评定同意程度。计算总分时把反向计分的题目颠倒计分以平衡。因此印象管理和自欺性拔高的得分范围都是 0 ~ 20。这种计分方法使得只有那些做出夸张的期望性回答的个体才能得高分。也可以用整个 40 个题目为单位计算出总分，作为社会期望性回答的总分，此项总分与 Marlowe - Crowne 社会期望量表（MCSD）的分数高度相关。

Paulhus 把印象管理划分为有意识的成分和无意识的成分。印象管理是有意识的、欺骗他人的倾向性；自欺性拔高是无意识的、欺骗自我的倾向性。这种区分对解释组织行为中如人员选拔、员工薪酬等问题大有帮助。例如，在人员选拔中，当求职者的自我描述的表面效度过高时，面试考官显然不会接受。但是他们却难以对求职者进行区分，哪些人有意修饰自己，哪一些人是由于过分自信和乐观而夸大自己的水平，BIDR 被证明是一个理想的区分工具。

（三）自我呈现量表

自我呈现量表（Self – Presentation Scale，SPS）是 Roth，Snyder 和 Pace 等人（1986）开发的一种测量印象管理差异的工具，用来测量人们在印象管理中使用归因技术或排除技术的倾向性。在印象管理中对归因技术与排除技术的区分，反映了印象管理总体风格的差异。这种划分认为，进行印象管理的个体有的是通过归因技术将积极的特质归结到自己身上，有的通过排除技术否认自己身上存在的消极特点。SPS 包括 60 个题目，回答者回答每一题目是否反映了自己的实际情况。归因倾向测量有 30 个题目，内容是一些积极的、但不真实、可能性极高的陈述。在这些陈述中，回答"是"的人被视为归因型的自我呈现。排除倾向也有 30 个题目，描述的是一些不理想的特点，但对几乎所有的人来说都是真实的。那些在这些陈述中回答"否"的人，被视为排除型的自我呈现[24]。

（四）组织情景中讨好行为量表

组织情景中讨好行为量表（Measure of Ingratiatory Behaviors in Organizations Setting Scale，MIBOS）测量的是在组织关系中下属使用讨好手段的倾向性和程度。该量表可以分为四个因素，也即四个"讨好技术"：恭维他人、观点遵从、投其所好及施惠对方。MIBOS 的特点在于它具体针对组织情景，关注的是印象管理技术，而不是一个更广泛的概念。

五、印象管理的策略以及利弊

（一）印象管理的策略

在现代社会生活中，印象管理具有重要的作用，那么我们应该怎样进行印象管理才能获得期望的效果，从而使它对人际互动产生积极的影响呢？

1. 讨好策略。讨好（ingratiation）是一种使别人喜欢自己、对自己产生好的印象的策略。戴尔·卡耐基（1936 ~ 1973）在《如何赢得朋友并影响别人》一书中总结了 6 种让别人喜欢的方法，具有很大的实用性。这六种方法是：

（1）真诚的对别人感兴趣；（2）微笑；（3）要记住名字是一个人语言中最美、最重要的声音；（4）做一个好的聆听者，鼓励别人谈他们自己；（5）谈论别人感兴趣的事；（6）真诚地使别人觉得他是重要的。这些方法就是一套印象管理策略。

琼斯（1964）提出了四套赢得他人喜欢的讨好策略：（1）恭维或抬举他人；但恭维要真诚、自然，要抓住时机，等对方需要恭维时抬举他最为有效。（2）在意见、判断和行为上遵从别人；但遵从不能过于勉强，要使人觉得可信。（3）自我表现；要表现出一种令人喜欢、受人赞许的形象。但自我表现不能过火，要适当的谦虚，因为过分的自我表现容易使别人感到威胁和压力。（4）给予好处（施惠）；施惠的目的是要使他人产生一种由礼物激发起来的好感，而不能使人产生负债感，否则，会适得其反。

了解讨好的策略不是鼓励人们为达某种私利去采取虚情假意的手法，而是为了帮助我们更好地识别社会上种种怀有不良图谋者的讨好方式，以防陷入圈套。

2. 恰当的自我表露策略。自我表露是指个体与他人交往时自愿在他人面前真实的展示自己的行为、倾诉自己的想法。假如一个人总是隐藏自己的真实形象与想法，从来不表露自己，就不能与他人建立亲密关系，没有知心朋友，缺乏社会支持系统，当遇到困难时不知道向谁求助，因而很容易被挫折所击倒。反之，如果一个人将自己的烦恼一股脑地倒给别人，也会使他人感到厌烦与威胁，他们会采取敬而远之的防卫态度，这种人也得不到真正的朋友。因此，恰当、理想的自我表露方法应该是对少数好的朋友相对多的表露一点，而对一般的人则保持中等的自我表露，不仅使别人感到你真诚而不虚伪，又使人感到与你交往很安全。

自我表露遵循对等原则。要让别人对自己展示真实的自我，自己也要做较多的自我表露。一般来说，别人表露得较多，自己表露得太少，别人就会怀疑你交往的诚意；而别人表露的较少，自己表露又太多，别人会感到不自在。自我表露的对等程度会反映出人们相互间建立的信任。人际交往开始于低水平的自我表露和低水平的信任，当个体开始表露自己的心声时，信任的纽带就开始建立了，对方会以同样的自我表露作为接受信任的信号，这样，自我表露不断交换，直到形成恰当的亲密关系。另外，自我表露存在性别差异，女性喜欢做更多的自我表露，而男性相互间的表露则相对较少。

但是，生活中也存在这样的理解，他们认为印象管理是一种虚伪的社会交往手段，主张以人的真实面貌呈现于社会。这是对印象管理的一种误解。我们所指的印象管理不是通过包装自己去欺骗别人以达到自己特定的目的，而是适当地运用一些技巧以使我们的人际交往更加顺利与成功。

（二）印象管理的利弊

通过保护性印象管理和获得性印象管理，员工有效地提高了自己在他人心目中的形象，获得了有利的地位，但与此同时，却给人力资源管理工作增加了难度和麻烦。从这一点来说，组织内部的印象管理行为是不可取的，应该尽量避免，尤其是个别员工，他们采取印象管理的目的和后果更为可怕，具有很大的破坏性。因此，有些企业对员工的印象管理行为深恶痛绝。

其实，印象管理行为有时对组织也是很有好处的，是必须的。至少我们可以说，印象管理行为有利于和谐员工之间的人际关系，消除紧张气氛。另外，管理者也可以利用印象管理来提高员工的业绩。根据自我实现原理，当一个人希望某事发生时，他的努力和他所采取的行为会增加事情发生的概率，因此，管理者可以利用印象管理技术，通过改变员工对其自身的印象来改变其业绩表现。这样，在员工心中，自己成了能人，就会努力工作积极争取自我实现。

总之，印象管理行为作为一种一直普遍存在的社会现象和管理行为，对企业业绩有着不容忽视的重要影响。因此，在企业人力资源管理中，不仅要努力排除印象管理带来的不良影响和干扰，而且要充分地利用其积极的一面，尽可能地发掘员工的潜能，使企业的人力资源管理走上一个新台阶。

六、印象管理研究的新进展：人力资源管理视野中的印象管理

在早期对印象管理的研究中，印象管理行为常被研究者视为影响变量之间关系的干扰因素，直到近些年来，随着人们对印象管理的认识的加深，它开始越来越受到研究者的关注，成为一些研究的主要变量，它所影响的领域越来越广。在组织中，人力资源经理需要对员工的工作做出最终决策，不过这个决策是要以人力资源经理对员工的印象为基础。然而，员工给上级所留下的印象，又受到他们的印象管理技巧水平的影响。更具体地说，在主观反映客观这个过程中受到诸如印象管理等一些因素的影响。

（一）印象管理与求职面试的研究

求职面试的"高赌注"性质，使之成为印象管理的一片"沃土"。与求职者的实际素质信息相比，若能巧妙的运用印象管理，将有效地影响到面试考官的认知。而过度使用印象管理又会适得其反，也即在求职面试中并非所有的印象管理都是有效的。在这一点上，Kacmar 等人的研究可以更好的说明。他们把求职面试中的印象管理技术划分为两类：自我聚焦型（如自我宣传）和他人聚焦型（如讨好面试考官）。研究发现使用自我聚焦型比使用他人聚焦型技术的人，得到的评估更好。印象管理倾向还影响求职方式。高自我监控者倾向于利用社会关系（如朋友），低自我监控者倾向于利用较正规的渠道（如职业中介机构），这对于组织招募工作很有意义。

（二）印象管理与绩效评估

个体所做的很多实际工作都是无法精确测量的，也是无法在与人比较的基础上进行评估的。这表明，我们面对的是"社会现实"而不是"物理现实"。因此，在绩效评估和印象管理的关系中，绩效评估中的变量会受到印象管理的高度影响，也有研究讨论管理层通过使用绩效评估来管理自己的形象。为了在下级和上级面前树立某种形象，管理层会把绩效评估作为手段，他们会出于印象管理的目的而操纵绩效评估过程，从而施加社会影响。如，为了从下级那里获得互惠性的评价，管理层常常会对员工做出过高的评价，导致绩效评估的结果失真。

（三）印象管理与人力资源其它过程的研究

印象管理影响态度的改变。宋广文、陈启山（2003）研究发现，印象管理对强迫服从后的态度中庸现象有显著影响，丰富了社会认知的内容，这对管理工作有重要的借鉴意义[25]。印象管理对人力资源过程的影响远不止以上几个方面，它还会影响到其他领域，如培训、激励、组织开发等。其中，仍有很多参数和变量有待考查，还有很多的理论尚待展开。

印象管理的研究由来已久，已经由一个边缘性的概念以及在实验中需要加以消除和控制的人为因素转变为一个根本的人际过程，研究者们已经把印象管理应用到许多人际现象中去。在我们看来，印象管理研究的当务之急是将印象管理研究走出实验室，走向社会，走向组织，考察其对诸如员工招募、绩效评估等人力资源管理与测评等各个环节的影响作用。因此，需要观察研究、现场研究和场景研究；研究技术上应充分利用心理测量学原理，多元统计方法（尤其包括验证性因素分析在内的结构方程分析）及其相应的统计软件。

第三节　刻板印象

刻板印象（stereotype）是社会心理学领域长期令人瞩目的研究焦点以及

当代社会认知理论的基本课题之一。近 20 年来，从社会认知角度开展的刻板印象研究在很大程度上推进着对刻板印象的探讨，这方面的系统研究已经有 70 多年的历史，并且形成了社会文化学、团体动力学和社会认知学派等三个主要学术流派。自 20 世纪 30 年代以来，绝大多数社会心理学家都是从意识代码的角度出发对刻板印象进行研究的，尤其是到了 1995 年，Greenwald 和 Banaji 率先明确提出了内隐社会认知的概念[26]，内隐刻板印象与内隐态度、内隐自尊一样，成为其中一个主要内容，这就帮助人们更加明确地从无意识层面去理解刻板印象。可以说这是多年来对刻板印象的研究不断深入的结果，也是内隐社会认知研究发展的结果。

一、刻板印象的涵义

刻板印象是指人们对具体的社会群体所具有的心理特质的观念与预期，从认知理论的角度出发，可以被定义为"一种涉及知觉者的关于某个人类群体的知识、观念与预期的认知结构"，具有指导对整个群体乃至群体成员信息加工预期的功能。

刻板印象的形成，主要是由于我们在人际交往过程中，没有时间和精力去和某个群体中的每一成员都进行深入的交往，而只能与其中的一部分成员交往，因此，我们只能"由部分推知全部"，由我们所接触到的部分，去推知这个群体的"全体"。

作为认知系统的重要组成成分，刻板印象极大地提高了知觉、推理和判断的速度与效率，它是联结某个社会群体与一系列品质及行为特征的抽象的知识结构，因此，刻板印象具有作为指导整个群体乃至于群体成员的信息加工预期的功能。另外，人们对具体的群体成员（或样例）的知识也会影响对群体及其成员的判断。

近期的许多研究表明，有必要在意识性认知以外检验刻板印象的内隐运作程度，因为在一定程度上，内隐刻板印象是调节着某个社会范畴所具有的属性中无法内省辨认（或不能准确辨认）的过去经验的痕迹。内隐刻板印象在很大程度上无意识地影响着印象形成，刻板印象是一个自动化过程，较难受到意识性抑制，它所推动的内隐推理直接影响到不同句式的记忆。

二、刻板印象的种类

（一）性别刻板印象

性别刻板印象（gender stereotype）是社会生活中为人们广泛接受的对男

性和女性的固定看法，而且更多地指对男性和女性在心理学特征方面的差异的固定看法。而人们对于典型的男性或女性是什么样子的看法，会影响到我们的知觉，并在评价他人的行为时造成偏差。性别刻板印象产生于远古时代，并且融入到风俗习惯、礼仪、社会分工、后代教育中，代代相传，成为根深蒂固的观念。它对人们的思想和行为产生着广泛而深远的影响。

性别刻板印象历来是社会心理学研究的中心课题之一。它包含了人们对男性和女性的性格、气质、能力、思想、信念及价值观等多方面的认知的差异。国内外许多研究证明，人们普遍认为男女之间存在且应该存在心理差异。他们眼中的男性是有抱负、有独立精神、富有竞争性、攻击性强、爱好数学和科学、临危不惧、逻辑性强、直率、感情不易受打击、冒险精神强、不因相貌而自负；而他们眼中的女性是依赖性强、温柔、软弱、喜欢聊天、做事得体、分寸感强、敏感、陶醉于自己的容貌、有强烈的安全感、欣赏艺术和文学、善于表达、温情脉脉等等。

随着内隐记忆研究技术与方法在社会认知研究领域的应用，人们发现在对两性的看法和认识上，存在内隐的性别刻板印象。内隐性别刻板印象（implicit gender stereotyping）指内省不能确知的过去经历（内隐记忆）影响着个体对一定社会范畴的男女成员的特征评价。贝纳吉等人（Banaji，Greenwold，1995）在对两性的名声判断研究中发现，被试对男性姓名的判断标准低于对女性姓名的判断标准，即更倾向于将男性视作更著名一些[27]。葛明贵（1998）用 Jacoby 的"PDP"（内隐记忆的测量方法——过程分离程序）方法研究发现，在对待男女角色特征的认知上，人们普遍存在一种对女性的苛求态度，且这种态度是主体不能清晰地意识到的[28]。受这一系列研究成果的影响，内隐性别刻板印象已成为一个引人注意的社会认知研究课题。国内学者的实验也证明了性别内隐刻板印象的存在，并就其形成与发展问题开展了大量实验研究。

实验（一）：徐大真（2003）采用实验性分离（experimental dissociation）范式，采用内隐和外显两种测量手段研究内隐性别刻板印象及其性别差异。目的是要探讨内隐与外显性别刻板印象的内容是否一致；以及探讨两性在内隐性别刻板印象中是否存在性别差异[29]。

在研究中，他随机抽取在校本科生 60 人，优秀中学教师 40 人，其中男女各半，分为 4 组，即男性外显组、内隐组，女性外显组、内隐组。采用弗洛伦斯·尼蒂雅（Florence. littauer）编制的性格测验量表为实验材料。该量表包含 160 个人格词，其中 80 个为正性词汇（优点），80 个为负性词汇（缺点）。实验中，外显组采用原量表结构，词语分优点、缺点排列，呈现时告诉被试词语有优缺点之分；内隐组改变了原量表的结构，优缺点词语随机混合排列，呈现时不告诉被试词语有优缺点之分。实验采用 2×2 混合方差设计，自变量 1 为性别（男、女），是被试间变量；自变量 2 为测验任务（内隐、外显），通过测验材料和指导语控制，是被试内变量。因变量是被试选择词语的人数。统计时，词语的优、缺点分项统计。

实验时，将 160 个人格形容词打印在一张 A4 测验纸上，一次呈现给被试，让其在测验纸上选择。内隐组的被试被告知在 160 个人格形容词中分别选择 20 个最适合描述男性和女性的词语，同一个词语既可以选择描述男性，也可以再选择来描述女性。外显组的指导语除告诉被试在 160 个人格形容词中，有 80 个优点，80 个缺点外，其余与内隐组相同，实验时间均为 10 分钟。实验结果采用 SPSS（8.0）进行统计处理。

表 6-4　内隐性别刻板印象的性别差异研究实验

| | | | A 因素（测验任务） | | | |
| | | | 外显测验 | | 内隐测验 | |
			优点	缺点	优点	缺点
B 因素	男被试	男	1020	192	986	263
		女	487	829	430	755
	女被试	男	361	921	905	495
		女	927	468	535	899

实验结果表明：1. 外显性别刻板印象存在较大的性别差异。男性被试认为适合描述男性的人格词中优点显著多于缺点，适合描述女性的人格词中缺点显著多于优点；女性被试的实验结果正好相反。男女两性都倾向于认为自己的性别比另一性别有更多的优点。这一结论支持了性别刻板印象提取理论和自尊理论。提取理论认为团体内部成员与本团体成员的交往多于与其他群体成员的交往，因此掌握本团体的学习信息多于其他团体的信息，提取速度也更快。自尊理论认为，团体的成员为了维护自尊会认为本团体比其他团体拥有更好的特征。2. 性别刻板印象的内容是男强女弱；3. 内隐性别刻板印象的基本内容是男优女劣；4. 内隐性别刻板印象不存在性别差异。

实验（二）：杜丹、苏彦捷（2005）采用玩具选择任务，通过对角色玩具偏好的性别刻板印象描述，考察3到9岁儿童对自己和他人性别刻板印象的内部认知发展状况及外部信息对儿童选择的影响。结果表明：1. 儿童在玩具选择中表现出的性别刻板印象在4到5岁间显著增强，在7到9岁间趋于稳定；2. 男孩性别刻板印象的形成先于女孩；3. 学龄前期儿童对不含性别刻板信息的女性角色最不刻板，性别刻板信息会显著增加女孩对异性角色的刻板程度，男孩则对自身的玩具选择最为刻板；4. 在5到6岁时，儿童对自身玩具选择的性别刻板要求显著增强。总的来说，儿童性别刻板印象受到内部认知发展和社会环境的共同作用[30]。

性别刻板印象是一种普遍存在的社会现象，一直以来，在社会中就存在着对男性和女性的不平等待遇，尤其是对女性的不公正评价。性别刻板印象一旦形成，便对人的心理和行为产生普遍的影响，它的作用范围相当广泛，不但能影响人们的知觉判断、职业选择和对行为成败的归因，而且能影响到人们的身心健康和行为动机。有研究表明，当男性从事与自己的性别角色相一致的工作时，他们更可能表现出高的成就动机和更强的竞争性，但当从事的是与性别角色刻板印象不一致的工作时，他们往往缺乏工作热情，成就动机不强，并且由于角色冲突和角色压力产生的忧虑情绪也会对其身心健康构成潜在的威胁。

（二）职业刻板印象

职业刻板印象就是人们对男性和女性在专业、职业方面的期望、要求和一般看法。在现实社会的传统职业定向中，人们普遍认为女性学习数理、工程、航空航天、生物电信等理工科专业明显落后于男性，不易取得成就，适合她们学习的是中文、外语、公关文秘等人文科学专业。（如：为深入探讨理工科女大学生的发展状况，华中科技大学从1999年起对4个专业的138名理工科女大学生进行了4年跟踪调查。调查结果表明，职业刻板印象通过不同途径影响到理工科女大学生，使她们同样存在着职业刻板印象，影响了她们在大学的发展，为其今后就业埋下了隐患。）

在实际生活中，刻板印象常常影响着人的观念与行为选择。如近年来引起关注的大学生就业难问题，其中大学生就业观影响着择业范围。学生对某些职业的印象，尤其对岗位的负面评价使其将这些工作排除在考虑范围之外。我国学者胡志海、梁宁建、徐维东（2004）的实验结果表明：无论在外显还是内隐层面，大学生都普遍存在非常明显的职业刻板印象；工作地域对大学生的职业刻板印象会产生一定影响；大学生就业观与社会现实需求之间存在较大偏差，需要教育引导[31]。

近年来，随着高校招生规模的逐年扩大，就业的供求矛盾很突出。造成这种局面的原因，一方面是由于社会所提供的专业技术岗位、管理岗位的增长有限；另一方面大学生就业观存在一定偏差。他们比较喜欢也乐于从事的职业仅限于一个很小的范围，同时也存在着很明显的地域刻板印象，不同的地域让他们产生了性质截然不同的联想。尤其是对于职业判断这种社会意义丰富的加工过程，地域、收入等因素在很大程度上会左右个体的评价。从地域刻板印象可见，大学生们在日常生活中能通过各种渠道了解到有关发达城市（如上海、深圳）的信息，刻板印象较为顽固，相关信息也很丰富，所以他们对沿海地区、发达城市抱有非常积极的态度，如果能在这些地区就职，即使从事自己很不喜欢的工作也能接受。可对"县城"等则态度消极，在这类地区的体面工作也不能引起兴趣，而事实上，发达地区人才济济，竞争激烈，想在这些地方谋得一席之地远非易事。

职业刻板印象的成因，客观上看是由于不同职业的经济收入、社会声望等确实存在很大差异，主观原因则可能是大学生自身定位存在偏差，仍停留在以往的传统认识上，认为接受了高等教育就应该从事专业技术或管理岗位，成为社会精英；而他们没有意识到，随着高等教育步入大众教育时代，大学生也应适当进行社会定位，大多数人要从普通岗位、一般职业做起，一步一个脚印地奋斗。如果仍抱着职业偏见不放，想要一步到位地找到理想工作是很难如愿的。对此要加强就业观的引导教育工作，使大学生合理定位，理性择业。

1. 职业刻板印象存在的根源

首先，社会仍充当着职业刻板印象的传递者。调查表明：人们所感觉到的性别偏见和歧视大多是通过大众媒体传达给她们的。由于商业动机的驱使或性别定型观念的影响，大众传媒往往传递着"职业性别标定"的观点，展现的是源于社会性别分工而导致的男女两性的职业分工、角色分化、态度、性格和语言的不同。这不可忽视地影响人们的职业期望，影响他们的角色定位，降低他们对将来所要从事职业的兴趣，甚至是反感，进而影响到他们今后的就业。

其次，高校充当着职业刻板印象的传播者。在现代教育中，男女平等地享有受教育权，性别平等也成为教育民主化的基本原则之一。但调查结果同样显示：高校教师在很大程度上充当着职业刻板印象的传播者。首先，教师在教学态度上存在着一定的性别偏见，尤其是在上实验课的过程中表现得更为明显。

学生普遍反映："在上实验课老师检查时，对一男一女合做实验，老师必定会询问女生。因为老师心里压根就认为实验是男生做的。""比如你和男生同时做实验，老师就会认为你做得不好，其实老师根本没看你的实验。"其次，是教师在教学期望上的偏见。教师普遍认为男生实际动手能力强，因而愿意给予更多的额外指导，女生则成了陪衬品；在科研工作中，女生往往是什么都被安排得好好的，得不到实质性锻炼。

其三，学生接受、内化着职业刻板印象。男女两性在社会化的过程中，职业刻板印象极大地影响了他们的心理，使他们常常根据刻板印象修正自己的行为、举止。以理工科女大学生为例，她们在许多方面都表现出了潜在的职业刻板印象。首先，随着年级的升高和学习的深入，女生在专业学习中表现出力不从心，自信心则相对下降。因此，她们往往将成绩差归结为自己是女生，或认为女生天生不是学理工科的料，而较少考虑到职业刻板印象对她们所产生的影响。其二，随着对社会的逐步了解，传统的社会观念、刻板印象和就业难的现实使她们在未来职业的选择上不得不"转变思想、更新观念、避熟就生"，倾向于选择"比较轻松的、适合女性的"职业。特别是理科学生，由于择业面较广，她们更想从事一些适合于女性的职业，而愿进一步深入学习并从事基础理论研究的则较少，甚至有部分综合素质较高的女生也认为女生不宜从事高深学科的学习和工作，而宁愿丢弃自己孜孜不倦学习四年的专业知识。

2. 职业刻板印象对大学生就业的影响

大学教育是按照专业门类来培养学生适应职业需要的基本素质和能力的过程，在很大程度上，学生所学知识与今后要从事的职业紧密相连。对大学生来说，在踏入大学校门之时，就应把学习生活与今后的专业、职业发展联系起来。但从成长过程和社会环境来看，女孩在家中很受呵护，在校受会得到保护。同时，受传统性别刻板和职业刻板印象的影响，处于弱势地位的女大学生在校更容易被认可一些，她们对"成就"二字的压力也就更小些。这种过度"保护"使她们缺乏自主性的锻炼，迷失发展方向，对自己今后适应社会的发展缺乏必要的规划与自主选择，而失去许多锻炼和竞争的机会，从而扩大了与男生在学业、能力等方面的实际差距。临近毕业时，面对男性在职业上所具备的强大优势，面对性别角色和职业角色的矛盾、困惑，这些女大学生必然陷入就业困难的旋涡。

面对外界的职业刻板印象和社会用人机制所带来的就业压力，强烈的自尊心也使得部分大学生为了争夺自己本来就处于劣势环境中的一席之地，往往采用勤奋的办法来改变在逻辑思维和想象创造力上的不足。但创造性学习能力的缺乏往往使得其学业成绩好，但专业技能、动手能力差，创造性思维能力和创新精神差。但是，当前社会对人才的要求不仅仅是获取知识的能力，还包括运用知识、创新知识的能力、理论知识与实践知识相结合的能力，对大学生来说，这些尤其重要。

大学生作为社会发展的储备力量，他们对于职业的评价和认识直接影响到将来的就业和社会的总体发展。在我国，长期以来在人们的头脑中已经形成了男性更适合从事专业技术方面的工作，而女性更适合从事服务行业工作的职业性别刻板印象。在对待职业的态度和评价上，人们更尊重从事专业技术工作的人员，而相对轻视服务行业的从业人员。在这样的社会环境中，大学生作为一个思想开放的群体，是否还存在着内隐的职业性别刻板印象和对不同行业的偏见态度呢？于泳红（2003）运用内隐联想测验的基本原理，对这一问题进行研究[32]。从研究结果可以看到，现代社会中，过去的传统思想对人们的影响依然存在，即使是接受高等教育的大学生对于不同职业的评价也存在着优劣之分。具体表现为，对从事专业技术工作人员的评价更积极，而对从事服务行业的人员的评价更消极。但值得注意的是：这种职业态度的偏见不是通过外显的直接报告，而是通过对内隐态度的间接测量得到的。外显的报告与间接的结果正好相反，大学生们都表现出了符合社会价值期望的判断，即无论是对专业技术工作人员还是服务行业人员都给出了积极的评价。大学生之所以在职业偏见中表现出内隐与外显态度之间的分离，主要是由于传统观念的影响与社会期望和赞许之间的不一致造成的。过去人们根据经济收入或社会地位来评价一个人所从事工作的好坏，这种观念经过长期的积累已经在人们的头脑中沉淀下来，在无形中影响着人们的判断和行为。内隐职业偏见和职业性别刻板印象反映了社会历史文化中长期存在的一种无意识，它是自动化的加工过程，处于这种文化背景和社会环境中的大学生也就不可避免地要获得这种内隐社会态度。

然而，在当今社会中，传统的观念受到了挑战，社会倡导职业没有高低贵贱之分，无论何种职业只要能为社会和人民服务，就是值得尊重的职业，相反那些对职业存在偏见的看法和言行会遭到社会的批评；当前，女性与男性接受了同样的教育，许多女性在工作中表现的比男性更突出，女性解放与平等的思想已广为盛行。大学生接受了更多的教育，他们对社会中倡导的价值观念和男女平等的思想有着清醒而明确的认识，在意识状态下能够做出正确的判断，以顺应时代的潮流，只有通过间接测量，才能揭示个体的真正想法。于泳红

（2003）的实验恰好证明了可以用内隐联想测验来测量内隐职业偏见和职业性别刻板印象[33]。

3. 职业刻板印象与性别等其他刻板印象

人们所存在的职业刻板印象总是与性别刻板印象以及地域刻板印象联系在一起的。无论是大学生还是其他人对职业的刻板印象都表现在某一职业对男女不同性别的差异上，例如上文提到的男性适合于从事专业技术工作，而女性则适合于从事服务行业的工作的职业性别刻板印象。胡志海等人（2004）的实验研究也证实了职业刻板印象并不是一个纯粹自动化的过程，在存在性别刻板印象的同时还存在着很明显的地域刻板印象[34]。

（三）社会刻板印象

在人际交往中，人们常常会遇到许多不尽如人意的事情，如：自己诚心诚意和别人交往，却被别人当成了区别对待的对象；有时多年的经验一再提醒自己对方是某种类型的人，交往要慎重，不料却误解了对方。这种种现象，不仅不利于营造良好的交际氛围，而且会破坏已经形成的良好的人际关系，对生活和工作都会产生极大的消极影响。

这种种难堪和尴尬局面的形成，除了因不了解交际对象的背景而选择的交往方式不当外，受"社会刻板印象"的影响也是一个重要原因。

1. 社会刻板印象的涵义

社会刻板印象是指"社会上较为普遍地存在着的对于某一类事物的比较固定的看法，是一种对交际对象（认知对象）类型化的判断。"它抛开了对象与对象之间微小的个体差异，笼而统之地进行认知，从而得出了种种十分笼统而模糊的看法，即所谓的"物以类聚，人以群分"。比如：一提起家庭主妇，人们头脑中立即就出现诸如勤劳、善良、宽厚、勤俭的印象；一提起英雄，马上就产生威武的印象。再比如，东北人的豪爽，四川人的聪明，法国人的浪漫等都是对这些对象群类型化的认知，是典型的"社会刻板印象"。

2. 社会刻板印象对人际交往的影响

（1）积极影响

马克思主义认为，任何事物的存在都有其现实合理性，都有可能对我们的生活、工作或学习产生积极影响。社会刻板印象也不例外，在人际交往中它也能给我们提供某种值得借鉴和参考的东西。

首先，初步了解交往（认知）对象。尽管社会刻板印象所提供的看法模湖、笼统、类型化，但是它毕竟是人们实践经验的总结。当我们对某种社会刻板印象所描述的对象作整体考察时，答案往往是一致而确定的，因为这种经验的东西已被无数次证明是正确的，甚至大多数人倾向于认为它是对对象群的客观描述和反映。因此，在面对特定的群体时，既不可盲目标新立异，一点都不考虑有关此类群体的社会刻板印象的合理性，也不可盲目追随其社会刻板印象；而应积极主动去验证此种社会刻板印象合理与否。我们可以依据社会刻板印象对交往对象进行初步认识和了解，经过仔细分析，做出判断，这样可以减少盲目性，缩短认知对象的时间，提高认知效率。

其次，确定交往的方式。依据社会刻板印象所获得的对认知对象的初步认识和了解，就可以在交往的初始阶段快速选择交往的方式方法，做好充分的思想准备，以避免临时闹笑话、出错误。

（2）消极影响

社会刻板印象也具有消极影响，而且与积极影响相比，这是主要的。如果我们不作鉴别地完全依照社会刻板印象去确定处事的方式方法，就会犯以偏概全的错误。这不仅会破坏已经形成的良好人际关系，而且会影响交际的进程和结局，破坏交际双方所精心营造的交际氛围，使交际效果大打折扣。

3. 消除社会刻板印象消极影响的对策

首先，我们要耳听为虚，眼见为实。虽然社会上对某类群体形成的刻板印象已不止一次在大众传媒上传播过，但如果自己从来没有和这类人正面接触过，这种对对象的认知就很可能是不准确的。因此在交往中，一定要秉着"耳听为虚、眼见为实"的原则，利用各种机会和场合与对方接触、交流，用客观的态度和眼光去审视该类群体对象的特殊性，这样我们就能做出正确的评价。然后，针对不同对象的性格、兴趣、爱好等特点选择恰当的交往方式，只有这样，才能获得人际交往的成功，对自己的事业也会大有益处。

其次，不吃别人嚼过的馍。对交往对象伤害最深也最可能导致交往双方关系破裂的是这样一种情形：交往的一方仅凭一次偶然的机会（如与朋友聊天时）获知某些人（以地域为单位）如何如何，然后在脑海中就不可更改地留下对这类人的看法和评价，以后与这些人交往时就据此行事，结果给交往的另一方造成了严重伤害。严格地说，这种偶然所得并不是真正的社会刻板印象，也谈不上是否合理，因为人的性格的外在表现受环境和情绪等多种因素的影响，具有极大的不确定性和偶然性，单凭某人一次接触所获得的认识下结论显然是不可靠的。这种"吃别人嚼过的馍"的行为不但倒了自己的胃口，而且不利于交际的成功。在人际交往中，想要营造良好的交际氛围，为交际的最终成功奠定基础，就一定要善于开动自己的脑筋，这样既可避免给对方造成伤害，也可以为自己树立良好形象。

社会刻板印象对于一般交际主体而言，很容易产生先入为主的效应，进而发展为对特定对象群的偏见。所以，在人际交往中应该审视和分析社会刻板印象对自身的影响，细心寻找认知对象个体间的差异性与特殊性，摒弃不良影响，采取积极对策努力营造良好的交际氛围，这样才能取得特定情势下的最佳交际效果。

三、刻板印象的几个相关研究

（一）内隐社会认知中的刻板印象研究

20 世纪 90 年代以来，认知心理学中出现了大量关于内隐社会认知方面的研究。内隐社会认知是指"在社会认知过程中，虽然个体不能回忆某一过去经验（如用自我报告法或内省法），但这一经验潜在地对个体的行为和判断产生了影响"。受到内隐记忆研究的影响，内隐社会认知的研究也得到了广泛的关注，研究主题涉及刻板印象、自尊、归因以及印象形成等领域。在这方面研究最多的则是内隐刻板印象的相关主题。

内隐刻板印象是指内省不能确知的过去经历（内隐记忆）影响着个体对一定社会范畴的成员的特征评价，许多刻板印象常常在个体的行为中是内隐表现出来的。

Bargh 等人（1996）要求被试从一系列词汇中形成有意义的句子，包括一些与老人的刻板印象有关的元素，比如"健忘的"等等，虽然词汇中没有任何一个与"缓慢"有明确的关系，但它也是对老年人刻板印象的一个部分，结果发现：它会明显地被激活，并影响被试的行为——在完成实验后，那些用老人刻板印象启动的被试比起那些接触其他概念的被试行动更为缓慢[35]。

对内隐性别刻板印象的相关研究在上文中已做出详细阐述，但值得注意的是，关于性别刻板印象的内隐和外显测量结果的比较研究指出了两者的明显不同（徐大真，2004）。一方面，性别刻板印象出现了实验性分离的结果：在外显测验任务中，男女双方均认为自己的性别比另一个群体更优秀；而内隐测验结果显示，男女性个体都认为男性比女性更优秀。另一方面，外显性别刻板印象存在较大的性别差异，而内隐性别刻板印象不存在显著的性别差异。这一比较研究的结论指出了关于性别刻板印象的研究应该更要关注从内隐角度出发而展开的测量。

（二）内隐种族刻板印象的研究

许多研究成功地确立了刻板印象的内隐（自动化）运作原则。在 Gaertner 和 McLaughlin（1983）的实验中，给被试呈现若干对字母串，当两个都是单词时要求被试回答"是"，其他情况则回答"否"。他们发现：白人被试对白人－积极单词的反应比黑人－积极单词的反应快（如黑人－精明、白人－精明）。而这样的差异在消极特质判断中并未出现（如白人－懒惰、黑人－懒惰）[36]。而在另一个相关研究中，Dovidio 等人（1986）利用伴随靶子单词（积极或消极特质）之后呈现一个启动刺激（白人或黑人）这样的程序，要求判断靶子单词与启动单词是否属于同一范畴[37]。结果发现：被试仍然表现出启动单词是白人时对积极单词的反应速度比启动单词是黑人时快，并且反则反之。

四、刻板印象的测量方法

衡量刻板印象常常要从几个要素入手：首先是一致性——在一种文化群体内被接受的广泛程度；第二是方向——它是积极的还是消极的；第三是强度——刻板印象积极或消极的程度；最后是刻板印象的质量和内容。归纳起来，要测量刻板印象的这些要素，可以使用的测量方法可分为直接测验和间接测验。

（一）直接测验

1. 自由反应法（Free Reaction Measures）

自由反应法是评估刻板印象内容最容易的测验，它直接询问人们给定群体的特征，即简单地要求人们回答他们对于不同社会群体，如同性恋、妇女和老人的感觉，并且用他们的回答作为其态度的指数。这个方法的优点是自由反应很容易获得，而且体现了一定程度的理论性。如果刻板印象由一些与群体相关的特征所组成，我们就利用了一种十分节约时间的研究"联想的测验"，强烈的联想会很快地不需要经过多少的思考就可以给出。所以，当一个人被问及黑社会成员时容易得出暴力的印象，问及女人时很容易得出柔弱的印象，我们就可以认为这些特征与这些群体有紧密的联系。自由反应法已经被广泛地应用于刻板印象研究上。

2. Katz 和 Braly 法

有的研究认为自由反应法可能得不到刻板印象的重要内容，例如，研究发现与其他传统测验相比较，自由反应法揭示了相对较少的刻板印象内容。Katz

和 Braly 方法（1933）就是一种通过提供一份供检查和评定等级之用的特征清单来克服这些不足的[38]。这一技术节约了为自由反应法编码的时间，同时也使得定量分析变得更容易，因此这种测验被广泛应用。

Katz – Braly 测验作为先驱研究，用最明显最基本的测验测量刻板印象。他们向被试提供一个列有 84 个特征的清单，并让被试"选择那些在你看来是典型的（德国人）的特征，尽可能多的写下你认为准确描述这些人们的特征所必需的词语。如果你在第一页。中找不到描述典型的（德国人）的特征所需的准确的词汇，你可以加上你认为需要的词语"。

用这种测验进行了共 10 个群体测量：德国人、意大利人、黑人、爱尔兰人、英国人、犹太人、美国人、中国人、日本人、土耳其人，在为这十个群体进行过特征选择之后，要求被试选择 5 个自己认为上述十个群体最典型的特征。数据用被试对每一个群体给出特征的百分比来表示。对一些群体而言，有些特征十分一致，例如，78% 的人认为德国人具有科学头脑，79% 的人认为犹太人精明。对比而言，对中国人就很少有共同的意见，最高比例的特征是迷信，但是也只有 35% 的人选择了这个特征。

但是这一方法的一些不足限制了它的运用：第一，它使得刻板印象的内容较多地局限于研究者（通过词表清单）提供的特征术语；第二，它无法明确所提出的清单中的特征之意义；第三，通过这个方法被试只能报告群体流行的刻板印象而不能辨别。

3. Bighham 法

Bighham 法是一种个体差异法，它是建立在个体认可基础上的刻板印象测量。假定约有 10 个特征依靠大家的共识被认定为刻板印象，每个人的刻板印象得分则代表了她或他对于这些特征的平均值，因为这个测验是依据共识来定义刻板印象的，那些对刻板印象认同多一点的人可以被认为是拥有较强的刻板印象。这种测验的促进作用在于对那些有刻板印象的个人之间差异的识别。

由于普遍性是用百分比估计的，所以被试将会被询问某个群体中的人拥有某种特性的百分比。我们可以证明：与那些认为只有 40% 的中国人勤奋的被试相比，那些认为 80% 的中国人勤奋的被试在中国人的概念和勤奋这个特征之间的联想更为强烈。

Bighham 证明个人的刻板印象是由那些她或他认为给定群体中高比率（Bighham 建议 80%）的特征组成，并且建立在几乎没有其它群体拥有这样的一致性以及这种判断错误的假设的基础上。当一个人把某些特征更多地归结于某个群体而非其他，尽管这两个群体公认地相似时，这就是刻板印象可以被识别的另一种可能性，例如，没有证据表明女性是否比男性聪明，一个人如果认为女性更聪明，依照这种定义，就算是一个刻板印象。

（二）间接测验

1. 判断潜伏期测量（judgment latency measures）

这种社会认知的间接测量方法基于 Donders（1868）、Sternberg（1969）和 Posner（1978）的贡献。由于判断潜伏期趋向于表现出实质性的个体间的变异，因而可以很信赖地就大批相同的刺激得到被试的平均潜伏期。结果，以潜伏期为基础的间接测量主要应用于比较组间平均测量值的假设检验方面。近来，使用这种方法来评估刻板印象的自动化运作中的个体差异的研究可以在 Bargh（1992）等人的研究中找到。

2. 投射测量（projective measures）

另一种间接测量方法则是基于 McClelland 等人（1981）要求被试在对模糊照片或图画的反应中生发故事或对抽象的刺激生发描述的研究方法。他们利用对内隐动机的投射测量与对外显动机测量之间的比较得出结论，认为投射和直接测量所评估的对象是不同的。Spangler（1992）在使用元发现方法对成就动机的研究中也得出了同样的结论，认为对成就动机的投射测量要比与之平行的问卷调查测量具有更高的预期效度[39]。

3. 其他的间接测量

在社会心理学研究中，存在一系列不同的间接测量方法。比如，Word 等人（1974）所使用的间接测量表明：当与黑人交流时，白人被试保持着较大的距离、较少的目光接触和较短的交流时间。Milgram 等人发现邮件的丢失会表现出公众对收件人的好恶态度。Porter 等人可以将座位的入座情况作为性别刻板印象的一种间接测量，即男性喜欢头排就坐，以此表明比女性更具领袖感。Johnson 等人则通过模拟法庭审判的场景来间接测量种族刻板印象。Campbell 等人通过观察在一个大教室里人们抱团就坐的情况来间接测量种族态度。

总之，现存的内隐社会认知的间接测量主要有：潜伏期分解研究、投射测验和表明内隐社会认知中个体差异是可能存在的其他各种综合的间接测量。同时，这样的测量目前还没有形成一个可以普遍运用的测量系统。为此，我们应当大力发展对人的内隐认知层面的研究。

五、刻板印象的发展趋势

社会认知理论提供了一个全新的概念框架来思考刻板印象，并且产生了新的问题研究集合。在这个框架中，刻板印象是可以影响群体与群体成员信息加工方式的一种认知结构。基于这个观点，社会认知理论关注刻板印象这种认知结构的本质以及该结构如何影响群体与群体成员信息加工方式的机制。

受认知心理学的影响，近来的研究已开始拓展刻板印象这个概念，并且出现一些与以往不同但更加复杂的关于这些结构之本质的观点。可以从两个代表性理论模型对这些表征予以概括。第一种理论主张刻板印象是一种等级分类系统中的原型（prototype）。从这个角度来看，知觉者不仅对大的社会种族群体（如黑人）产生心理表征，而且在某个未明确的属性所定性的概括性分类当中还会产生子群体之心理表征，如贫民区黑人等。刻板印象可以发生在等级结构的任一水平，因而，在遇到某一群体成员时，此个体的特征就会与原型或各种子类别的刻板印象特征相"匹配"，这些特征还可以包括物理特征、人口统计学特征以及其他一系列性格特征等。

样例（exemplar）理论则强调从记忆中所恢复的具体样例在决定知觉者对群体的评判时的重要性。此该理论不主张抽象的、以推理为基础的表征的作用，而是认为在判断形成过程中，知识直接以样例形式贮存，概括化判断仅仅基于所恢复的样例。

总之，社会认知已经改变了我们思考刻板印象的方式，改变了研究所关注的问题，并已使得对刻板印象的研究成为实验社会心理学的主流。勿庸置疑，这一理论将会不断完善并且不断开拓新兴的研究领域。同时，刻板印象研究将不会沿袭过去单一的认知路线，会继续提出新的研究思路，而无论该领域未来会沿循什么样的方向，有关信息如何加工及其潜在的机制是什么等将仍然是研究的核心问题。同时，未来的研究还将会在强调内隐或自动化的心理过程中而获益匪浅。

参考文献

［1］杨治良：《记忆心理学》，华东师范大学出版社，1999 年版。

［2］［5］Herr P. M. "Consequences of Priming: Judgment and Behavior," 51 Journal of Personality and Social Psychology, 1106 ~ 1115, 1986.

［3］Higgins E . T, Rholes N. S, Jones C R. Category accessibility and impressions formation, 13 J ournal of Experimental Social Psycology, 141 ~ 154, 1977.

［4］Scrull T. K, R. S. Wyer. Category Accessibility and Social Perception: Some Implications for the Study of Person Memory and Interpersonal Judgments, 38 Journal of Personality and Social Psychology, 841 ~ 856, 1980.

[6] Stapel D. A, Winkielman P. Assimilation and contrast as a function of context – target similarity, distinctness, and dimensional relevance, 24 Personality and Social Psychology Bulletin, 634 ~ 646, 1998.

[7] 钟毅平, 杨治良:《内隐社会认知: 印象形成的启动效应研究》, 载《心理学报》1998 年第 30 期 (第 1 卷), 第 21 ~ 26 页。

[8] Scrull T. K, R. S Wyer. Category Accessibility and Social Perception: Some Implications for the Study of Person Memory and Interpersonal Judgments, 38 Journal of Personality and Social Psychology, 841 ~ 856, 1980.

[9] Schwarz N, Bless H, Scandals and the public's trust in politicians: Assimilation and contrast effects, Personality and Social Psychology Bulletin 574 ~ 579 (1992 – 18).

[10] Manis M, Paskewitz j. Specificity in contrast effects: Judgments of Psycology, 20 Journal of Experimental Social Psychlgy, 217 ~ 230, 1984.

[11] Manis M, Biernat M, Nelson T. F. Comparing and expectancy processes in human judgmen. , 61 Journal of Personality and Social Psycology, 203 ~ 211, 1991.

[12] Asch, Solomon Elliott. Forming Impressions of Personality The Journal of abnormal, 41 (3) psychology and social psychology, 258 ~ 290, 1946.

[13] Anderson N. H. Application of linear – searial model to a personality impression task using serial presentation, Journal of Personality and Social Psychology, 354 ~ 362, 1968 – 10.

[14] Brewer M. B. A dual process model of impression formation, Srull T K, Wyer R S, Advances in social cognition Hillsdale, 1 ~ 36, 1988.

[15] Fiske S. T, Neuberg S. L. A continuum of impression formation, from category – based to individuating processes: influences of information and motivation on attention and interpretation, 23 Advances in experimental social psychology, 1 ~ 74, 1990.

[16] Adam J, Berinsky. Silent Voices: Public Opinion and Political Participation in America, Princeton, NJ: Princeton University Press, 200, 2003.

[17] Mark C Bolino, William H Turnley. Counternormative impression management, Likeability, and performance ratings, . 24 (2) Journal of Organizational Behavior, 37 ~ 250, 2003.

[18] Schlenker B. R. Self – presentation: managing the impression of consistency when reality interferes with self – enhancement, . 32 (6) Journal of Personality and Social Psychology, 030 ~ 1037, 1975.

[19] 李琼, 郭德俊:《中国人的印象整饰特征及其影响因素初探》, 载《心理科学》1999 年第 22 期, 第 488 ~ 491 页。

[20] [23] Snyder M, Self – Monitoring of Expressive Behavior 1974 (4).

［21］ Kolditz T，A，Arkin R. M. An Impression Management Interpretation of the Self – Handicapping Strategy，43（3）Journal of Personality and Social Psychology，492～502，1982.

［22］ Cropanzanar，Greenberg J，Progress in origanizational Justice：Tunneling through the Maze，12 International review of industrial and organizational psychology，317～372，1997.

［24］ Roth D. L，Snyder C. R，Pace L. M. Dimensions of favorable self – presentation，51 Journal of Personality and Social Psychology，867～874，1986.

［25］宋广文，陈启山：《印象整饰对强迫服从后态度改变的影响》，载《心理科学》2003 年第 35 期（第 3 卷），第 397～403 页。

［26］ Greenwald A. G，Banaji M. R. Implicit Social Cognition. Attitudes，Self – Esteem and Stereotypes，102（1）Psychological Review，4～27，1995.

［27］ Banaji MR，Greenwold AG. Implicit Gender Stereo typing in Jadgaments of Fame，68（2）Journal of Personality and Social Psychology，181～198，1995.

［28］葛明贵：《性别加工的记忆效应与内隐性别刻板印象》，载《心理科学》1998 年第 21 期，第 238～241 页。

［29］徐大真：《性别刻板印象之性别效应研究》，载《心理科学》2003 年第 26 期（第 4 卷），第 741～742 页。

［30］杜丹，苏彦捷：《性别刻板印象及刻板信息对 3～9 岁儿童玩具选择的影响》，载《心理学探新》2005 年第 25 期，第 56～61 页。

［31］［34］胡志海，梁宁建，徐维东：《职业刻板印象及其影响因素研究》，载《心理科学》2004 年第 27（3）期，第 628～631 页。

［32］［33］于泳红：《大学生内隐职业偏见和内隐职业性别刻板印象研究》，载《心理科学》2003 年版。第 26（4）期，第 672～675 页。

［35］ Chartrand T L，Bargh J A. Automatic activation of impression formation and memorization goals：Nonconscious goal priming reproduces effects of explicit task instructions，71（3）Journal of Personality and Social Psychology，464～478，1996.

［36］ Gaertner S L，McLaughlin. Racial stereotypes：Associations and ascription of positive and negative characteristics，46（1）Social Psychology Quarterly，23～40，1983.

［37］ Hamilton D L，Trolier T K. Stereotypes and stereotyping：An overview of the cognitive approach，In：Dovidio J F，Gaertner，S Led. Prejudice，discrimination and racism. Orlando，FL：Academic Press，127～163，1986.

［38］ Katz D，Braly K. Racial stereotypes of one hundred college students，28 Journal of Abnormal and Social Psychology，280～290，1933.

［39］ Spangler W D. Validity of questionnaire and TAT measures of need for achievement：Two meta – analyses. 112（2）Psychological Bulletin，140～154，1992.

第七章

态度与社会认知

　　态度一直是社会心理学研究的重要领域，也是社会认知研究的重要主题之一。托马斯曾经指出，"社会心理学就是研究态度的科学"。态度是行为的决定因素，也是预测和控制行为的最佳途径。Markus & Zajonc（1985）也指出："严格说来，几乎所有的认知和知觉都是评价性的……，当看待某一社会对象或社会行为时，我们很难不同时在好与坏、积极与消极维度上对其进行判断。"本章分别从态度的一般概述、态度的形成和态度改变、外显态度和内隐态度的关系以及态度的测量四方面来加以论述[1]。

第一节　态度概述

　　当人们询问他人的态度时，他们会谈及与某人或某事有关的信念和感觉，以及由此引发的行为倾向。综合起来，态度（attitude）可以界定为个体对事情的反应方式，这种积极或消极的反应是可以进行评价的，它通常体现在个体的信念、感觉或者行为倾向中（Olson & Zanna，1993）[2]。态度提供了一个有效的方法来评价世界。当我们必须对一些事情做出快速反应时，我们对其的感知方式可以指导我们的反应方式。比如，如果某个人认为某个种族是懒惰的、好斗的，那么他可能会不喜欢这个种族的人，并且因而产生歧视。

　　通常认为，态度（Attitude）是指个体对特定社会客体以一定方式做出反应时所持有的稳定的、评价性的内部心理倾向。传统态度的界定，主要包括态度的一元论和三元论，如美国社会心理学家 L. L. 瑟斯顿和 C. E. 奥斯古德将态度视为评价或情感性反应；认知论者将态度看作是由认知的、情感的、行为的三种成分构成的一个整体，是对态度对象的理解、情感和行为的相互关联的、比较持续的、某一个人内部的系统。下面针对理论界所存在的态度概念的两种观点进行简要说明。

一、态度的内涵

（一）态度的一元论

态度的一元论认为，态度是由评价性的或情绪性的元素组成，Thurstone（1931）对态度持一元论的观点，他认为态度是对心理现象的赞同或反对情绪[3]。这一观点也得到 Ajzen（1975）等人的支持，他提出个体的情绪性（评价性）反应建基于个体的认知。其他一些学者也认为，评价是个体态度性反应的主要元素。Ajzen 在随后的研究中进一步指出，态度表征着的某一心理对象在诸如好与坏、有害的与有利的、积极的与消极的、令人愉快的与令人不愉快的等属性维度上的总体性评价[4]。尽管态度一元论的观点得到一些学者的支持，但绝大多数学者都更加倾向于态度二元论的观点。

（二）态度三元论

态度的三元论也称为态度的 ABC 理论（Affective – Behavioral – Cognitive Model of Attitude），认为态度包含着情感性、行为倾向性和认知性元素（Eagly & Chaiken，1993；Nesdale & Durkin，1998）[5,6]。这一观点得到大多数学者的支持，如 Krench（1962）等人将态度定义为：个体对相关社会对象的积极或消极评价、情绪感受和趋避行为倾向的持久系统[7]；时蓉华把态度看作是由认知、情感、意向三个因素构成的、比较持久的个人的内在结构，是外界刺激与个体反应之间的中介因素，个体对外界刺激发出的反应受到自己态度的调节。Fazio（1995）把态度看作是"对象和与对象有关的评价在记忆中的联结"，他试图整合态度一元论和三元论，指出态度是个体对态度对象在评价维度上的分类，个体的评价则可以在认知、情感和行为信息三个方面信息的基础上而习得[8]。

根据以上不同学者的观点可以看出，态度包括认知、情感、意向三个成分的观点是大多学者可以接受的看法。其中，认知成分是主体对态度对象的认识和评价，是人对于态度对象抱有的思想、信念及其知识的总和，态度的认知因素带有好坏评价与意义之分，如对某个事件的赞成与反对等。情感性成分是主体对态度对象的情绪的或情感性体验，它体现了个体对态度对象的一种内心体验：喜欢或厌恶、尊敬或轻视、爱与恨、同情或冷漠等。行为倾向成分是主体对态度对象向外显示的准备状态和持续状态，即个体准备对态度对象做出某种反应。这三种成分各有自己的特点，认知成分是态度的基础，其他两种成分是在对态度对象的了解、判断基础上发展起来的；情感性成分对态度起着调节和支持作用；行为倾向成分则制约着行为的方向性。

二、态度的特征和功能

(一)态度的特征

态度作为一种个体的心理现象,具有其独特的特征。

1. 态度对象的明确性

帕克指出,态度在客观世界中必须有明确的取向,这种明确的取向性使态度有别于个体对环境刺激做出的简单条件反射,同时又能使态度区别于抽象的价值观。我们关于事物的态度往往伴随着对事物的价值观,如经济、审美、理论、权力、社会和宗教价值,这些价值并不一定涉及某个特定的或具体的对象,但这种价值观念却构成了个体持有某种态度的内在基础(周晓虹,1992;时蓉华,1994)[9,10]。

2. 态度的内隐性

态度本身具有内在性特征,有时并不会简单的表露出来,必须从个人的行为或与行为有关的语言行为表现中间接推断出来,测定态度需要一定的中间变量。需要指出的是,态度并不是完全机械、无意识的一种模式,它也可以表现出某种程度的紧张状态。

3. 态度的方向性

态度总是具有赞成或反对等方向特点,并具有程度的差异,有时反映出态度的极端性,有时则反映出态度的中性特点。在态度的方向上,那种既不表示反对,又不表示赞成的心理倾向,即为中性态度。态度,不管是通过直觉还是通过分步思维过程而产生,它总是关于事物对自己有多大利害关系的一种价值判断或情绪评定的结果。

4. 态度的统一性

构成态度的认识、情感和行为倾向三种成分彼此协调,是一个统一的整体,三种成分相辅相成,不可分割。

5. 态度的复杂性

在一定条件下,个体并不是经常表现出与内心态度相一致的外部行为。当态度的三种成分发生不一致时,情感因素起主要作用,即使个体在认知上会很快转变过来,但情感的转变则会很缓慢。因此,在态度的三成分中,情感成分是最持久和内在的,也从而构成了态度的核心部分。

6. 态度的稳定性

态度是个体在后天环境中形成的,它一旦形成,便具有相对稳定性,并作为个体人格的组成部分，难以改变，并在一定时期内保持着相对稳定的倾向。这是由于态度的形成具有其深层原因，但这并不代表态度不会改变，态度也会随着外界条件的变化而发生改变，只是要改变一种态度需要进行系统的改造，这并不是一件轻而易举的事情。

7. 态度的多维性

态度具有指向性、强度、深度、中心性、外显5个维度，也正是由于态度的多维性这一特点，给态度的测量工作带来了难度和挑战。

（二）态度的功能

社会心理学家指出，人们之所以持有某种态度是因为态度具有能够满足人们需要的某种功能。因而，态度的功能是其形成或改变的深层心理动力源。德国心理学家D.卡茨从需要满足的角度出发，提出了态度功能理论，认为态度具有以下4种功能：

1. 工具性、调适性或功利性的功能

人们之所以对某一态度持有积极肯定的态度，是因为这一对象对满足个体的需要是有用的、有效的，而对某一态度对象持有消极否定的态度则是因为其阻碍和不利于个人需要的满足。个体具有从外部环境获得奖励，避免惩罚的需要，而态度使人具有满足这种需要的功能，即个体的态度不仅反映和体现了个体的内在需要，而且能够帮助和促进个体需要的满足。

2. 自我防御的功能

一个人形成和改变态度，往往是为了保护自己，或者说保护自己的自我形象和维护自己的内部协调，态度既可以拒绝引起焦虑的外部事件，又可以调节内部冲动。因此，态度具有自我防御的功能。

3. 价值表达的功能

卡茨认为，人们可以通过态度明确地显示自我价值，具有积极的表现功能。我们每一个人在实际的社会化过程中，都会对生命和生活的意义有自己的理解，而这种对生命和生活意义的理解，也就构成了我们态度中的价值内涵。

4. 认识和评价的功能

形成和改变态度是个体认识周围环境的一个重要途径，每一个人都想理解其自身周围的各种知识、经验、信息，并对它们加以记录、整理和分类，使其与各种事物相联系，获得对事物的认识和理解，并将这种认识、理解和评价纳入到自己的态度之中，态度可以作为理解环境的一种手段，作为判断的标准或理解的参考系。

总之，态度的功能除了强调态度所具有的需要满足功能之外，还承认态度改变中存在着个别差异，每个人都有不同于他人的内在需要。因此，通过改变需要来改变态度的方式也就因人而异了，其不足之处是在实际应用中人们很难对态度满足的需求进行客观、准确的测量。因此，这一理论在应用方面也有着一定的局限性。

第二节　态度形成与态度改变

态度测量自 20 世纪 20 年代得到关注，伴随着 Carl Hovland 及他的团队的开创性研究，50 年代，态度领域的研究逐渐转向态度形成和变化。本节简要概括了态度形成和改变的定义、影响因素、阶段说，并详细阐述了几个主要的态度形成和态度改变的理论。

一、什么是态度的形成和改变

个体社会态度的获得过程就是态度的形成。态度的形成是指人对某些事物从不曾有态度到出现某种态度。而态度的改变，广义指由于内部因素或外部因素使某一定时期内持续的、稳定的态度发生变化；狭义指的是由于社会的影响，特别是由于说服性沟通使以前的态度向相反的方向发生变化。态度变化的方向按照施加影响的社会或他人所期待的方向发生变化的，称肯定性态度变化；按所作用的他人的期待及想法作相反方向变化的，称否定性态度变化。简言之，态度改变是指在一定的社会影响下，一个已经形成的态度，在接受某一信息或意见的影响后，所引起的相应的变化，其本质是个人的继续社会化。

态度的形成与态度的改变之间具有一定的辩证关系，态度形成意味着态度有改变的可能性，而态度的改变也意味着新态度的形成。

二、影响态度形成和改变的因素

影响态度形成与改变的因素有很多，在此，主要介绍几个重要的影响因素

（一）原有态度体系的特征

态度的形成与改变与个体原有的态度体系的特征紧密联系，具体表现在以下几个方面：

1. 个体的早期经验、经社会化后反复被强化的态度具有持久而稳定的特征，例如，儿童从小可能就会接受"偷东西是错误的行为"这种观念，如果没有强有说服力的原因，是很难轻易使其改变并形成新的态度的。

2. 个体原来所持有的态度越绝对、越极端，也就是说，原有态度与新态度之间的差异越大，如"杀人是违法的，不可以这么做，否则会受到法律的制裁"，那么态度就越难以发生改变。

3. 个体原有态度所依赖的事实根据越多、越复杂，那么它越不容易改变，比如，即使新的信息源与原有态度信息源相反，如果原有的信息源更具有说服力，个体还是不会轻易发生态度变化的。

4. 个体原有态度中的认知、情感和意向三种成分的协调一致性越高，则态度越不容易发生改变。

5. 个体的需要是否得到满足会影响其态度的形成与改变。若个体原有态度越能满足个体的需要，强度越大、价值越大，则态度越不容易发生变化。

（二）知识与信息因素

对某一对象的信息获得的质量以及信息源的性质是影响其态度形成与改变的重要因素之一。例如，个体掌握的知识越丰富、范围越广、越有深度，以及该知识和信息资源越准确、可靠性越高，那么其他一些信息或资源就很难以使个体发生态度的改变。例如，当前高校大学生自杀率增高，心理健康问题严重影响大学生的学习和日常生活，高校管理者对此信息掌握的越多，理解的越深刻，那么他们就会由轻视高校建立心理咨询中心转向高度重视，从而发生态度的改变。

（三）人际关系因素

任何个体都不可能单独的存活在社会中，而是有着各种复杂的人际关系，无论是学习还是工作，都会从属于某个群体，在这个群体里的人际关系也影响到其态度的形成和改变。社会心理学中有一个重要的概念，即"从众行为"，在群体里，个体更容易受群体行为的影响，人际关系亦如此。当个体与所属群体的关系不协调时，个体很难形成与其他人一致的态度；当关系协调一致时，个体就很容易形成新态度，改变以往的与群体不一致的态度，这种现象可能是由于群体价值内化成自我价值体系的原因造成的，群体规范在某种程度上会制约和控制着其他成员的态度和行为。

（四）社会文化因素

个体所处的家庭、学校和社会背景，如不同的社会风气和习俗、不同的社会文化背景等都会影响其态度的形成与改变。例如，法西斯的文化和其教育理念容易使在这个文化背景下的一些群体形成一种惨无人道的社会态度；而在中国等一些国家，倡导自由、民主等思想则会使人形成一种公正和友善的社会态度；同样，不同的教育方式也会形成不同的态度观，例如，封闭式教育会导致个体形成遵守纪律、循规蹈矩、毫无创新观念的社会态度；而开放式的教育和文化理念，则会促使个体形成富于开拓、勇于探索和创新的社会态度。

当然，除了上面一些因素以外，态度的形成与改变还会受其他许多因素的影响，也正是由于个体处于多种因素的影响下，其态度才会发生不断的变化，我们也可以利用这一特点，因势诱导，纠正一些不良态度，使一些持有不良信念的个体转变其态度，以符合社会规范。

三、态度形成和改变的三阶段说

1961 年，凯尔曼（H. C. Kelman）根据自己的研究提出态度形成或改变的三阶段理论。在他看来，态度的改变不是一蹴而就的，而要经过模仿或服从、同化与内化三个阶段[11]。

（一）模仿或服从阶段

在凯尔曼看来，态度的形成和改变开始于两个方面：一是出于主体的自愿，不知不觉地开始模仿。每一个人都有模仿和认同他人的倾向，尤其是倾向于认同他所敬爱和崇拜的对象，而在模仿的过程中，也就会认同不同的对象而习得不同的态度，这是人们形成和改变自己态度过程最常见的一个途径；二是产生于受到群体规范的压力从而产生的服从行为。服从是指人们为了获得某种物质或精神上的满足，或为了避免惩罚而表现出来的一种行为，在服从过程中，也就产生相应的态度。

（二）同化阶段

同化阶段是指态度不再是表面的改变，也不是被迫，而是自愿地接受他人的观点、信念、行为或新的信息，使自己的态度与所要形成的态度相接近。在这一阶段，个体由于在同化过程中满意地确定了自己与所要认同团体的关系，因而采取一种与他人相同的态度和行为，但这时新的态度还没有同自己原有的全部态度体系相融合。

（三）内化阶段

内化阶段是指个体的内心发生了质的变化，新的观点、新的情感和新的意愿已经纳入了自己的价值体系之内，成为自己态度体系中的一部分，比较稳固，也不太容易改变。到了这一阶段，态度才真正地形成。

凯尔曼把态度的形成或改变的过程分成了三个逐渐递进的阶段，揭示了态度形成或改变的复杂性，同时也揭示了态度的形成或改变过程，实际上也是个体的社会化过程。个体社会态度的形成，一方面要受到社会生活环境中各种因素的影响和制约，另一方面也是通过观察、模仿、强化等方式而不断学习的结果。

四、社会态度形成和变化的几种主要理论

社会态度的形成和变化理论是不同学者从不同的研究视角来解释态度形成和变化的过程和原因，本书主要选择几种比较经典的理论加以介绍。

（一）平衡理论

海德于 1958 年提出了平衡理论。其基本思想是：人们寻求认知结构的平衡，认知结构这个系统一旦失去平衡，就会发生态度改变。按照海德的观点，平衡状态就是每种事物在没有压力情况下"和谐"的一种状态，并据此提出态度改变的 P—O—X 模型。

海德假设 P 是认知者，O 是 P 认识的另一个人，P 与 O 双方建立起一定的感情（好感和恶感），X 是第三者的人或事物。海德认为，P—O—X 三者的关系若协调，则 P—O—X 体系呈平衡状态，P 的态度无须改变。如果三者关系不协调，则 P 的心理不舒服，这说明 P—O—X 体系发生了不平衡，必须对这种认知体系加以改变，使三者之间的关系重新实现平衡。P、O、X 三者的关系呈八种模型，如下图所示：

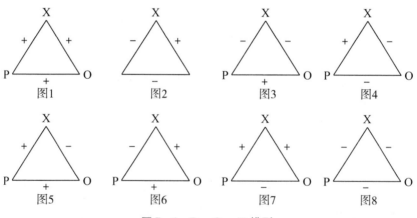

图 7-1　P—O—X 模型

图中"＋"表示肯定关系，"－"表示否定关系，图 1 表示 P、O 双方都肯定 X，P 与 O 又都很友好，故 P、O、X 三者呈协调、平衡状态，作为主体的 P 在心理上很和谐并愿意维持这种关系；图 7 表示 P 与 O 都肯定 X，但是 P

与 O 之间的关系很紧张，故 P、O、X 三者关系不协调，作为三者主体的 P 心理上很矛盾，要设法改变不协调为协调关系。在上述图解中，平衡结构必须是三角形三边符号相乘为正，不平衡关系的结构必须三角形三边符号相乘为负。

（二）认知失调理论

认知失调理论是著名社会心理学家费斯廷格（L. Festinger）于 1957 年首先提出来的[12]。所谓认知失调是指个体所持有的认知彼此矛盾冲突，处于相互对立的状态。这里所说的认知包括思想、态度、信念以及人们认知上所感到的行为。在 Festinger 看来，这些认知之间存在着相关和不相关的关系，才会产生协调或失调的状态。另外，认知的失调有程度上的大小之分，这取决于失调的认知数量与协调的认知数量的相对比例以及每一种认知对个体具有的重要性。具体关系如下述公式所示：

$$失调程度 = \frac{失调的认知数量 \times 认知的重要性}{协调的认知数量 \times 认知的重要性}$$

根据该理论的基本假设，当在认知上产生失调状态时就会引起个体心理上的不愉快和不舒适的感觉体验，造成心理上的紧张感，从而驱使个体为减轻或消除失调状态，使认知互相协调一致。个体消除失调状态的方法通常采用以下几种：1. 改变认知，使之与自己持有的其他认知保持一致；2. 改变行为，使对行为的认知与其他认知保持一致；3. 增加新的认知，改变失调的状况，使原有认知之间的矛盾得到合理地解决。

认知失调理论研究最著名的是"被迫依从"实验。1959 年，Festinger 等人让被试者从事一系列枯燥无味的工作，接着诱使他们告诉别人工作有趣，付给被试的报酬或者为 1 美元，或者为 20 美元，最后询问被试者是否喜欢这一工作。结果拿 1 美元报酬的被试比拿 20 美元的被试者更积极地评价了这项工作。对此，Festinger 的解释是，仅拿 1 美元报酬的被试者失调的程度要高于拿 20 美元报酬的被试者，所以，他们改变态度的可能性会更大[13]。

费斯廷格的认知失调理论能说明人们的行为及其态度的变化，比海德的理论模型所运用的范围更为广泛。二人的理论比较一致的地方是：当认知因素发生了冲突与矛盾之后，个体就处于一种想要解决其矛盾的不舒服状态之中；当认知因素协调时，人们就要维持这种状态，以避免其他不协调因素的介入，说明这两种理论对于态度的转变是具有积极的动机作用的。

（三）信息传递理论和说服模型

美国社会心理学家 C. 霍夫兰德等人认为，态度是后天习得的产物，是由学习而来的反应，强化、模仿是态度形成的机制。同时，态度改变也应强调在信息传递过程中研究个体对信息的注意、理解与接受等因素。

1. 信息传递理论

C. Hovland 的信息传递理论基本思想为：在信息传递过程中，影响态度变化的主要因素有发信者提供的信息的可信度、信息的内容结构、受信者特点、受信者参与传递活动等。Hovland 等人认为，信度高比信度低更能引起态度的变化，并做了这样一个实验：用生物医学杂志和大众月刊杂志向被试宣传抗阻胺剂的效用，然后测定被试在宣传之后的态度变化。在实验前，先对两种杂志提供的消息信度进行测定。有 87 ％到 95% 的被试对前一种杂志提供的消息评价为是可信的，有 1% 到 21% 的被试对后一种杂志提供的消息评价为可信的。在被试接受宣传之后发现，前一种场合有 23% 的被试态度发生了变化，后一种场合只有 6.6% 的被试态度发生变化。Hovland 等人还进行了信息传递结构对态度改变的实验研究。被试信息传递的结构有两种：一种是只有一种意见的单一传递，另一种是包括反面意见在内的全面传递。他们将这两种内容结构不同的信息传递录在磁带上，让被试听录音，然后测定被试的态度变化。实验结果发现了这样几种情况：被试的立场与信息传递的内容一致时，更多的是接受单一传递；在文化教育低的被试中，单一传递更有效。在文化教育高的被试中，全面传递更有效，全面传递的说服效果，即使受到反宣传的影响，也还在起作用。就是说，全面传递的说服效果是有抵制反宣传的效果。另外，Hovland 及其同事对劝导在态度形成和改变中的作用进行了具体的研究，典型的有著名的"睡眠者效应"。所谓"睡眠者效应"指的是，1951 年凯尔曼和 Hovland 通过实验证实，虽然被试开始对不值得信任的来源所提供的信息有怀疑，但随着时间的推移，他们会将信息的内容和信息的来源相分离，结果在不知不觉中全盘接受了原先加以拒绝的信息，它说明了沟通来源可信性的作用由于接受者的遗忘会发生变化。

2. Hovland 的态度改变说服模型

Hovland（1959）在其信息传递理论的基础之上，进一步提出了以信息交流过程为基础的态度改变——说服模型[14]。

上述模型使我们了解到影响态度改变的各种因素，而说服的效果也是由这些因素的交互作用所决定的。Hovland 指出，在该模型中，任何一个说服的过程都是从某一"可见的说服刺激"开始的。也就是说，必须有一位信息的传播者——也即说服者，他对某一问题有一定的看法，并力图说服他人也持有同

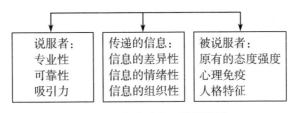

图7-2　态度改变-说服模型

样看法。要做到这一点，说服者必须设计好一套"传递的信息"。同时，这一说服过程并不单纯是传递者和接受者之间进行的，这里有一定的客观情景在影响着说服的效果。此外，说服效果还受到被说服者——目标对象本身特点的影响。因此，在改变他人的态度过程中，首先要清楚地认识到态度改变的复杂性，要学会从不同的角度，有效地利用各种相关因素来进行态度改变的工作，既要把着眼点放在信息的组织和增加态度改变的策略上，还要把注意力放在了解被说服者原有的见解，以及其人格特点等产生的抵抗力方面，以及我们如何利用自身的特性来提高说服的力量和效果。

从以上分析可看出，Hovland 的信息传递理论把复杂的态度变化放到程序化的信息模式中去考察、去理解，从而使复杂的态度改变问题简单化、明了化，打开了态度改变研究的新思路，而他的态度改变说服模型更是在信息交流的基础之上考虑到情绪、情景、人格特点等因素对态度改变的影响。因此，该模型的有效性得到了社会心理学界的公认。

（四）社会判断理论

Sherif 和 Hovland 在 1961 年首先提出社会判断理论（social judgement）[15]。该理论认为，个体所持态度可以用一段区域来表示，这段区域由接受的区域、态度不明朗的区域和拒绝的区域等组成。当个体遇到某一劝说信息或新的观点和看法时，首先对此进行判断，弄清这些信息、观点在个体自身的态度区域中位于哪一位置，然后才可能根据上述原则做出是否改变态度的决定。如果个体通过判断发现，新的观点、主张是位于自己态度的接受区域之中的话，就会因此而接受这种新的观点、主张，并相应改变原有的态度；当新的观点和主张是位于个体态度的不明朗区域时，同样也会引起个体原有态度的改变。谢里夫还进一步地研究了态度区域的大小与态度改变之间的关系和新的观点、主张与原有态度、观点或相异的态度与态度改变之间的关系。结果发现，拥有较狭窄的接受区域的个体，其态度的改变较为困难，而接受区域较为宽广的个体，其态度的改变也较为容易。同时，当一种新的观点、主张极为相近或相似时，就会出现新的观点、主张被原有的观点主张同化，因此就不一定会引起态度的变化。而当新的观点、主张与原有的观点主张相差极大时，就会遭到个体的拒绝，因而同样不能引起态度的改变。只有当其处于这两种极端的中间之处时，也就是位于态度区域的不明朗区域时，其所具有的劝说作用才最大，因而才会引起个体态度的明显改变。

社会判断理论具有较明显的认知色彩和个人主义特征，强调的是个体自身对刺激信息的知觉判断和对自己所持态度的了解，因此有很大的局限性。此外，该理论所探讨的态度改变基本上仅局限于态度强度改变的范围内，很少涉及到态度方向改变等其他问题。

（五）APE 模型和 MCM

APE 模型（associative – propositional evaluation）可以区分联想评估（内隐态度，定义为自动的情感反应）和建设性评估（propositional）（外显态度，定义为以演绎型推理为基础的评价性判断）。前者用一致性的内隐测验如内隐联想测验（IAT）和评价性的启动过程来评估，而后者是用自我报告评价法来评估。区别这两种评估方法的最重要的特征是加工过程是否独立及其有效性，也就是说，联想评估不管个体如何考虑，其结果都会对内隐测量有影响；但建设性评估只对外显测量起作用，因为联想和建设性过程被假设为存在于独立的心理系统中，这两种态度能独立的起作用。特别是，APE 模型描述了一些态度变化如何影响外显态度和内隐态度，而且，该模型优于各种数据类型，如以前的劝说模型 ELM（Elaboration likelihood model）。与 APE 模型不同，ELM 不能区分两种不同的态度，而且它把态度看成是一个一元结构；同时，ELM 也不能解释自动的和经过深思熟虑后的测量结果的差异。

态度结构的 MCM（metacognitive model）可以用来解释上述测量结果的差异。与 ELM 一致，MCM 比 APE 模型能以一种更为综合的方式处理态度。态度结构的 MCM 于 1998 年首次由 Petty 和 Jarvis 提出，它用来解释伴随着态度改变，我们观察到的自动的和深思熟虑后的态度测量结果的差异。在 1998 年的一个研究中，被试起初是习惯性的喜欢或不喜欢一个目标个体，这种感应现象在外显和内隐测量中都是情感性的。接着，被试接受到几种在重要问题上的有关目标个体的观点，这些观点要么是支持被试自己的观点，要么是与被试自己观点相矛盾的。图 7 – 3 就是根据 MCM 所假定的态度变化前（组 A）和变化后的结构（组 D）[16]。

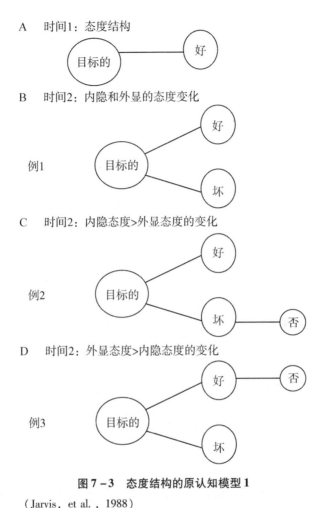

A   时间1：态度结构

B   时间2：内隐和外显的态度变化

例1

C   时间2：内隐态度>外显态度的变化

例2

D   时间2：外显态度>内隐态度的变化

例3

图7－3　态度结构的原认知模型1

（Jarvis，et al.，1988）

在图7－3中，个体开始在目标物和积极反应之间进行联系性的条件评估，随后呈现冲突性的观点信息、目标物和消极观点形成，最初的积极联系被拒绝了。因为最初的积极联系没有被移除而仅仅是否定了。因此，一个快速评价性联想测验提供了对目标物积极和消极联想的证据。因此，这个研究（图中的组 A 和组 D）提供了态度变化方面，外显态度变化较之内隐态度更易测量。

根据 MCM，内隐态度测量可能比外显态度展示出更大的变化，这个可能性在组 A 和组 C 中得以描述。产生此条件的类型必须开始建立一个新的评估联想，在这个例子中是新联想而不是旧的被否定了。例如，人们被给予一个强有力的劝说信息（与个体最初的态度相反），但是这一信息由于被认为是错误的或个体将该信息归因为一个低可靠来源，新的评估联想的出现并没有导致内隐测量结果发生变化。相反，新建信息的否定性也没有使外显态度发生变化，尽管外显测量起初未发生变化，但随着时间的推移，外显态度逐渐发生变化。

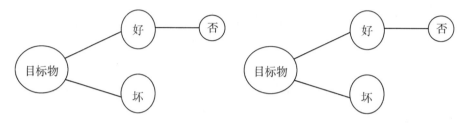

图 7 - 4　态度结构的原认知模型 2

（Jarvis，et al.，1988）

最后，组 A 和组 B 描述了一个情景，在这个情景中，外显态度和内隐态度都发生变化，因为产生的新评价联想既不会否定旧联系，也不会否定新联系。组 B - D 的三组态度变化的描述反映了 MCM 的核心方面。各种分例子可以通过改变描述联系的强度而建立，例如，以上图中的 D 组为例，可能存在两种可能性（见图 7 - 4）：1. 最初建立的和将要被否定的联系很弱，而新建的联系却很强；2. 最初建立的和将要被否定的联系很强，而新建的联系却很弱。在第一种情况下，外显态度的测量较之内隐态度测量会展示出更多的变化，而在第二种情况下，外显态度与内隐态度测量相比，也许只会表现出较少的变化。

第三节　外显态度与内隐态度的关系及实验研究

外显态度与内隐态度之间的关系，是社会认知研究领域中备受学者们关注的问题。对于这一问题的探讨，许多学者都从测量的角度来分析，主要是通过考察态度的外显测量和内隐测量之间的相关程度来推论，该方法被称为 IEC（Implicit - Explicit Correspondence），所得出的结果虽有所差别，但二者之间的确存在相关，这是既定事实。本节主要从外显态度和内隐态度的关系理论、影响因素两方面来阐述二者的关系，同时概括介绍了态度的相关实验研究。

一、内隐态度和外线态度间的关系理论

（一）同一论

内隐—外显态度间关系的同一论认为：外显态度和内隐态度所测量的是同

一个心理结构，内隐态度所测量的是"真实的"态度（true attitude），而外显态度则是内隐态度受到其他因素干扰后的歪曲表达。

Nosek（2002）认为外显态度不能反映个体的真实态度，是因为它受到个体意识意图的影响，这些因素包括个体的自我服务动机、个人目标或出于服从社会标准的目的[17]。内隐态度和外显态度的区别在于外显态度受到自我呈现的影响。因此，在对态度进行外显测量时，个体可能会有意识地改变自己的回答，以掩盖自身的偏见；而对于内隐态度，由于在测量技术上保证了个体难以有意识的改变自己的反应，因此所测得的态度可以被看作是个体的真实态度。

Fazio（1995）等人坚持内隐态度等于真实态度，他们坚信内隐测量技术是了解被试态度的直通车。Fazio采用SPT方法进行研究，要求被试对属性目标进行积极与消极、好与坏的判断，以反应时为测量指标，来推断个体对态度对象的评价[18]。结果表明，个体对态度对象的评价可以自动被激活，自动被激活的评价正是个体真实态度的反映，这一观点也随后被许多研究者的研究所证实。

无论外显态度还是内隐态度，其是否真正测量了个体的真实态度，在下结论时都要谨慎，由于态度是一个多维度性的结构，个体反映的差别也许只是个体态度判断维度上差异的反映，研究者应从多角度出发设计测验项目以避免采用单一项目对个体的态度进行评价，从而无法真正测查出个体的真实态度。

（二）分离理论

内隐—外显态度间关系分离理论认为：内隐态度和外显态度是两种不同的内在心理结构，具有不同的心理加工机制。外显态度是个体思维意识的产物和个体自我反映的结果，而内隐态度则是无意识的产物，是通过自我报告法所无法测查出来的，因此，外显态度与内隐态度二者之间并不存在相关。

为支持分离论的观点，Javis（1998）提出了态度的PAST模型（Prior Attitudes are still there）[19]，该模型主要考虑的一个问题是：当先前持有的态度发生变化时，先前态度发生了怎样的变化，它是被新态度所取代了呢，还是仍然存在或只是暂时被抑制了？他通过实验证实了个体的先前态度即使发生变化，或者被新的态度所取代，但它仍然会影响被试的评价性反应。在Javis研究基础上，Wilson和Lindsey（2000）等人提出了双重态度模型理论（Model of dual attitudes）[20]。

他们认为人们对于同一态度客体能同时存在两种不同的评价，一种是能被人们所意识到、所承认的外显的态度，另一种则是无意识的、自动激活的内隐的态度。当态度发生改变时，人们由旧的态度 A1 改变到新的态度 A2，但是旧的态度 A1 仍然留存于人们的记忆中潜在地影响着人们的认识和行为，这就导致了"双重态度"。该模型指出，当个体对某一对象的态度由 A1 转向 A2 时，一般的态度理论会认为是 A2 取代了 A1。而双重态度模型则认为，新的态度只是暂时超越了而不是取代了旧有的态度，也就是说此时个体对同一对象存在着两种态度，A1 被暂时超越而成为内隐态度，A2 则成为外显态度，个体采用何种态度取决于个体的认知资源是否足以提取外显态度以及外显态度是否足以超越内隐态度。双重态度理论提示我们，人们的态度中还应该包括那些自动操作的，不需要意识努力的心理成分。因此，要对态度进行准确的测量，应该同时兼顾内隐测量和外显测量两种方法。随后，双重记忆系统模型（Dual Memory Systems）的提出也支持外显态度和内隐态度之间关系的分离理论。该模型认为，我们存在两种分离的记忆系统，一种记忆系统被认为是联结性的（Associative），它表征着经验积累形成的概念间的联结；另一种记忆系统被认为是以规则为基础的（Rule‐based），它表征着偶尔获得的概念联结。该理论应用到态度研究中，我们就可以理解为联结性记忆系统表征着通过经验积累所获得的态度对象——评价之间的联结，这种联结的强度或大小依赖于两者所构成的概念结的激活值，经常或新近受到激活的则有高激活水平或熟悉值，此时，个体对态度对象的评价联结可以被自动激活，且难以发生改变。与此相反，以规则为基础的记忆系统储存的是单一或者语义经验获得的态度对象—评价之间的联结，因此在进行提取时需要个体的意志努力和意识性加工。

对于外显态度和内隐态度之间的关系，无论是同一论还是分离论，都有大量的实证研究支持。但从目前的研究情况来看，对二者的关系仍无统一定论，而且学者们也难以通过某一标准来评价理论的好坏。因此，外显态度和内隐态度之间的关系仍是当前学者们努力解决的一个重要问题。

二、外显态度和内隐态度影响因素之比较

与外显态度相比，内隐态度更多的受早期经验、情绪性经验、文化偏见和认知一致性四种因素的影响。

（一）早期经验

一个突出的概念就是内隐态度起源于过去的经验（而且很大程度上被遗忘了），而外显态度则更多的反映新近或受其影响的事件（Greenwald & Banaji，1995）[21]。Rudman & Heppen（2001）的研究支持这一假设，如吸烟者的内隐态度与其早期的吸烟经历呈一种共变关系，如果早期吸烟经历不愉快，那么其表现出来的自动化的态度也是消极的（如他们第一次吸烟所感受到的呕吐、厌恶等不适感）[22]。相反，吸烟者的外显态度则与他们新近的有关吸烟的经历呈共变关系，而此时的态度往往取决于新近经验是积极的（如与朋友一起一边喝着咖啡聊天，一边吸烟）还是消极的。因此，吸烟者外显的和内隐的态度有助于解释它们之间仅仅是一种弱相关的关系。

Greenwald and Banaji's（1995）认为，一个具有发展性的事件较之于外显态度，有助于获得更多的内隐态度[23]。如早期对母亲的依恋行为与人们的性别态度有关，如果人们从母亲那里得到表扬就会内隐地偏好女性而不是男性；而人们如果无意识地偏好母亲而不是父亲，那么，他们也隐性地支持女性。相反，对父母和性别的外显态度则无相关表现（Rudman & Goodwin，2004）[24]。

Rudman & Heppen（2003）在三个实验中的实验结果表明，拥有一个浪漫和绅士风范的配偶会产生一种无意识的联想，他们与没有这种配偶的女性相比，更加倾向于较少地报告个人权利（包括经济的和教育成就）。相反，外显浪漫的幻想也不能与外显的权利变量发生共变关系[25]。因为，女性早期经历的社会化阶段使其把男性看作是她们的英雄和救世主（如通过浪漫的神话故事），这些研究直接支持了发展性事件能获得人们的无意识心理习性的结论。

（二）情绪性经验

Phelps et al.（2000）等指出，内隐态度可能起源于对刺激的情绪性反应，而外显态度更多地由认知所控制[26]。研究发现，接受多种教育的白人在内隐和外显态度层面表现出反黑人态度的减少，但两种态度之间表现为弱相关。进一步的研究表明，内隐态度的减少与情感有关，包括减少的对黑人的恐惧、增加的与黑人之间的友谊等。通过比较，外显态度的减少与学生增加的意识偏见和克服自身偏见的渴望（如尽力去改变）有关，这些结果表明，内隐态度的改变可能取决于情感修正（emotional reconditioning），而外显态度的变化则更多地取决于认知和情感因素（Rudman，Ashmore，& Gary，2001）[27]。过去事件影响内隐态度胜于外显态度有可能是因为这些事件都是情感性的（如令人厌恶的吸烟经历、浪漫的幻想等）。尽管这是推测，但情绪可以解释近期与过去经验对内隐态度的影响的可能性值得进一步探讨。

（三）文化偏见

第三个因素就是内隐态度与外显态度相比，更多地受某种文化环境影响（Devine，1989）[28]。如，Greenwald、McGhee 和 Schwartz 发现，韩国学生与日本学生表现出更多无意识的组内偏见，这一现象在某种程度上是由于他们祖先的文化（如他们讲的语言）的影响，但态度和文化之间的联系用自我报告测量法仅得到较少的证据支持。

也有研究发现，高地位组（如白人、身材苗条的人、富有的人）与低地位组相比，表现出更强烈的内隐性组内偏见，这是他们相对地位的一个作用体现，但外显组内偏见则不是（Rudman et al.，2002），表明文化偏见较之外显态度更明显，但文化偏见对内隐态度的影响与早期经验和情绪性经验是协调一致的[29]。

（四）认知一致性法则

社会心理学一个古老的法则是人们对于相关的态度对象表现为倾向于一致性评价。例如，根据这个原则，如果我喜欢自己，而且我是女性，那么我也会喜欢妇女。同时，认知一致性在自尊、性别同一性和性别态度变量之间也可以观察到。

认知一致性法则中，逻辑的内隐态度可以表示为"如果我是 Y 而且我是 X，那么 X 也是 Y"。例如，男性与女性把他们自己与温和（有权力）相联系的同时也与他们自己的性别同一性相联系，自我报告测量则不能产生这种结果，同样的结果在用学术（数学—艺术）性别刻板印象也再次得到证实。

三、态度的实验研究

如果道德行为影响道德态度的话，那么积极的种族间的交流能减少种族歧视么——真的会像安全带的使用会促使更多人赞同使用安全带那样么？这是美国最高法院于1954年决定废除种族隔离制学校时社会学家的一部分证词。他们这样辩驳：如果我们要等待人心改变——通过鼓吹和教导——我们可能还要为种族平等等上很长一段时间。但是，如果我们将道德行为立法，那我们就能在目前的情况下间接地影响人们的态度。

（一）种族态度的测量方法

过去，一些研究者通常用自我报告测量、反应时或启动效应测量等方法去评估个体的种族态度水平。目前研究认为，现代种族态度是在特定社会背景下的偏见，同时也在几个方面逐渐扩展开来。首先，除了评估现代种族态度之外，还测量更多传统的种族信仰（如 old - fashioned 守旧的或敌意的种族态度）。其次，采用两种种族测量方法即自我报告法（外显态度）和内隐种族态度测量法，外显的自我报告测量法受反应者自我偏见的影响，其最终得分不仅影响他们的态度，也会使反应者有意识地操纵和调节他们对其他人的印象。减少测量种族态度的自我报告法所造成的偏见的一个途径就是通过内隐态度测量技术。内隐测量技术是一种间接评估方法，内隐测量评估态度较之传统的自我报告测量是以一种更为微妙的测量方式。再次，用一个更为敏感的种族歧视测量法和运用更为精深的统计技术，如用多层线性模型去检验黑人和白人在社会等级方面的差异（Bryk & Raudenbush，1992；Kreft & De Leeuw，1998）[30,31]。

近年来，种族态度在本性上已经由明显敌对的状态演化为更微妙和矛盾的一种状态。（Brief，Dietz，Cohen，Pugh，& Vaslow，2000）[32]. 实际上，传统的自我报告测量已经表明，种族态度、歧视态度一直存在。同时，在种族态度本质方面的差异也推动了社会科学家去设计更多能与现代种族表达一致的新测验（McConahay，1986；McConahay，Hardee，& Batts，1981）[33,34]。

许多研究者通常采用两种自我报告量表测量外显态度：ATB（the Attitudes Toward Blacks Scale）和MRS（Modern Racism Scale），两种量表都是7点记分。同时用IAT方法测量内隐种族态度，IAT方法测量主要是记录参与者对词语归类的速度和精确性。参与者首先要将词语归类到与种族相关的一个描述性的分类中（这一分类可以判断被试知觉到黑人和白人的典型特征），然后将这些词语归类为下一组具有评价性的一个分类（如愉快与不愉快）。值得注意的是，词语在计算机屏幕上每次只呈现一个，参与者必须用计算机键盘上的左键或右键将其归类。

为黑人或白人。下一个特征也是在计算机屏幕上每次只呈现一个，参与者必须将其归类为愉快或不愉快。然后将这些分类任务结合在一起，参与者必须将40个词语分为"白人或愉快"类别或"黑人或不愉快"类别。对归类过程判断的速度和精确性记录下来。IAT特征顺序的一个例子见图7-5。

在评估内隐态度时，通过记录参与者对词语分类的速度（反应时）和精确性（错误百分比）来判断。如记录参与者对"白人和不愉快"比"白人和愉快"特征的分类速度慢且分类错误更多时的程度。这里，从"白人和不愉快"特征中减去"白人和愉快"特征的反应时和错误百分比，从而得到精确的反应时间和错误百分比，这就是内隐种族态度的测量指标（个体联想"白人和愉快"较之"白人和不愉快"的反应时要快且出错率较低）。

（二）种族歧视测量实验

Jonathan等人（2005）的实验中，参与者被提供8个工作申请人的档案，且要求他们对此8个申请人进行评估。这8个档案提供了每个申请人的教育背

特征1：原始的目标分类

样本刺激		
白人		黑人
√	石南花	
√	安德鲁	
√	艾米丽	
	无能	√
√	掠夺	
	受压迫	√

特征2：原始的属性分类

样本刺激		
愉快		不愉快
	疾病	√
√	自由	
	死亡	√
√	奇迹	
√	愉快	
√	天堂	
	监狱	√
	灾难	√

特征3：原始的组合类别

样本刺激		
白或愉快		黑或不愉快
	受压迫	√
√	天堂	
	灾难	√
√	石南花	
√	奇迹	
	无能	√
√	安德鲁	
	疾病	√

特征4：原始的目标分类

样本刺激		
黑人		白人
	石南花	√
	艾米丽	√
	掠夺	√
√	无能	
√	受压迫	
	安德鲁	√

特征5：原始的属性分类

样本刺激		
黑或愉快		白或不愉快
	疾病	√
√	石南花	
√	天堂	
	灾难	√
√	无能	
√	奇迹	
	安德鲁	√
	受压迫	√

图 7-5 内隐联想测验

（Jonathan C. Ziegert &Paul J. Hanges，2005）

景、以前的工作经验、种族、性别和爱好 5 个方面的信息。这些档案信息中有 6 个有杰出的胜任资格。参与者评价每个候选人。其中，候选人的种族特征被随机分为两部分，一半为黑人，一半为白人。除了种族之外，性别也被随机分成男女两半。同时实验分为两个条件组，一组是具有种族偏见的文化氛围，一组是公正的文化氛围。实验结果表明，在不考虑文化的前提下，参与者对候选人的评价得分，白人远高于黑人，在具有种族偏见组的参与者较之公平文化氛围组则同样展示出更为强烈的种族歧视[35]。

（三）态度的年龄、性别差异实验研究

Andrew（2006）等人进行了不同年龄阶段人们的态度研究。实验将被试分为三个年龄组，幼儿组（平均年龄 6 岁）、儿童组（平均年龄 10 岁）和成人组（平均年龄 19 岁）。实验过程为：6 岁儿童组，要求儿童完成"计算机游戏"，在这个游戏中，呈现给儿童一些照片并同时让其听到一些词语，要求儿童做按键反应。10 岁儿童组和成人组其实验过程相似，只是在 6 岁儿童组的测验过程中，对按键用数字进行要求，该实验主要对不同年龄组的一般态度进行测量，同时测量其种族态度，且考虑有无性别差异，试验结果见图 7 - 6 和图 7 - 7[36]。

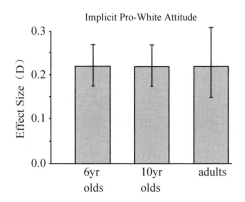

图 7 - 6　3 个实验组的内隐种族偏好

（D 值表明相对于黑人，被试对白人的偏好）

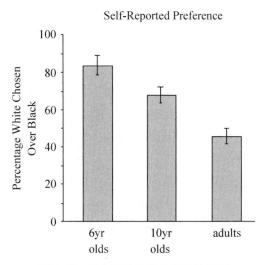

图 7 - 7　三个实验组的外显种族偏好

结果表明，内隐态度测量，6 岁儿童组的被试对昆虫 + 坏/花 + 好的反应明显快于昆虫 + 好/花 + 坏。但实验中，男童虽然对花与昆虫的反应不如女孩快，但性别差异并没有达到显著性水平。同样，6 岁儿童自我报告显示了对花超于昆虫的明显偏好，外显态度效应在很大程度上与性别有关，女童报告对花的偏好达到 96%，而男童则只有 43%，性别差异在外显态度中达到显著水平，而在内隐态度方面却没有，这一现象暗示，对同样的态度目标，6 岁儿童有意识的表达态度与内隐态度相比伴随着性别的不同，表现的更为夸张。

在种族态度方面，6 岁儿童外显态度与内隐态度一致，较之黑人照片，他们都表现为对白人照片的强烈偏好，而且无论男童还是女童都是偏好于白人照片，但却仍存在显著的性别差异。

10 岁儿童组，与 6 岁儿童组一样，其对昆虫＋坏/花＋好的反应明显快于昆虫＋好/花＋坏，且外显任务与 IAT 的偏好一致，都是选择花优于昆虫，同时，自我报告也体现了性别差异，女孩与男孩相比，在花与昆虫的选择过程中，女孩更可能选择花。

在种族态度方面，10 岁组儿童与 6 岁组儿童在内隐种族态度方面没有显著差异。这表明，在小学年龄阶段，儿童的种族态度是较稳定的。同样，在自我报告测量中，10 岁儿童也表现出了对白人的偏好，但这一偏好较之 6 岁组儿童报告的"声音减弱"，换句话说，就是尽管 6 岁组和 10 岁组儿童都表现出同样的内隐种族态度偏见，但在自我报告的外显态度测量中，10 岁组儿童对偏好自己所属组的报告明显减少（见表 1、2）。

成人组在第一组实验中，用标准 IAT 测验的实验结果与儿童组用儿童 IAT 测验结果相比，对花＋好的反应快于昆虫＋好。同样，成人组自我报告对花优于昆虫的偏好，但实验中并没有观察到性别差异。

在种族态度方面，IAT 测验结果表明，成人组对黑人/白人的反应与儿童组表现一致。然而，成人组对白人和黑人进行自我报告的结果却表现出相等的偏好。

在种族态度方面，试验结果表明，内隐种族态度在儿童早期即可获得并相对稳定持久，但外显态度在不同时期表现不同，会随着年龄的推移逐渐变得平等。实验同时也暗含着儿童在大约 10 岁时，有意识和无意识的种族态度平均水平开始分裂。

第四节　态度的测量

态度测量是从 20 世纪 20 年代中期，首先由瑟斯顿开始的，在社会心理学中常用的态度测量方法是使用间接测量的方法，如行为观察法、问卷法，对态度进行测定，并使之量表化，这是态度测定中的一般程序。态度测定是一项非常复杂和困难的工作，除了要考虑态度的对象、态度的方向和态度的强度以外，还要考虑与态度相联结的情感的强度，态度的双向性和重要性、认知的复杂度，表现于行为的程度以及与其他态度的关联度、灵活性和意识化的程度等。本节主要对态度测量中常用的一些量表进行简单介绍，并提出在态度测量过程中所需要注意的问题。

态度测量方法使用的前提是假定被试意识到并愿意表达他的态度。但是在某些敏感问题上被试可能不愿意表达自己的态度，这时就需要采用间接方法。间接方法是使被试不意识到自己受到评价，或者虽然意识到但不知道评价的是什么，可以假借评价其他方面如逻辑思维能力的名义评价态度。态度量表通常是由一系列有关态度的陈述或项目组成，被试就每一项目表达自己同意或不同意的方向以及同意或不同意的程度，把反应分数加以整理得出一个表明态度的分数。

一、态度量表的分类

态度作为一种潜在变量，无法直接被观察到，但可通过人的语言、行为以及对外界的反应等间接地进行测量。态度量表是常用的且较为客观的测量态度的工具。它能够测量出态度的方向和强弱程度，通过一套有关联的叙述句或项目，由个人对这些句子或项目做出反应，根据这些反应推断个人以至团体的态度。

态度量表依其编制方法的不同，可以分为利克特量表、格特曼量表和瑟斯顿量表。利克特量表和瑟斯顿量表从经验上看是较理想的量表，其中，利克特量表是流行较广且具有影响的量表；按维度可以分为单维度量表和多维度量表两类。前者有瑟斯顿的等距测量法，美国社会心理学家 R. 利克特的累加评定法，美国社会心理学家 L. 格特曼的量表解析法等。在多维度量表中有 SD 法，即语义分化法，多维度量表法、E. S. 博加达斯的社会距离量表等。在制定态度量表前，首先须确定自变量、因变量，以控制和排除无关变量；其次应注意测量指标，使之能测出态度倾向的程度，即对态度作定量分析。使用量表测量态度应及时，若有可能，应采取追踪测量，以获得态度变化的资料。

二、常用的态度量表

（一）瑟斯顿量表（Thurstone Equal – appearing interval scales）

该法由瑟斯顿于 1929 年创立，故又叫瑟斯顿量表，也叫等距量表法。其基本思路是：围绕某一态度主题，选取一系列能代表该方面的态度语或项目，而后由专家对这些项目进行等级排列，如从最不赞同到最赞同方向分为若干类，譬如 11 类。并把专家排列的结果进行项目分析，保留有效的项目和根据专家的反应确定项目的等级。要了解某受测者某方面的态度，只需对其全部项目反应结果求中位数，以中位数来表示该受测者的态度状况。

瑟斯顿量表在主题比较清楚、调查范围不广的态度问题调查上效果较好，其提出的在赞同或不赞同的几个等级上测量态度的方法也是它的贡献之一。其不足在于：制作过程比较复杂，如每件事都需要编制量表、需要许多评审者，做许多调查工作才能得到个项目的得分值，花费大量的人力和物力；同时，用中位数代表态度等级不一定适合、专家的意见，不一定能代表一般人，代表性值得进一步验证。

（二）利克特量表（Likerti – type Attitude Scale）

利克特量表法是由利克特于 1932 年提出来的。这种方法不需要收集对每个项目的预先判断，只是把每个项目的评定相加而得出一个总分数。它假定每一项目或态度语都具有同等的量值，项目之间没有差别量值，要求受测者对每一个项目的态度强弱按五级或七级反应，最后用受测者在所有项目中的评定等级的总和来表示受测者的态度状况。如利克特量表由一系列陈述组成，利用 5 点或 7 点量表让被试做出反应。5 点量表是从强烈赞同（5）、赞同（4）、中性（3）、不赞同（2）、到强烈不赞同（1）。7 点量表则分为强烈赞同、中等赞同、轻微赞同、中性、轻微不赞同、中等不赞同、强烈不赞同。利克特量表的一种改进形式是强迫选择法，为了使被试一定做出选择而排除了中性点，如把原 7 点量表改为 6 点量表。有人用颜面法代替陈述法，用之于无文化的被试。

利克特量表的优点是制作简单，而且能广泛接受与态度有关的项目；同时，可以通过增加项目数而提高效度，且允许受测者充分表达态度的强烈程度。该量表的不足之处在于，相同的态度分数者可能持有不同的态度模式，从总分只能看出一个人的赞成程度，而无法对态度差异做进一步的解释。

（三）社会距离量表（Social distance scale）

社会距离法是依据人对事物的态度常表现于人与事物之间保持一定的心理距离和物理距离而设计的一种推断方法，与瑟斯顿和利克特按赞同或不赞同几个等级来测量的方法有所不同，主要用于测量人际关系亲疏态度。E. S. 博加德斯 1929 年提出的社会距离测量主要是用来测量种族之间的社会距离。其中，博加德斯量表包括一系列陈述，按从最近社会距离到最远社会距离排列开来，如可以结亲（1）、可以作为朋友（2）、可以作为邻居（3）、可以在同一行业共事（4）、只能作为公民共处（5）、只能作为外国移民（6）、应被驱逐出境（7）。括号内分值越大表示社会距离越大，反之，则表示社会距离越小。

（四）哥特曼量表法

哥特曼量表是由哥特曼于1950年提出的，它试图确定一个单向性的量表。哥特曼量表的制作过程比较简单：挑选可用于测量对某事物态度的具体叙述句（项目）构成一个预备量表，并施测于一个有代表性的样组，将受测者按回答赞成的多少由高到低排列，将项目依赞成多少也由高到低排列，得到一个受测者对项目集的反应表。然后去掉某些无法判断是赞成或是反对的项目，计算复制系数（Crep = 1 - 误答数/总反应数，是单向性好坏的指标）。由单向性带来的态度分数与态度结构具有一致性，这是该量表所具有的优点。

（五）语义分化法（Semantic Differential Scaling）

该方法是 C. E. 奥斯古德等人在1957年提出的一种较为全面的测量方法。已往的态度测量基本上是在赞同或不赞同一个维度上的测量，不易表达出态度的复杂性。语义分化法提出了3个不同维度的态度测量，所以又称为多维度量表法。这3个维度是评价、强度和活动。在这个方法中，态度对象的评定是通过由对立形容词构成的一些量表进行的，如好 - 坏，强 - 弱，主动 - 被动。好 - 坏是评价方面，强 - 弱是强度方面，主动 - 被动是活动方面（见表7 - 1）。

表7 - 1　语义分化测量项目表

评价量表	好	7	6	5	4	3	2	1	坏
	美	7	6	5	4	3	2	1	丑
	聪明	7	6	5	4	3	2	1	愚蠢
力度量表	大	7	6	5	4	3	2	1	小
	强	7	6	5	4	3	2	1	弱
	重	7	6	5	4	3	2	1	轻
活动量表	快	7	6	5	4	3	2	1	慢
	主动	7	6	5	4	3	2	1	被动
	敏锐	7	6	5	4	3	2	1	迟钝

测试时给被试提出一个态度对象，要求他按照自己的想法在有关系列中圈

定一个数字，各系列分值的总和就代表他对有关对象的总态度。上述表格中3
个维度是不变的，但各维度中的项目是可变的，3个维度中评价维度被认为是
主要的。

语义分化量表构造简单，能够测量出人们对各种事物，从少数民族到政治
集团，从周围各种人物到远近事件的态度。上述态度测量方法是比较具有代表
性的几个，其他方法，如投射测验、行为观察、生理记录等方法也时常被采
用，同时随着技术的发展，一些测量方法如IAT法，为测量内隐态度提供了技
术支持，有关方法在本书第2章有详细阐述，在此就不再赘述。

三、态度测量中应注意的问题

在态度测量上常出现两种问题：客观解释问题和主观偏向问题，这两种问
题常常导致测量结果的不精确，同时人格特征也是导致反应偏向的一个重要因
素，在具体的态度测量过程中，要尽量做到避免此种问题的发生，确保测量的
准确性。

（一）客观解释问题

研究者发现，问卷使用的态度量表有时并未反映出反应者的真实态度。如
果某个项目编制用语模糊，被试发生误解，那么对这个项目的反应就不可能反
映出被试的态度，这是客观上的解释问题。要避免这种错误，在编制态度量表
时应当用多个项目测量同一个态度。这样可以克服理解上造成的误解，测量到
真实的态度。

（二）主观偏向问题

主观偏向问题更为严重，如果人们由于某种原因而不愿表达真实的态度，
那么就可能做出虚假的反应。有时人们也可能自己并不了解与行为不同的内心
深处的态度，在这种情况下作为测量工具的态度量表的效度就成了问题。

1. 假通道技术

在许多场合下，人们提出虚假反应是由于他们知道哪些态度是社会赞许
的，哪些是社会不赞许的。为了解决这个问题，有人提出了一种称为假通道技
术的方法。实验者事先声明采用一种仪器就可以探查到被试的真正态度（实
际上这是做不到的）。如果被试不了解实情，相信实验者真能做到，就可能做
出真实的反应。H. 西戈尔（1971）等人的研究证明，采用假通道法与传统量
表法相结合比单独采用传统量表法更能揭示出真实的态度。他们的实验基本假
设是，由于社会压力，大学生倾向于对美国人表现出比实际态度差一些的态

度，对黑人表现出比实际态度好一些的态度。他们选用 60 名白人大学生作被试，分为两组。第 1 组 30 人对美国人品质做出反应，第 2 组 30 人对类似的黑人品质做出反应。每一组的 15 人连通一架标名为"肌电图"的仪器，其余 15 人只作反应，不连通仪器。结果表明，结合假通道技术的确能探查出更真实的态度。

2. 其他方法

除了假通道技术外，还有人提出利用行为指标的办法。人们认为，当人们倾听他们赞成的信息时往往点头而不是摇头，这种运动也可以用来探查真实态度。其次，皮肤电反应和肌电图也是可以利用的几种方法，虽然这类生活反应与态度没有直接联系，但有助于了解唤起水平，从而查明不真实的反应。

（三）被测者的人格特征

社会心理学家发现，某些人格特征也会造成反应偏向，一些人对问卷或测验总是以一定模式反应，而不管其态度。有些人有赞同反应倾向，他们对问卷项目倾向于做出肯定的回答，结果并不能反应其真实态度。有些人有否定倾向，他们对问卷项目倾向于做出否定回答。对此可采用对一个态度运用多个问题的方法，而且问题的表述采用不同方式，对同一问题有时要求用"同意"回答，有时要求用"不同意"回答。

在今后的研究中，应将各种测量方法有机结合起来加以应用，同时致力于已有测量量表的创新，克服上述存在的问题，创造测量态度的更加完善的测量方法及更为先进的测量技术。

参考文献

［1］ Markus H, Zajonc R. B. The cognitive perspective in social psychology. In G. Lindzey & E. Aronson（Eds.），Handbook of social psychology，New York：Random House，137 ~ 229, 3nd ed. 1985.

［2］ Olson J. M, Zanna M. P. Attitudes and attitude change, 44 Annual Review of Psychology，117 ~ 154，1993.

［3］ Thurstone L. The Measurement of Social Attitudes. In M. Fishbein（ED），Readings in Attitude Theory and Measurement. New York ：Jon Wiley &Sons. Inc, 14 ~ 25, 1931.

［4］ Fishbein M, Ajzen I. Belief, Attitude, Intention, and Behavior：An Introduction to Theory and Research, Reading, MA：Addison－Wesley, 1975.

［5］ Eagly AH, Chaiken S. The Psychology of Attitudes, San Diego, CA：Harcourt Brace

Janovich, 479~490, 1993.

[6] Nesdale D, Durkin K. Stereotypes andattitudes: Implicit and explicit processes. In C. Speelman & K. Kirsner (Eds.), Implicit and Explicit Mental Processes Mahwah, NJ: Erlbaum, 219~232, 1998.

[7] Krench D, Crutchfied R. S, Ballachey E. L. Individual in Society, New York: McMraw - Hill, 1962.

[8] [18] Fazio R. H, Jackson J. R, Dunton B. C, Williams C. J. Variability in automatic activation as an unobtrusive measure of racial stereotypes: A bona fide pipeline? 69 Journal of Personality and Social Psychology, 1013~1027, 1995.

[9] 周晓虹:《社会心理学名著精华》,南京大学出版社 1992 年版。

[10] 时蓉华:《社会心理学》,上海人民出版社 1994 年版。

[11] Kelman H. C. Processes of opinion change, Public Opinion Quarterly, 57~78, 1961 -25.

[12] 利昂·费斯汀格(著),郑全全(译):《认知失调理论》,浙江教育出版社 1999 年版。

[13] Festinger L, Carlsmith J. M. Cognitive consequences of forced compliance, 58 Journal of Abnormal and Social Psychology, 203~211, 1959.

[14] Hovland, Carl L. Reconciling Conflicting Results Derived From Experimental and Survey Studies of Attitude Change, 14 American Psychologist, 8~17, 1959.

[15] Sherif M, Hovland C. I. Social judgment: Assimilation and contrast effects in communication and attitude change, New Haven: Yale University Press, 1961.

[16] [19] Petty R. E, Jarvis W. B. G. What happens to the "old" attitude when attitudes change? Paper presented at the annual meeting of the Society for Experimental Social Psychology, Lexington, KY, 1998.

[17] Nosek B. A, Banaji M. R, Greenwald A. G. Math = Male, Me = Female, therefore Math = Me, 83 (1) Journal of Personality and Social Psychology, 44~59, 2002.

[20] Wilson T D, Lindsey S, Schooler T Y. A model of dual attitudes, 107 (1) Psychological Review, 101~126, 2000.

[21] Greenwald A. G, Banaji M. R. Implicit social cognition: Attitudes, self - esteem, and stereotype, . 102 Psychological Review, 4~27, 1995.

[22] L. A. Rudman, A. G. Greenwald, D. E. McGhee. Implicit Self - Concept and Evaluative Implicit Gender Stereotypes: Self and Ingroup Share, 27 (9) Desirable Traits Pers Soc Psychol Bull, 1164~1178, 2001.

[23] Anthony G, Greenwald, Banaji, MR. Implicit Social Cognition: Attitudes, self - esteem, and stereotypes, 102 Psychological Review, 4~27, 1995.

[24] Rudman L A, Goodwin S A, et al.. Gender Differences in Automatic In - Group Bias:

Why Do Women Like Women More Than Men Like Men? 87 (4) Journal of Personality and Social Psychology, 494 ~ 509, 2004.

［25］ Laurie A, Rudman, Jessica B. Heppen. Implicit Romantic Fantasies and Women's Interest in Personal Power: A Glass Slipper Effect? 11 Personality and Social Psychology Bulletin 29, 1357 ~ 1370, 2003.

［26］ Phelps, O'Connor, Cunningham, Funayama, Gatenby, Gore, & Banaji. Performance on indirect measures of race evaluation predicts amygdale activation, Journal of Cognitive Neuroscience, 729 ~ 738, 2000 – 12.

［27］ Rudman L, Ashmore R, Gary M. Unlearning automatic biases: The malleability of implicit prejudice and stereotypes, 2001.

［28］ Devine P. G. Stereotypes and prejudice: Their automatic and controlled components, 56 Journal of Personality and Social Psychology, 5 ~ 18, 1989.

［29］ Greenwald A. G, Banaji M. R, Rudman L. A, Farnham S. D, Nosek, B. A, Mellott D. S. . A unified theory of implicit attitudes, stereotypes, self – esteem, and self – concept, 109 Psychological Review 3 ~ 25, 2002.

［30］ Bryk A. S, Raudenbush S. W. Hierarchical linear models, Newbury Park, CA: Sage, 1992.

［31］ G. G. Kreft and J. de leeuw. Introduction to Multilevel Modelling. Sage Publications, Thousand Oaks, CA, 1998.

［32］ Brief A. P, DietzJ, Cohen R. R, Pugh S D, Vaslow J. B. Just doing business: Modern racism and obedience to authority as explanations for employment discrimination, 81 (1) Organizational Behavior and Human Decision Processes, 72 ~ 97, 2000.

［33］ McConahay J. B. Modern racism, ambivalence, and the modern racism scale. In J. F. Dovidio & S. L. Gaertner (Eds.), Prejudice, discrimination and racism, New York: Academic, 91 ~ 126, 1986.

［34］ McConahay J. B, Hardee B B, Batts, V. Has racism declined in America? It depends on who is asking and what is asked, Journal of Conflict Resolution, 563 ~ 579, 1981.

［35］ Onathan C, Ziegert, Paul J, Hanges. Employment discrimination: the role of implicit attitudes, motivation, and a climate for racial bia, Journal of Applied Psychology, 3553 ~ 3562, 2005 – 3.

［36］ Andrew Scott Baron, Mahzarin R. Banaji. The Development of Implicit Attitudes—Evidence of Race Evaluations From Ages 6 and 10 and Adulthood, Association for Psychological Science, 53 ~ 58, 2006 – 17.

第八章

自我认知

　　人，作为社会的成员，是生活在一个社会网中的，要想取得社会的认同，必须经过一个漫长的社会化过程。同时，人也是作为一个个体而存在的，要真正地认知自己也不是一件轻而易举的事情。

　　"我是谁？我是什么样子的？我的喜好是什么？在社会中我扮演什么角色？我的过去是什么样子的？我的现在如何？我的未来又会怎样？"这些问题不仅是哲学家所思考的问题，科学家、文学家、艺术家同样对这些问题意兴盎然。

　　自我认知是自我调控系统中的一个子系统，自我调控系统是人格的自控系统。所以说，自我认知是人格的自控系统的重要组成部分。"自我认知是对自己的洞察和理解，包括自我观察和自我评价"[1]。自我认知就是个体对自己的认识与评价。个体对自身特征（自己的性格、能力、生理状况、社会角色等）的认知的集合，即自我概念；在对自我认知基础之上对自己的整体评价，积极的或者消极的，即自尊。自我概念和自尊是自我认知的两个最基本的成分。

　　上述也提到，自尊是个体在自我概念产生的基础之上产生的，即自我认知是自尊产生的基础。个体只有在对自己有一个初步认识的基础之上，才能进一步对自己的整体状况产生一种评价。同时，个体对自己的总体评价，正向的或者负向的，又会反作用于人对自己的认识，即对形成什么样子的自我概念产生影响。其中，自我概念关注的是对自己的认识和看法，而自尊更加倾向于自己在自我评价中产生的情感的关注。

第一节　自我概念

一、自我概念研究溯源

　　在西方心理学研究中，自我是一个"经久不衰的热门课题"。长期以来，国内外研究者在相关领域的研究中，取得了卓有成效的研究成果。近年来，社会认知研究的介入使得自我研究向着纵深方向发展，并且使自我及相关领域的研究再一次成为研究热点。自我概念的健康发展对个体完整人格的形成具有重要的意义。

早在 17 世纪，哲学家笛卡尔用"Cognitl"这一词描述自我概念，意指"自身存在意识"，并把它作为人类存在的核心。当然这只是限于对自我概念的哲学思考。

真正科学的自我研究源于 1890 年，威廉·詹姆士（W. James）在《心理学原理》一书中，首次提出了将自我分为主我（the "I"）与客我（the "me"）两方面[2]。1908 年，社会心理学创立之后，自我的研究具有了一个专用的研究平台。罗斯（N. Ross）与麦独孤（W. McDougall）把自我纳入到社会心理学的研究之中[3]。1924 年，随着实验社会心理学的建立，阿尔波特（F. H. Allport）把实验的方法引入社会心理学的研究领域，对自我的研究具有明显的积极作用[4]。库利（Cooley）与米德（Mead）对自我的研究是具有开创性的。1902 年，库利在《人的本性和社会控制》一书中提出了镜像自我（the looking – glass self）的概念[5]。所谓"镜像自我"指的是当我们与其他人交谈时反射给我们的自我的视像，由此从深层次上探讨了自我的起源，强调了自我的社会性本质。1934 年，米德的《心灵、自我与社会》出版。其中符号互动论的思想的提出表明其自我来源于社会互动的观点[6]。

罗杰斯（C. Rogers）提出，自我概念（self – concept）是我们对自己是谁，以及我们看来像什么的主观知觉，同时也区分了两种自我概念：现实自我（the real self）与理想自我（the ideal self）。在这里所说的"自我概念"是罗杰斯及其他人本主义者的人格理论的核心[7]。

1967 年，随着现代认知心理学的建立，自我的研究开创出一条崭新的途径。认知心理学家马科斯（Markus）提出了"自我图式（self – schema）"理论，他认为自我概念的要素就是自我图式，自我图式是关于自我的信念，这信念组织并引导着与自我有关的信息的加工[8]。后来，他又进一步提出了可能的自我（possible self）与动态的自我概念。可能的自我包括我们梦想成为的自我和害怕成为的自我。这些可能的自我以具体的目标形式对我们产生激励。

1970 年，马斯洛（A. H. Maslow）提出需要层次理论。他认为，自我实现的人就是达到了个人发展最高水平并充分实现其潜能的人，这为把自我问题的研究推向实用领域起到了重要作用。

1969 年，皮尔斯 – 哈里斯（Piers – Harris）就开始了自我测量的研究。1982 年，Harter 发表了"儿童能力自知量表"。1984 年，Marsh 等人又据此发表了"自我描述问卷"（SDQ）。这两个量表在多维自我概念评定量表中影响最大。

进入 20 世纪 80 年代后，伯恩斯（Berns）在对前人在自我概念方面的研究成果进行了总结的基础上，提出了一个自我概念结构图，对自我研究历史上几个影响较大的理论进行了一个初步总结。[9] 随着哲学上后现代主义思潮的出现，它对社会心理学中自我的研究也产生了巨大的影响。1988 年，格根（K. J. Gergen）从饱和的自我入手，认为科学技术的进步促使人们的交往活动日益走向饱和，个体再要保持恒定不变的自我概念就几乎不太可能了[10]。因此，在后现代社会，我们要注重的是不断解构自我、重建自我，形成一种新的、动态的与发展的自我概念模型。

国内自我概念研究也是成果显著。黄希庭教授的观点是把自我作为知觉对象来研究，自我也称为自我概念；《心理学辞典》中 self – consciousness 一词包含自我概念。时蓉华教授在《社会心理学》一书中指出自我意识也称自我，包含了自我认知（self – knowledge）、自我体验（self – evaluation）与自我监控（self – control）三种心理成分[11]；有学者认为，自我作为自己的身心状况的主体，自我意识仅仅是自我心理结构的一部分；等等。但有一点是不容置疑的，无论 self – conciousness 还是 self – concept，它们都从属于 self（自我）的范畴。

对自我实质的理解也是很不统一，众说纷纭。观点之一认为自我即过程，代表人物是 Jung 和 Erikson。也有人认为自我即对象，如 Rogers。但大多数的心理学家认为自我即人格或人格核心。从这种观点的角度来看，自我应作为主体我与客体我的统一体，它是人格的核心，对人格各部分起协调整合作用。

有学者提出广义的自我定义：自我是具有自然属性、社会本质、意识机能并能通过行为实践作用于世界的统一体。

二、自我概念结构研究——从单维度到多维度

（一）自我概念的单维理论模型

科学研究表明，实证研究需要两个重要方面的知识准备，即形成研究对象

的操作定义和构建理论模型。像很多研究一样，自我概念的研究也是从早期的哲学思辨到近现代的实证研究的转变过程。

首次提出系统的自我概念理论、最早比较系统地研究自我概念的心理学家是威廉·詹姆士（1890），在其《心理学原理》中提出，自我概念是自己对自己的存在及其状态、特点等的观察和认知，是一种意识和心理过程。他将自我分为"主我"（the "I"）与"客我"（the "me"）两方面，也即经验自我（the empirical self）和纯粹自我。并进一步对客我做出了划分，包括身体我（material me）、社会我（social me）与精神我（spiritual me）[12]。身体我是对自己身体的认识；社会我是对他人心目中的自己的认知；精神我是对自己意识状态、心理倾向和能力的认识。三者不是孤立存在的，基于其价值的不同，以一种层次性统合在一起的，其中身体我是基础，社会我处于身体我和精神我之间，而精神我居于最高层。这三者也成为了以后众多心理学家大量自我概念研究的基础。詹姆士开创了自我概念研究的先河，开启了对自我概念进行元素分析的道路，为日后自我概念的具体测量研究提供了一定的理论依据（见图8-1）。

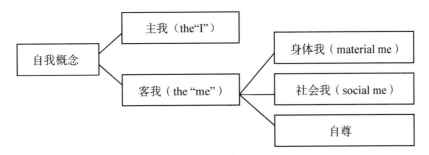

图8-1 威廉·詹姆斯的自我概念结构

在对自我概念进行测量的过程中，考伯史密斯（Coopersmith）、皮尔斯-哈里斯（Piers - Harris）等做出巨大贡献。考伯史密斯认为，自我概念是个体对自己的总体评价。根据前人的理论成果和个人的研究成果，他编制了自尊测量问卷（self - esteem inventory, SEI），用来衡量个体的自我概念水平[13]。1969年，Piers - Harris也编制了自我概念量表，对自我概念进行量化测量分析[14]。但是，不管是考伯史密斯的自尊测量问卷还是皮尔斯-哈里斯的自我概念量表，都是单维度结构的，尽管自我概念量表后来形成了几个次级量表，但是研究者并没有对成分自我概念进行明确的定义。

罗森博格（Rosenberg）是自我概念要素分析的集大成者。他认为自我概念是个体对自我客体的思想和情感的总和，包括个体对自己生理和身体方面、能力和潜能方面、兴趣和态度方面、内在思想方面等的看法[15]。罗森博格非常重视自我概念各成分要素之间的关系，他认为各要素之间按照一定地位、层次组成一个统一的有机整体。有的成分处于这一整体的中心，有的则处于边缘；有的是一般层次水平，有的则是具体成分水平。但是，和考伯史密斯一样，罗森博格也没有对成分要素进行明确的定义，而且成分之间还存在相互包容等现象，实证研究也很少能支持其理论建构。尽管考伯史密斯继承发展了前人的研究成果，对自我概念进行了深入的元分析，但是其研究仍未脱离单维度研究的局限。

（二）自我概念的多维阶段理论模型

哈特（Harter）提出自我概念多维理论模型，在其理论中提出心理发展的年龄特征是评价个体的自我概念水平的一个重要因素。其理论在西方心理学自我概念的研究中占有极为重要的地位。哈特认为，随着年龄的增长，自我概念的成分要素在不断地增加，要评价个体的自我概念水平，必须考虑其心理发展的年龄特征。哈特（1984、1985、1986）先后提出了不同年龄阶段儿童自我概念的不同成分要素，并编制出包括学龄前儿童、学龄儿童、青春期学生、大学生和成人的5种测量问卷[16,17,18]。哈特的研究使自我概念的研究从单维发展到多维多层次的研究。

沙维尔森（Shavelson）认为，完整的自我概念的结构应该具有6个特性，即有组织性、多维性、稳定性、发展性、可评价性和可区分性，由此，沙维尔森等人提出了自我概念多维度层次理论模型[19]。这一模型将自我概念分成学业自我概念和非学业自我概念。学业自我概念按照学科来划分，而非学业自我概念则分为社会、情感和身体三个方面。沙维尔森的自我概念理论模型提出后，得到了广泛的实践证明。20世纪80年代，Marsh及其同事以沙维尔森等人的自我概念理论模型为指导编制了比较完整的自我描述问卷（SDQ），并用SDQ进行了大量的施测，测验结果的统计分析为沙维尔森的理论模型提供了大量的经验支持（见图8-2）。

1986年，Marsh认为数学与语文自我概念的形成源于两种不同的比较过程，即内部比较和外部比较。在外部比较过程中，学生把每一专业的学习水平与同一班或同一年级的其他同学的学习水平进行比较，借助于此来确定自己某一方面能力水平的高低，并形成相应的自我概念[20]。在内部比较的过

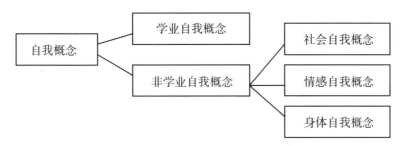

图 8 - 2   沙维尔森等人提出的自我概念多维度层次理论模型

程中，学生把自身对不同专业的学习水平进行内部的比较，从而形成不同的自我概念。基于此 Marsh 提出了 I/E 参考结构模型，简称 I/E 模型，用于解释数学与语文自我概念间的明显区别以及它们与数学语文成绩之间的特定关系。

罗杰斯就将詹姆斯和米德的主格我和受格我的概念统整到了一起，使自我概念含义变得明确。罗杰斯认为受格我是自我意识的对象，主格我是自我的动力部分。使自我概念的内涵同时具有对象和作用两个方面。另外，罗杰斯根据临床实践，还提出了与现实自我（the real self）相对应的理想自我（the ideal self）概念。他认为真实自我包括对自己存在的知觉、对自己意识流的意识，通过对自己体验的无偏见的反映及对自我的客观观察和评价，个人可以认识真实自我；理想自我是个人认为自己应该是的那个人或自我。罗杰斯认为，对于一个人的个性与行为具有重要意义的是他的自我概念，而不是其真实自我，自我概念不仅控制着并综合着个人对于环境知觉的意义，而且高度决定着个人对于环境的行为反应。理想自我的实现即自我实现，就是指理想自我与自我概念完全一致的情况，罗杰斯称这种情况下即"成为了一个人"或"变成自己"，是一个健康的或充分发挥作用的人[21]。

伯恩斯（Berns，1982）首先对前人在自我概念方面的研究成果进行了一次总结，并得出了一个自我概念结构图[22]。此图继承了詹姆斯的经典自我理论，综合了罗杰斯的理想自我与现实自我的概念、罗森伯格的期望自我与现有自我的概念，包容了库利的镜像自我的概念，采用经典的划分方法，把自我概念分为物质自我、社会自我与心理自我。伯恩斯的自我概念结构图不过是对自我研究历史上几个影响较大的理论进行了一个初步总结，对自我研究起到了承上启下的作用（见图 8 - 3）。

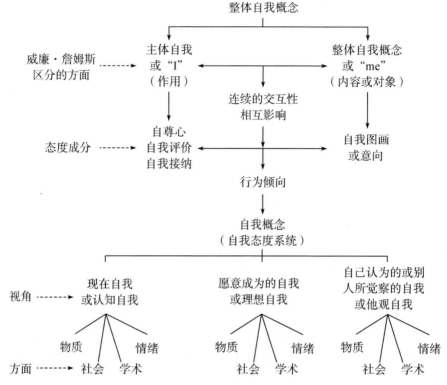

图 8-3 伯恩斯的自我概念结构

（转引自伯恩斯的《自我概念的发展与教育》）

三、自我概念形成的信息来源

社会化就是"社会将一个自然人转化为一个能够适应一定的社会文化，参与社会生活，履行一定角色行为有着健康人格的社会人过程；也是一个自然人在一定的社会环境中通过与他人的接触与互动，逐渐地认识自我，并成为一个合格的社会成员的过程。简言之，社会化就是学习和传递一定的社会文化的过程。"

自我概念是社会化过程中，通过人际交往而获得的。社会心理学家米德、库利、罗杰斯等人都对自我概念的形成表达过自己的见解，都认为"一个人如何看待自己是他如何看待别人对自己态度的结果"。库利提出了"镜像自我"的概念，认为自我是通过"镜像过程"形成的[23]。米德进一步提出了"一般化他人"概念，认为儿童进行自我评价的依据是将他们转化成抽象的一般化他人，这个一般化他人如何看待自己就形成了自我概念[24]。通过社会化的过程，通过与人的交往，人的自我认识能力逐渐形成的，同时，一个人的成长过程中，别人如何看待他，在很大程度上影响了他的"自我概念"的形成。具体来说，自我概念的形成源于以下四个因素：

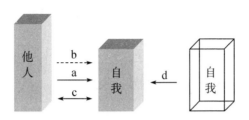

图8－4　自我概念形成的信息来源

（一）反馈性评价

亲人、师长、同学、好友对自己的能力、性格等给予反馈性评价，从而使自我获取对自我概念的第一手资料（见图8－4中的a）。相比较反射性评价而言，反馈性评价更加直接、清晰、明了，其评价的主体和评价者有着相对亲密的关系，能够直言以对。例如，父母告诫自己要努力学习争取考个好成绩，我们就会了解到自己目前成绩不尽如人意，没能达到预定的要求；老师告诉我们要注意团结同学，我们就会知道自己在处理同学间关系上有所欠缺。

（二）反射性评价

那些与我们关系不甚熟悉或者陌生人，不会直接对我们的综合表现给予直接的评价，但是我们仍会从他们相关的态度表现和行为反应来获取自我概念的信息。正如我们上面所提到的库利提出了"镜像自我"的概念，别人对自己的态度反应就是一面镜子，人们通过它来了解自己，并形成相应的自我概念，这就是反射性评价（见图8－4中的b）。

（三）社会比较

费斯廷格（Festinger，1954）认为，人们在缺乏明确的标准的情况下，要想准确的认识和评价自己，往往会转向与自己相似的人进行比较，这就是社会比较理论（social comparison theory）[25]。伍德（J. V. Wood，1989）发展了费斯廷格的理论，他"把社会比较的动机概况为准确的自我评价、自我美好、自我保护与自我提高"；同时把"社会比较的方式分向上比较、相似比较与向下比较"[26]。不难发现，社会比较是获取自我概念信息的一个重要途径（见图8－4中的c）。

（四）自我知觉

无论是别人的反馈性评价、反射性评价，还是与他人的社会比较，上述自我概念信息的获得都是与外部他人的交往中产生的。同时，人们还会通过自己的外在行为来推断自己的总体特征，来获取自我概念信息。这就是贝姆（D Bem，1972）提出的自我知觉理论（self – perception theory）[27]。自我知觉理论认为，在内部线索微弱或模糊的情况下，人们会转向外部行为来获取自我的相关信息（见图 8 – 4 中的 d）。

四、儿童自我概念的形成和发展及印象因素

（一）儿童自我概念的形成和发展

1. 婴幼儿自我概念的发生

自我并非一出生就有，初生儿是没有自我与非我的分化的，大致 6 ~ 8 月龄时，婴儿开始有对自己身体、自身的连续性的感觉。此时婴儿感觉到自己是一个连续的"事件"，Stipek（1990）研究发现，"自我识别帮助幼儿在自己和客体间建立联系，根据经验获得的突出特征将自己归类，发展出'分类自我'"，这是儿童自我概念发生和发展的基础[28]。在这期间，儿童自我概念的发生、发展是其社会性发展的核心（朱智贤，1990）[29]。对自我身体的识别，到自我的社会性认知，最终发展出对自我概念的综合的认识，形成心理自我概念，这是一个连续的过程，这一过程的始于生命的第二年。2 岁左右的儿童就基本获得稳定的自我识别能力，开始发展各种情感和社交技能（Bullock 等人，1990）[30]。同时，Wellman（1990）认为此时的婴幼儿对心理和行为的认识水平还很低，内在自我的认识不清晰[31]。

2. 学龄前期儿童的自我概念的初步建构

有研究发现，3 ~ 4 岁初步建构"自我概念"的阶段，此时的儿童更有意图地思考自己，对心理活动的理解已在辨别性、组织性、精确性上达到系统水平，从而形成一种和成人心理很接近的心理观[31]。Eder 发现，学龄前期儿童的自我概念"比较具体，多建立在身体特征、表现、活动能力及拥有的物品上"[32]。同时，他认为此时的儿童开始了对自己心理特征的初步评价。关于此阶段儿童自尊问题的研究上，研究者 Harter（1982）发现，学龄前期儿童产生自尊感，并且"能够根据自己各方面的表现列出各种不同评价的自尊清单"，拥有与客观实际相比偏高的自尊水平，但这个阶段的儿童还没有形成整体的自尊观念[33]。

（二） 自我概念发展过程中的影响因素

自我概念的发展受到来自各方面的影响，但总结下来也不外乎三个方面，生理的因素、重要人物榜样作用、社会因素。

1. 生理因素

Tager F. H. 和 Sullivan K（1994）研究发现，孕期母亲如果处于忧郁和压抑等应激状态，将引起内分泌系统的变化，从而对宫内胎儿产生影响[34]。Teti 和 Galfand（1995）的研究也发现，母亲在孕期过度苦恼、忧伤会造就烦躁不安的婴儿[35]。可见，宫内环境对胎儿有很大的影响。

同时，自我概念随着认知水平的不断发展而完善。认知水平为儿童成熟自我概念的发展提供了可能性。在人的一生的自我概念形成与发展过程中，自我识别能力是自我概念产生的基础，而语言的产生与发展则为儿童建立稳固的自我概念具有很大的促进作用。学龄期儿童的多维度多层次自我概念的形成得益于此时儿童认知能力的完善。青春期个体在自我认知过程中，通过不断自我分析、自我调整形成的元认知水平，发展出成熟自我概念。

2. 重要人物榜样作用

自我概念的形成过程中，与他人，尤其是与个体具有重大关系的，所谓重要任务的交互作用，及其评价和态度将对自我概念的发展产生重大作用。这些重要人物来自于家庭成员、师生、玩伴等。Roosa 和 Heyman（1984）等人的研究表明，父母的不同教养方式将对儿童不同自我概念的发展产生不同的影响[36]。Cole（1991）的研究表明教师对小学生能力的评价是儿童在小学期间自我概念的强预报因子[37]。而 Hartup 对同伴交往对自我概念的研究中发现，这种经验对自我概念的发展是非常重要的，同伴关系为儿童进一步理解社会规则和社会角色构建基本框架[38]。

3. 社会因素

很显然，社会历史文化背景和经济地位的不同会对自我概念的发展产生显著的影响。一系列研究表明，不同社会环境的自我概念的发展并不遵循相同的规律，而表现出不同的鲜明特色。经济地位对自我概念的影响表现在父母经济地位不同而传递给儿童的不同信息，以及社会对不同经济地位的不同态度也会传递一种信息给不同地位的儿童，使其自我概念的发展过程中产生不同的影响。

五、自我概念的功能作用

伯恩斯在其《自我概念发展与教育》一书中，系统论述了自我概念的心理作用，提出自我概念具有三种功能：保持个体内在的一致性；决定个人对经验怎样解释；决定人们的期望。

（一）保持个体内在的一致性

保持内在一致性，即保持个人的想法与情绪或行为一致。通过维持内在一致性的机制，自我概念起着引导个人行为的作用。积极的自我概念形成积极的自我形象，引导人采取积极的行为方式。出当人们的不同信念和态度之间或态度和行为之间不一致时，就会出现不和谐状态。

（二）决定个人对经验怎样解释

个体倾向于按照与自我概念相一致的方式来解释自己的行为。不同的人，由于不同的认知方式等特点，导致对于相同的经验的解释可能是不同的，自我概念影响着解释经验的方法。同一种经验，具有消极自我概念的人，倾向于与消极的自我评定相联系，而积极自我概念的人，则可能对其赋予积极的含义。

（三）决定人们的期望

Burns 指出，期望是在自我概念的基础上发展起来并与自我概念相一致的，其后继行为也决定于自我概念的性质。所以，具有积极自我概念的人，会表现为自尊、乐观等正面情绪和表现，而具有消极自我概念的人，则自卑、无望等。可见，培养对自己合理的认识和评价，能使之提出恰当的期望值并倾向于运用可以实现该期望的方式行为[39]。

六、自我概念的测量

自我概念测量的量表名目繁多，国外几个主要的量表是：SDQ（Self Description Questionnaire）、PSPP（Physical Self – Perception Profile）、PSC（Physical Self – Concept Scales）、PSD（Physical Self – Description Questionnaire）、Song – Hattie Self – Concept Scales、W. H. Fitts 编制的田纳西 Self – Concept Scales 等。其中，SDQ 有三个：SDQ Ⅰ（适用于学龄前）、SDQ Ⅱ（适用于学龄期）、SDQ Ⅲ（适用于学龄后期）。PSPP、PSCP、SDQ 均是多维度身体自我概念量表。国内研究者也进行了一系列量表的编制，如黄希庭等人编制的青年学生自我价值感量表，魏运华编制的儿童自尊量表等。

自我测量量表的产生也是一个逐渐发展、完善的过程。从笼统的自我概念量表（这种量表是广泛的、大量定义不确切的自我报告项目的集合）、到单维度自尊量表（这种量表测量的是像自信、自我能力这样可以区分、不与特殊的内容领域结合的方面）和差异性自我概念测量（这种测量方法是以罗杰斯的理论为基础，认为自尊是实现自我与理想自我之间的差异），再到多侧面等级自我概念量表（这种等级自我概念是自我概念各特殊方面的平均数，受到所包含的特殊量表的范围限制），最后到平均权重自我概念测量（这种测量方法要求被试在回答特殊方面的自我概念时，评定这一方面自我概念对于个体的重要性）。

自上世纪 80 年代初，Marsh 等人编制了 ADQ 量表以来，类似的多侧面等级自我概念量表在这些测量量表中最具优势。等级自我概念不同于一般自我概念，这是一个"不能被直接观察到的推理性结构，不能以某一类题目直接测得，而是自我概念各个特殊方面的平均数，它受所包含特殊量表范围的测量的限制"。

第二节　自　尊

一、自尊概述

（一）自尊概念

1. 西方心理学家对自尊的定义

最早给自尊下定义的心理学家是詹姆斯（W·James，1890）。他在给自尊下定义时用了一个著名的公式：自尊＝成功抱负，即个人对于自我价值的感受取决于其实际成就与潜在能力的比值[40]。Coopersmith 认为自尊是个体对自己做出的并通常持有的评价，它表达了一种肯定或否定的态度，表明个体在多大程上相信自己是有能力的、重要的、成功的和有价值的[41]；Rogers 认为，自尊是指自我态度中的情绪及行为成分[42]；Marsh 认为，自尊是一个知觉到的现实自我的特征和自我评价标准之间的比较结果[43]；Rosenberg 认为，自尊反映了知觉到的个体的现实自我状态和理想或期望的自我状态之间的差异[44]；Lawrence 认为，自尊是儿童对其心理和身体两方面总特征的情感性评价[45]；Branden 所指的自尊是人们在应对生活基本挑战时的自信体验和坚信自己拥有幸福生活权力的意志，由自我效能和自爱两部分组成；Steffenhafen 认为自尊指个体对自我的知觉的总和，其中包括他的自我概念（心理的）、自我意象（身体的）和社会概念（文化的）[46]。

2. 我国心理学者对自尊的界定

朱智贤认为："自尊是社会评价与个人的自尊需要的关系的反映"；荆其

诚定义自尊为"个人自我感觉的一种方式，一种胜任愉快值得受人敬重的自我概念"；顾明远认为"自尊是指个体以自我意象和对自身社会价值的理解为基础，对个人的值得尊重程度或其重要性所作的评价"；著名学者林崇德认为"自尊是自我意识中具有评价意义的成分，是与自尊需要相联系的、对自我的态度体验，也是心理健康的重要指标之一"；林传鼎、陈舒永、张厚粲等则定义自尊为："个人对自己的一种态度，是自我意识中的核心要素，是人格系统中的重要组成部分。"

　　国内外的心理学家们对自尊的定义莫衷一是，众说纷纭。但是，归结起来也不外乎三种，即认为自尊属于自我认识、认为自尊是一种情感体验、认为自尊既是认识也是体验。

　　（二）自尊源起

　　关于自尊的起源，很多理论对其进行了阐述。像恐惧管理理论（Terror management theory）中认为，自尊是人为了克服对死亡的存在性焦虑（existential anxiety）而产生的。很显然这种观点是认同自尊是自然生存受到威胁而促成的。社会测量学假设（Sociometer hypothesis）的观点则恰恰相反，它认为自尊是社会生存受到威胁而产生的，即自尊是人为了克服遭到他人排斥和社会孤立而产生的焦虑而生成的。

　　Buss 的核心 - 边缘理论（Core - periphery theory）认为，婴儿所接受的父母无条件、一如既往的爱形成了自尊的核心成分即自我价值[47]。如果父母这种无条件的关注短而弱，则婴儿自尊的核心小且弱。婴儿后期，父母的爱大多是一种有条件的、奖赏式的反应，这种有条件的爱培养起婴儿的自我信心，即所说的自尊的边缘性成分。同样，幼儿和青少年时期得到的来自他人的有条件和不稳定的情感支持，也会产生自我信心成分。核心 - 边缘理论认为，自尊核心成分的大小决定自尊边缘成分的大小。而人生的初期是自尊产生的关键时期。

　　（三）自尊发展的影响因素

　　关于自尊发展的影响因素，Buss（2001）进行过详细论述[48]。他把自尊发展的影响因素分为以下几个方面：

　　1. 外貌，即身体吸引力资源。他认为，虽然外貌资源的重要性存在性别差异，但是，无论男女老少，外貌都是重要的自尊资源。同时，他认为，外貌的重要性有一个从幼儿时期的渐渐上升到成年之后下降的趋势。

　　2. 能力与成就，这里所说的能力包括具体领域的自我效能和一般智力。

能力资源与自尊只有中等程度的相关。"成就作为自尊的资源则依靠社会和个人标准的确定以及由此而产生的成就归因特征"。

3. 道德，"在西方，道德是通过宗教信仰表现出来的，而宗教信仰使人们觉得他在上帝的眼中是有价值的，于是自我价值感也被提升了。"

4. 影响力，调查发现，能够表现出影响力的社会优势和领导行为都与自尊有显著相关，其中，领导与自尊的相关更高。

5. 社会奖赏，主要表现为家人的爱、同事的赞赏、朋友的尊重，这些正向的情感都会使我们体验到自身的价值。

6. 替代性资源，通过相关联群体、人物或事物的优势而提升自己的自尊，即此处所说的替代性资源。为自己的家庭而自豪，为自己的职业感到光荣，都是属于此种情况。

二、自尊的结构

（一）一维结构模型

自尊的一维结构模型是由 W·James 提出的[49]。他认为，自尊指个体的成就感（the sense of accomplishment），取决于个体在实现其所设定的目标的过程中的成功或失败的感受。James 认为，重要的不是个体所获得的实际结果，而是个体对所获结果的认知过程，即个体对所获结果重要性的主观评价（见图 8 -5）。

图 8 -5　自尊一维结构模型

（二）二维结构模型

这一结构模型是由 A. W. Pope 和 S. M. McHale（1988）提出的[50]。他们认为自尊是由知觉自我（perceived self）和理想自我（ideal – self）两个维度构成的。知觉自我是个体对自己是否具有各种技能、特征和品质的客观认识；理想自我是个体希望成为什么人的一种意象，这种意象是一种想拥有某种特性的真诚愿望。当知觉自我和理想自我一致时，自尊是积极的，相反，就是消极的（见图 8 -6）。

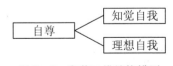

图 8 -6　自尊二维结构模型

（三）多维结构模型

1. 三维结构模型

这一结构模型是由 R. A. Steffenhagen 和 J. D. Burns（1990）提出的[51]。这一模型又包括三个相互联系的亚模型，即物质/情境模型（Material/Situational Model）、超然/建构模型（Transcendental/Construct Model）、自我力量意识/整合模型（Ego strength Awareness/Integration Model）。三个亚模型中，又各自包括三个成分，而其中每个成分又包括三种元素。物质/情境模型中，自尊包括自我意象（self - image），自我概念（self - concept）和社会概念（social - concept）三个成分，每个成分又都包括地位、勇气和可塑性三个元素。超然/建构模型中，自尊包括身体、心理和精神三个成分，每个成分都包括成功、鼓励和支持三个元素。自我力量意识/整合模型中，自尊包括目标取向（goal - orientation）活动程度（degree of activity）和社会兴趣（social interest）三个成份，每个成分都包括知觉、创造和适应三个元素（见图 8 - 7）。

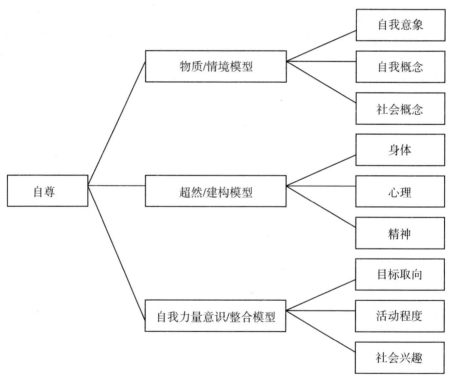

图 8 - 7　自尊三维结构模型

（四）四维结构模型

这一模型是由 S. Coopersmith（1967）提出的[52]。他认为自尊由四个方面构成：重要性、能力、品质和权力。重要性，即是否感到自己受到生活中重要人物的喜爱和赞赏；能力，即是否具有完成他人认为很重要的任务的能力；品德，即是否达到伦理标准和道德标准的程度；权力，即影响自己生活和他人生活的程度。

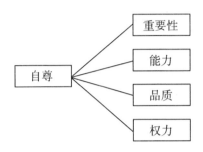

图 8-8　自尊四维度结构模型

（五）六维度、八维度及九维度结构模型

我国在自尊结构研究中成果也是很显著的。在 1997 年，学者魏运华就把自尊归结为六个因素：外表、体育运动、能力、成就感、纪律、公德与助人[53]。

而 Mboya 曾在 1995 年提出，自尊由家庭关系、学校、生理能力、生理外貌、情绪稳定性、音乐能力、同伴关系、健康八个维度构成的八维度结构模型理论[54]。

我国心理学家蔡建红通过对大学生的自尊结构进行的调查研究发现，大学生的自尊结构由自我价值感、社交口才、学习能力、他人及社会认同、父母关系、归属群体、人际亲密、演讲、体育运动等九个因素构成[55]。

（六）自尊的"倒立金字塔"结构模型

在 2004 年的心理科学上，张向葵等人为我们介绍了自尊的"倒立金字塔"结构模型[56]。他们认为自尊是一个自我评价，具有动力的动态系统。在这个系统中包括三个基本心理维度：潜在自尊（Potential self - esteem）、社会自尊（Social self - esteem）和元自尊（Meta self - esteem）。其中，潜在自尊是指"人生来就有的对维护自我尊严与他人认可的一种渴求"；社会自尊是指"人期望得到社会与他人的认可、接纳与承认的一种心理需要"。包括显性和隐形两个层面；元自尊是"当个体的元认知水平发展到一定的程度时，对个体自尊的一种有意识监控和调节"。

根据信息加工系统的经验结构理论，张向葵等人指出，自尊结构系统各层次之间的关系如同一个"倒立金字塔"结构（见图8-9）。

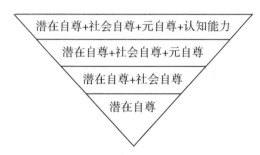

潜在自尊+社会自尊+元自尊+认知能力

潜在自尊+社会自尊+元自尊

潜在自尊+社会自尊

潜在自尊

图8-9 自尊的"倒立金字塔"结构模型

最底层的等腰三角形是个体自尊形成的原始力量，是个性最深处的集体潜意识中的自尊动力；第二层的等腰梯形，是个体自尊结构的主体，是个体的自尊意识和自尊情感形成的地方。第三层是第二层的延伸，表示个体自我尊重意识的形成更多的是三种自尊成分综合作用的结果。由此可见，"自尊是个综合的、动态的加工系统，各维度关系既是独立的，又是相互协调、相互支持与相互合作的，每个层次的作用都是建立在它下一层的作用基础之上的"。

三、自尊研究新进展——内隐自尊

通常的自尊测量是通过自我报告法进行的。虽然在对自尊的个体差异及其对个体认知、情感、行为的影响的研究中，直接测量的方法测出的自尊对个体的认知情感行为与较强的预测力，但是，对于潜意识、下意识层面上的测量，自我报告法却显得束手无策。况且，自我报告法的使用也很难消除社会赞许效应的影响。因此，很难说自我报告法测出的是真正意义上的自尊。基于此，内隐自尊研究应运而生。

（一）内隐自尊（implicit self - esteem）的研究

Greenwald 和 Banaji（1995）对内隐自尊是这样定义的，内隐自尊是对与自我相联或相关事物评价时，通过内省而无法识别的自我态度效应，内隐自尊效应包括加工与自我相关信息时的积极倾向[58]。众多内隐社会认知研究也表明，个体对自我持肯定态度，评价与自己有关的事物往往具有明显的积极性（Hetts J J，Sakuma M，1999；Bosson J，Swann W，2000；Koole S，Dijksterhuis

A，Knippenberg，2001）[59,60,61]。在后续相关研究中，Greenwald 利用 IAT 进行的实证研究显示："自我肯定效应具有普遍性，不会因性别、种族而改变。"这验证了其理论的正确性。Epstein 和 Morling（1995）也揭示了两种自尊同时存在于个体中的现实。他们认为，自我系统的有些部分是有意识的，是理性的，需要意识控制；而其它那些部分却是不能意识到的，是一种潜意识的自动化过程[62]。个体对自我评价也应是两部分组成的，即意识层面上的外显自尊和潜意识的内隐自尊。

后来，Greenwald 等人（2002）进一步将内隐自尊、内隐态度、内隐刻板印象、内隐自我概念结合在一起，提出了"内隐态度、内隐刻板印象、内隐自尊和内隐自我概念同一理论"。这个理论认为，"内隐态度和内隐刻板印象是以内隐自尊和内隐自我概念为基础的"，同时，"内隐自尊越强，内隐自我概念越牢固，内隐态度就越积极"[63]。

内隐自尊和外显自尊间到底是个什么关系呢？他们是否具有相同的结构？在对个体的影响中是否居于相同的地位？这一系列问题深深吸引着后来的研究者为内隐和外显自尊研究前赴后继。研究表明，由于内隐自尊是在大量经验积累基础上形成的潜意识的产物，所以内隐自尊比外显自尊具有更大的稳定性，难以改变（Pelham B. W.，Hetts J. J.，1999）[64]。Hetts J. J. 和 Sakuma M，Pelham B. W.（1999）进行的一项跨文化的研究中也发现内隐自尊表现出极大的稳定性，在短期内是难以改变的。而外显自尊会会因周围环境的变化和影响在较短的时间内发生改变。双重态度（dual attitude）模式（Wilson T. D.，Lindsey S，Schooler T. Y.，2000）认为，新的态度的形成不会使原有的态度消失，而是把原有态度压制到内隐层次中。时机出现时，被压制的原有态度会再次入主个人的评价[65]。

在对个体影响的层面上，外显自尊和内隐自尊在不同的层面上对个体产生着影响。Spalding 和 Hardin 研究认为，非语言行为更可能受到内隐自尊的影响，而言语行为则更易受到外显自尊的影响[66]。Greenwald 和 Farnham 的研究表明，内隐自尊对个体的影响不经表现在非言语行为上，同时也会对言语行为或外显行为产生影响。可见，内隐自尊和外显自尊是一个有机整体，他们一起构成了个体对自我的整体评价和态度[67]。

国内在对中国文化下人格特质与个体的自尊水平之间关系的研究中发现，外显自尊和内隐自尊在与人格特质的关系中存在差异。"外显自尊与人格特质中的'自我指向'的人格特点存在紧密的联系"，但是"内隐自尊作为一个独立于外显自尊的结构，与各个人格特质的关系均不显著"[68]。

随着社会认知神经生理学研究的兴起，关于内隐自尊生理机制的探索也被提到日程上来。众多研究者（Ito，Cacioppo，2000；Gray，2004；许静等人，2005）的一系列研究成果为我们提供了认识内隐自尊的不同视角，也为内隐自尊的进一步研究打下良好的基础。

（二）内隐自尊的测量

1. 内隐联想测验（implicit association test，IAT）。IAT 是基于 Greenwald 等提出的内隐认知系统测量技术而发展起来的一种内隐自尊测验。具体步骤是先测出被试对"与自我有关的词和正向词"、"与自我无关的词和负向词"的归类的反应时，然后测定被试对"与自我无关的词和正向词"、"与自我有关的词和负向词"归类的反应时，后者反应时与前者反应时之差就是内隐自尊（Greenwald A. G.，Farnham S. D.，2000）[69]。

2. 自我统觉测验（self – apperception test）被试对 10 个不同的人脸图片作"偏好程度"和"与自己相似程度"的排序，两者的相关系数为内隐自尊的指标（Aidman E V，1999）[70]。自我统觉测验的前提假设是高内隐自尊的个体在排序上存在高相关。

3. 启动测验（priming test）启动测验假设高内隐自尊的个体应该对正向词的判断比对负向词的判断有更大的启动效应。测验中，为被试先呈现一个与自我有关的词作为启动词，然后要求被试判断接着呈现的目标词为正向还是负向。而内隐自尊即为负向词的平均反应时减去正向词的平均反应时。

4. 词汇完成测验（word – completion test）词汇完成测验是基于高内隐自尊的个体在残词补全中比低内隐自尊的个体更倾向于填成正向词而产生的。测验中，首先为被试呈现与个人有关的描述，让被试做出符合性判断，作为自我认同的启动条件，然后要求被试对残词进行补全。

四、内隐自尊与外显自尊的关系

我国学者蔡华俭选取某师范大学二年级和三年级本科生 150 名，通过传统的自陈式自尊量表（Rosenberg 自尊量表、Coopersmith 自尊调查表，即 SEI、自卑感量表，即 FIS）对外显自尊进行测量。采用内隐联想测验，即 IAT（包括评价性的 IAT_1 和情感性的 IAT_2），对内隐自尊进行测量，并进一步运用结构方程建模的方法对内隐自尊和外显自尊的关系进行了研究，结果呈现如下：

表 8 – 1　外显测量及内隐测量有关结果的描述性统计（*n* = 90）

	R	C	F	IAT$_1$	IAT$_2$
M	20. 022	37. 444	164. 54	110. 825	38. 489
SD	3. 345	7. 777	24. 717	115. 705	96. 956

注：R：Rosenberg 自尊量表，C：Coopersmith 自尊调查表，F：自卑感量表（蔡华俭，2003）

表 8 – 2　外显测量及内隐测量有关结果的描述性统计（*n* = 90）

	F	C	R	IAT$_1$	IAT$_2$
F	1. 000	0. 357**	0. 625**	− 0. 002	0. 239*
C	0. 357**	1. 000	0. 333**	0. 024	0. 012
R	0. 625**	0. 333**	1. 000	0. 044	0. 221*
IAT$_1$	− 0. 002	0. 024	0. 044	1. 000	0. 527**
IAT$_2$	0. 239*	0. 012	0. 221*	0. 527**	1. 000

注：* $p < 0.05$，** $p < 0.01$（转引自：同上）

由表 8 – 2 可见，"内隐测量和外显测量间大多相关几乎为零，其中有两个显示出显著的相关，但相关系数都偏低，这表明外显测量和内隐测量间存在良好的区分效度，也预示着内隐自尊与外显自尊彼此间是相对独立的，二者是两不同的结构。"

在运用结构方程进行的分析也表明了内隐自尊和外显自尊二者的相对独立性。

参考文献

［1］彭聃龄主编：《普通心理学》（修订版），北京师范大学出版社 2001 年版。

［2］［12］［40］［49］William James. The Principles of Psychology, 1890.

［3］李汉松编：《西方心理学史》，北京师范大学出版社 1988 年版。

［4］Allport F. H. SocialPsychology, NewYork：HoughtonMifflin, 1924.

［5］［23］Charles Horton Cooley. Human Nature and the Social Order, New York：Scribner's, 1902.

［6］Lippa R. A. Introduction to Social Psychology, Wadsworth Publishing Company, 1990.

［7］［42］Benjamin B. Lahey. Psychology：an introduction, Boston：McGraw Hill (5th ed)

2001.

〔8〕H Markus. Self – schemata and processing information about the self, Journal of Personality and Social Psychology, 1977.

〔9〕〔22〕贺岭峰:《自我概念研究的概述》,载《心理动态》1996 年第 4 期。

〔10〕Gergen K. J, Gergen M. M. Narrative and the self as relationship, Advances In Experimental Social Psychology, 21. NY: Academic Press, 1988.

〔11〕时蓉华编:《社会心理学》,浙江教育出版社 1998 年版。

〔13〕〔41〕〔52〕Coopersmith S. The antecedents of self – esteem, San Francisco: Freemna, 1967.

〔14〕Piers E, Harris D. The Piers – Harris Children's Self Concept scale, Nashvallie, TN: Counselor Recording and Test, 91～95, 1969.

〔15〕〔44〕Rosenberg M. Self – concept from middle Childhood through adolescence, In J. Suls and A. G. Greenwald (Eds) Psychological perspectives on the self, 182～205, 1986.

〔16〕Harter S, Pike R. The pictorial scale of perceived competence and social acceptance for young children. , Child Development, 1984.

〔17〕Harter S. Competence as a dimensionof self – evaluation: Towarda comprehensive model of Self worth, In R. L. leahy (Ed), The Development of the self, New York: Academic press, 55～121, 1985.

〔18〕Harter S. Manual: Self – Perception Profile For Adolescents, Denver, Co: university of Denver, 1986.

〔19〕Marsh H. W, Byne B. M, Shavelson R. J. A multifaceted academic self – concept: Its hierarchical structure and its relation to academic achievement, Journal of Educational Psychology, 366～380, 1988.

〔20〕〔43〕Marsh H. W. Verbal and math self – concepts: An internal/external frame of reference model. American Educational Research Journal, 1986.

〔21〕刘化英:《罗杰斯对自我概念的研究及其教育启示》,载《辽宁师范大学学报》2000 年第 6 期。

〔24〕Mead G. . H, C W. Morris Mind, Self, and Society from the Standpoint of a Social Behaviorist, Chicago: University of Chicago Press, 1934.

〔25〕Festinger L. A theory of cognitive dissonance. Evanston, IL: Row, Peterson, 1957.

〔26〕Igharo M, Wood J. V. Powder Metallurgy, 1989.

〔27〕Bem D. Self perception theory. In L. Berkowitz (Ed.). Advances in experimental social psychology (Vol. 6) . New York: Academic Press, 1972.

〔28〕Stipek D. J, Daniels D. H. Children's use of dispositional attributions in predicting the performance and behavior of classmates, Journal of Applied Developmental Psychology, 1990.

［29］朱智贤主编：《中国儿童青少年心理发展与教育》，中国卓越出版公司 1990 版。

［30］ Gall M. D, Gall J. P, Jacobsen D. R, & Bullock T. L. Tools for learning. Alexandria, VA: Association for Supervision and Curriculum Development, 1990.

［31］ Wellman H. M, The Child's Theory of Mind, Cambridge: MIT Press, 245 ~ 275, 1990 – 35.

［32］ Eder R A. Uncovering young children's psychological selves: Individual and developmental differences, Child Development, 849 ~ 863, 1990 – 61.

［33］ Harter S, The Perceived Competence Scale for children, Child Development, 87 ~ 97, 1982 – 53.

［34］ Tager F. H, Sullivan K. Predicting and explaining behavior: A comparison of autistic, mentally retarded and normal children, Journal of Child Psychology and Psychiatry, 1059 ~ 1075, 1994 – 35.

［35］ Teti D, Gelfand D. Maternal depression and the quality of early attachment: an examination of infants, preschoolers, and their mothers, Developmental Psychology, 364 ~ 376, 1995 – 31.

［36］ Roosa M, Vaughan L. A. Comparison of teenage and older mothers with preschool children, Family Relationship, 259 ~ 265, 1984 – 33.

［37］ Cole D. A. Change in self – perceived competence as a function of peer and teacher evaluation, Developmental Psychology, 682 ~ 688, 1991 – 27.

［38］ Hartup W. M. The company they keep: Friendships and their developmental significance, Child Development, 1 ~ 13, 1996 – 67.

［39］ Burns R. B. The self concept in theory, mea – surement, development and behavior, New York: Longman Group Limited, 1979.

［45］ Lawrence D. Enhancing self – esteem in the classroom, London: PCP Ltd (2nd ed.) 1996.

［46］ Branden N. . The psychology of self – esteem: a revolutionary approach to self – understanding that launched a new era in modern psychology, San Francisco: Jossey – Bass, 2001.

［47］［48］ Buss A. Psychological dimensions of the self, Sage Publications, 49 ~ 85, 2001.

［50］ A W. Pope, S M. McHale, W E. Craighead. Self – Esteem Enhancement with Children and Adolescents, Pergamon Press, 1988.

［51］ R A. Steffenhagen, J D. Burns. The Social Dynamics of Self Esteem: Theory to Therapy, Greenwood Press, 1987.

［53］魏运华：《自尊的概念，结构，及其测评》，载《社会心理科学》1997 年第 3 期。

［54］ Mboya M. M. Perceived teacher's behaviors and dimensions of adolescent self – concepts, Educational psychology, 1995.

［55］蔡建红:《大学生自尊结构的研究》,载《中国临床心理学杂志》2001年第4期

［56］田录梅,张向葵:《自尊与自我服务偏好的关系述评》,载《心理科学进展》2007年第4期,第631~636页。

［57］张向葵,张林:《关于自尊结构模型的理论建构》,载《心理科学》2004年第4期,第791~795页。

［58］Greenwald A. G. , Banaji M. R. Implicit social cognition: Attitudes, self - esteem, and stereotypes, Psychological Review, 4 ~ 27, 1995 - 1.

［59］［64］Hetts J. J, Sakuma M, Pelham B. W, . The Roads to Positive Regard: Implicit and Explicit Sel f - Evalution and Culture, Journal of Personality and Social Psychology, 1999.

［60］Bosson J. K, Swann W. B, Pennebaker J. W. Stalking the Perfect Measure of Implicit Self - Esteem: the Blind and the Elephant Revisited, Journal of Personality and Social Psychology, 2000.

［61］Koole S, Dijksterhuis A, Knippenberg. What's in a Name: Implicit Self - Esteem and the Automatic self, Journal of Personality and Social Psychology, 2001.

［62］Epstein S, Morling B. Is the self motivated to do more than enhance and/or verify itself? In M. H. Kernis (Ed.), Efficacy, agency, and self - esteem, New York: Plenum, 9 ~ 29, 1995.

［63］［67］［69］Greenwald A. G. , Farnham S, D. Using the implicit association test to measure self - esteem and self - concept. Journal of Personality and Social Psychology, 1022 ~ 1038, 2000 - 79.

［65］Wilson T D, Lindsey S, Schooler T Y. A Model of Dual Attitudes, Psychological Review, 2000.

［66］Spalding L. R, Hardin C. D. Unconscious unease and self - handicapping: Behavioral consequences of individual differences in implicit and explicit self - esteem, Psychological Science, 535 ~ 539, 1999 - 10.

［68］周帆,王登峰:《人格特质与外显自尊和内隐自尊的关系》,载《心理学报》第2005年第1期。

［70］Aidman E. V. Measuring individual differences in implicit self - concept: Initial validation of the Self - Apperception Test, Personality and Individual Difference, 1999.

第九章

社会认知偏差及偏见

社会认知的对象是有意识的人、复杂的社会环境和人际关系，而人们对这些对象的认知又是通过一些特殊的介质进行的。例如，通过他人的言行、表情、态度等来认识、判断。但是，无论是认知的主体，还是认知的客体，都会有意识、无意识地掩饰自己的内在动机，所以，人们的社会认知判断常常可能产生一定程度的偏差。首因效应、近因效应、晕轮效应等一系列的社会认知偏差现象成为了研究者研究的热点。

偏见是不同于偏差，但是和偏差有所联系的一个概念。对偏见的研究起始于20世纪20年代，在"美国政府的种族歧视政策和白人歧视黑人的种族隔离现象"和"社会心理学的诞生与态度概念的出现"的研究背景下，当时把偏见问题提到社会心理学上研究中，并很快成为了社会心理学研究的重要课题之一。

第一节　社会认知偏差

一、首因效应和近因效应

（一）首因效应和近因效应的概述

1. 概念

在我们的生活中存在这么一种现象："记错了一个新单词，会很难改正过来"，"对一个人的第一印象会影响到对这个人的很长一段时间的评价"，"恋爱中的你会一见钟情"。如果某人在初次见面时给别人留下了良好的印象，这种印象会在很长一段时间内左右人们对他的心理和行为特征的解释。可见，第一印象对人的认知过程有着非常强烈的影响。

在人与人的交往中，还存在一种与第一印象效应（即首因效应）相近的另一种现象。对朋友的长期了解中，最近了解的东西往往占优势，掩盖着你对该人的一贯了解。这种现象，心理学上叫"近因效应"。

所谓"首因"，是指主体首次认知客体时，在脑中留下的对认知客体的"第一印象（first impression）"或"最初印象（primary impression）"。所以，"首因效应（primary effect）"就是指认知主体在社会认知过程中，通过"第一印象"最先输入的信息对认知客体以后的认知产生的影响作用。

近因效应与首因效应相反，是指交往中最后一次见面给人留下的印象，这个印象在对方的脑海中也会存留很长时间。多年不见的朋友，在自己的脑海中的印象最深的，其实就是临别时的情景。

2. 产生的原因

引起首因效应产生的关键原因是信息输入的先后顺序。从以下我们将要介绍的关于卢钦斯（1957）的"吉姆实验"很明显可以看出，其中存在一种"先入为主"的现象。我们可以推断：信息输入的先后顺序是首因效应产生的最直接和最关键因素。

实验心理学研究表明，外界信息输入大脑时的顺序，在决定认知效果的作用上是不容忽视的。最先输入的信息作用最大。大脑处理信息的这种特点是形成首因效应内在原因。

对于这种因信息输入的顺序而产生的效应的现象，有种种不同的原因解释。一种解释认为，最先接受的信息所形成的最初印象构成脑中的核心知识或记忆图式。后输入的其他信息只是被整合到这个记忆图式中去，即这是一种同化模式，后续的信息被同化进了由最先输入的信息所形成的记忆结构中，因此，后续的新的信息也就具有了先前信息的属性痕迹。另一种解释是以注意机制原理为基础的，该解释认为，最先接受的信息没有受到任何干扰地得到了更多的注意，信息加工精细；而后续的信息则易受忽视，信息加工粗略。

个性特点也影响首因效应的发生。一般来说，心理上保持高度一致，具有稳定倾向的人，容易受首因效应的影响。

3. 首因效应的控制

首因效应的影响作用可以在一定程度上得到控制。首因效应的产生与个体的社会经历、社交经验的丰富程度有关。如果个体的社会经历丰富、社会阅历深厚、社会知识充实，则会将首因效应的作用控制在最低限度；另外，通过学习，在理智的层面上认识首因效应，明确首因效应获得的评价，一般都只是在依据对象的一些表面的非本质的特征基础上而做出的评价，这种评价应当在以后的进一步交往认知中不断地予以修正完善，也就是说，第一印象并不是无法改变，并不是难以改变的。

（二）关于首因效应和近因效应的相关实验研究

1. 首因效应和近因效应的存在

（1）墨多克的无关联字词实验

1962年，加拿大学者墨多克向他召集的实验被试呈现一系列无关联的字词，如"肥皂、氧、枫树、蜘蛛、雏菊、啤酒、舞蹈、雪茄烟、火星"等，以每秒出现一个的顺序呈现完毕，让被试以任意顺序自由回忆。结果发现，回忆的效果与字词在原呈现系列中所处的位置有关。在系列开始部分和末尾部分的单词均比中间的单词更容易回忆。心理学上把这种现象称为系列位置效应。其中，开始部分单词更好记的现象称作首因效应，末尾部分单词更好记的现象称作近因效应。

（2）卢钦斯的吉姆实验

美国心理学家卢钦斯（A. Ladins，1957）用"吉姆实验"研究了首因效应现象。具体实验步骤和结果如下：

A 实验准备：

①撰写两段描写吉姆生活片段的文字材料。

第一段文字将吉姆描写成热情并外向的人，如吉姆与朋友一同上学、走在撒满阳光的街道上、与新结识的女孩打招呼等；

第二段文字与第一段文字恰恰相反，把他描写成冷淡而内向的人，如吉姆放学后独自回家、走在街道背阴一侧、不与新解释的女孩打招呼等。放学后一个人步行回家，他走在马路的背阴一侧，他没有与新近结识的女孩子打招呼等。

②组合两段文字成以下四组：

表9-1　实验程序

第一组	描写吉姆热情外向的文字先出现，冷淡内向的文字后出现。
第二组	描写吉姆冷淡内向的文字先出现，热情外向的文字后出现。
第三组	只显示描写吉姆热情外向的文字。
第四组	只显示描写吉姆冷淡内向的文字。

B 实验过程：

选取四组被试分别阅读一组文字材料，然后回答一个问题：吉姆是一个什么样的人？

C 研究结果：

表 9 - 2　实验结果

	第一组	第二组	第三组	第四组
认为吉姆是友好的被试百分比	78%	18%	95%	3%

D 研究结果说明：

信息呈现的顺序会对社会认知产生影响，先呈现的信息比后呈现的信息有更大的影响作用。也就证明了首因效应的存在。但是，卢钦斯进一步的研究发现，如果在两段文字之间插入某些其他活动，如做数学题、听故事等，则大部分被试会根据活动以后得到的信息对吉姆进行判断，也就是说，最近获得的信息对他们的社会知觉起到了更大的影响作用，这个现象叫做近因效应。

研究发现，近因效应一般不如首因效应明显和普遍。在印象形成过程中，当不断有足够引人注意的新信息，或者原来的印象已经淡忘时，新近获得的信息的作用就会较大，就会发生近因效应。

2. 首因效应向近因效应转换的实验研究

在记忆的研究中，Wright 等人（1985）提出，"近因向首因效应的转换是指随学习和测验时间间隔的增加对项目表中前面项目的记忆改进，而对后面项目的记忆变差。"其他一些研究者（Cornell 等人，1983；Neath，1993；Korsnes 等，1996）也在运用探测项目是否识别的范式和运用 4 择 1 的系列位置确认范式中都观察到这种效应的存在。Kerr 等人（1998）提出相异的观点，认为是反应偏差造成了这种现象的产生。

研究者刘爱伦、周丽华（2002）分别进行了两项实验研究来探索首因效应向近因效应转换的问题。以下将对其实验内容做一个简单的介绍[1]。

（1）汉字自由回忆中近因效应与首因效应的转换问题

研究者选取 28 名大学生被试，采用 72 个刺激系列，意义汉字、无意义汉字与英文大写字母各三分之一。实验采取"2（保持时间间隔：0s 和 10s）× 3（实验材料：有意义汉字、无意义汉字与大写字母）× 6（6 个系列位置）因素设计"，"因变量是每个系列位置正确回忆的百分比"，实验为被试内设计。

实验中利用计算机呈现实验材料和指导语。"屏幕中央呈现 6 个系列的字或字母，每个项目呈现 1s，项目间时间间隔为 0 秒。每系列呈现完毕，间隔 0s 或 10s 后，呈现红色的'开始回忆'字样。"

研究者对材料进行的单因素方差分析表明了三种刺激系列都存在明显系列位置效应；时间间隔与系列位置间的交互作用显著；在 0s 保持间隔时，观察到有显著的首因效应而无近因效应。但是在 10s 保持间隔时，明显呈现首因效应向近因效应转换的特点。

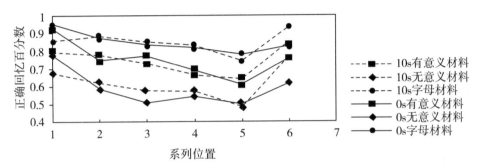

图 9 - 1　不同时间间隔首因向近因效应的转换（刘爱伦，周丽华 2002）

实验结果显示：不同保持时间间隔之间正确回忆无显著差异，F（1，1006）$= .20$，$p < .05$；对材料类型的 Post Hoc 检验发现三种材料类型，两两间差异非常显著。由实验结果，研究者得出实验结论：采用自由回忆范式，出现了首因向近因效应转换的现象，而且这种现象不受材料意义的影响。

（2）不同顺序提取策略对首因向近因效应转换的影响

选取 28 名大学生被试，96 个汉字系列，每系列 6 个汉字，每系列有意义与无意义汉字各半。实验设计采用四种实验条件，0s 时间间隔下，条件一、二分别采取 48 个系列从头到尾或从尾到头顺序的掩蔽实验设计，另一半都是自由回忆。10s 时间间隔情况下，重复相同的实验。实验设计为"2（保持时间间隔：0s 和 10s）×2（测验类型：与从头到尾回忆混合的自由回忆和从尾到头回忆混合的自由回忆）×6（6 个系列位置）因素设计。因变量是每个系列位置正确回忆百分比。实验为被试内设计。"

通过收集到的实验数据研究者得出，近因向首因效应的转换不是记忆的普遍现象，在从头到尾提取指导语混合的自由回忆中出现了随时间间隔延缓首因向近因转换的现象。

3. 首因效应与近因效应在不同情景下作用的比较

国内学者詹起生，俞智慧（2000）进行的一项关于首因效应与近因效应在不同情景下作用的比较的实验表明：近因效应通常不会在人们在用视觉书面材料对他人形成印象时出现。但是，当视觉材料换作听觉材料，明显的近因效应就会显现。这时，人更多的依赖于短时记忆系统[2]。

同时，研究还发现，第一印象对人以后保持交往会具有明显的首因效应，但是，这种效应是不稳定的，会随着人与人之间关系的密切，认识的深入而改变。

二、晕轮效应（halo effect）

（一）概念

在日常生活中，我们会常常遇到这样一种现象，当一个人对另一个人的某些品质有了好的印象之后，就会认为这个人一切都好；反之，若先发现了某个人的某些缺点，就可能认为他什么都不好。这种现象在社会心理学中被称为"晕轮效应"或"光环效应"。

同样，学生"追星"和有些同学对那些逃学、打架、不懂礼貌的学生的盲目崇拜也是一种晕轮效应的表现。我们平常所说的"爱屋及乌"、"以貌取人"、"一叶障目，不见森林"等，都是这种效应的典型例子。

晕轮效应最早是由美国著名心理学家桑戴克于20世纪20年代提出的。他认为，人们对人的认知和判断往往只从局部出发，扩散而得出整体印象，也即常常以偏概全。一个人如果被标明是好的，他就会被一种积极肯定的光环笼罩，并被赋予一切都好的品质；如果一个人被标明是坏的，他就被一种消极否定的光环所笼罩，并被认为具有各种坏品质。这就好像刮风天气前夜月亮周围出现的圆环（月晕）。据此，桑戴克为这一心理现象起了一个恰如其分的名称"晕轮效应"。

晕轮效应是认知主体对认知客体某一方面或某些方面的效应进行不切实际的夸大，或者美化，或者丑化，以其对自己印象深刻的优点掩盖其现实存在的缺点或者以其存在的明显的缺点抹杀其优点。

晕轮效应具有遮蔽性、表面性、弥散性的特点。首先，晕轮效应是一种以偏概全的现象，在认知过程中，我们总是习惯于采用事物的个别特征来推断事物的本质，由个别推及一般，由部分判断整体，从而没有全面的认识整个事物；其次，晕轮效应的产生于对事物没有进行深入认知，而仅仅存在于对事物的表面的知觉上，从而影响了判断的正确性和准确性。对于人的认识也一样，仅仅关注于外部特征，要知道，人的内在本质和外在特征是没有必然联系的。再次，对于事物的整体印象或者态度会弥漫到与事物相关的人或者事上，产生所谓的"爱屋及乌"的现象，从而体现出晕轮效应的弥散色彩。

（二）关于晕轮效应的实验研究

心理学家戴恩（K. Dion，1972）等人曾用实验证实了晕轮效应的存在。他们让被试看一些人的照片，这些照片看上去分别是无魅力的、中等的和有魅力的。然后，研究者让被试评定这些人的特点，而这些特点原本可能与有无魅力是无关的，但评定的结果却显示，有魅力的人得到了最高的评价，无魅力的人得到了最低的评价[3]。具体的评价结果见表9－3。

表9－3　关于晕轮作用的研究

	无魅力者	中等者	有魅力者
受欢迎性	56.31	62.42	65.39
婚姻的美满	0.37	0.41	1.70
职业地位	1.70	2.02	2.25
做父母的能力	3.91	4.55	3.54
社会和职业幸福	5.28	6.34	6.37
一般幸福	8.83	11.60	11.60
结婚的可能性	1.52	1.83	2.17

戴恩的研究说明，当人们由于认知对象的外表魅力而对其产生了好感或坏感觉以后，就会据此对认知对象的其他品质或特点进行信息整合，这些其他的信息也就被笼罩上了"好的"或"坏的"晕轮。

（三）晕轮效应产生的原因

那么，产生晕轮效应的原因是什么呢？晕轮效应与我们的知觉的整体性有关。我们知觉一个人或者事物的时候，不是孤零零地感知人某一方面的特点，而是趋向于从整体来把握知觉对象，人的某一方面的特点被感知之后，我们总是希望从这个特点联系其他相关的特点来形成总体的感觉，比如我们在黑暗里触摸到一件衣服袖口，凭借过去的经验，我们可以联想到衣服的衣领和整体构成，从而顺利的穿上它，但如果局部和整体的联系并不具有必然性，晕轮效应下的整体感觉就会出错。"盲人摸象"就是一个生动的例子。我们有时抓住的那个特征并不能反映本质，但我们仍喜欢由个别推之一般，由部分推之整体，必然会犯以偏概全的错误。

（四）晕轮效应的控制

晕轮效应作为一种心理现象，在我们的生活中是不可避免的。我们始终在有意无意地运用着它。但是，晕轮效应有时会表现为一种消极的作用，一叶障目，不见泰山。它可能对我们的视听和思维逻辑造成一种混淆，走入偏激状态，甚至造成歧视。这就要求我们睁大眼睛，尽量发挥它的积极作用，避免或者减少消极作用。

在学习生活过程中，为避免光环效应影响他人对自己或自己对他人的认识，应注意以下几点：不要武断地对新结交的人、同事、同学等做出评价，要尽可能地与他们进行多方面的交往，促进相互间的深入了解，全面、深入地看待了他人；在与他人交往时，不要过分在意他人是怎样评价自己，要相信自己一定会获得他人的认可和理解；要敢于展示自己，让更多的人了解自己的优点和长处，同时，也尽可能让他人了解自己的缺点。

在防备光环效应副作用的同时，我们也可以利用它的效果来增加自身的吸引力，使我们突出的特点得到交往对象的认可。我们可以采用先入为主的介绍，让对方了解你的优势，以获得肯定为主的评价；也可以在兴趣爱好的相似性方面寻求与对方的共鸣，从而获得对方的亲近感；我们应注重外表与举止风度，给对方良好的直觉印象。要注意塑造自我，开放自我。一个人的形象要由他自己去塑造，当别人有困难时尽力帮助，如果犯了错误尽快向他人诚恳道歉。这样才能避免在别人不知情的情况下妄加猜测。遇到困难时也可以向他人请教，使自己增加与他人的交流，让别人在交往中充分的了解你，打破你的不良光环，建立一个更加美丽的光环。人们只有经过长时间的、多方面的接触和沟通，对一个人各方面都有一定的了解，才能对他做出正确的评价和判断。

（五）现实中的晕轮效应

1. 教学中的晕轮效应

教学活动中，晕轮效应也是显而易见的。遵守纪律、尊敬师长、成绩出色的同学往往会受到老师的特别关注，而不守纪律、不爱学习的同学得到更多的是老师的指责和批评。要知道，学生的特点、能力、性格都是各不相同的，因材施教不应只是空谈；晕轮效应同样存在于学生对老师的判断上，学生习惯于由初次的与老师的接触上，从其衣着面貌去判断其个性，从教学讲解示范来推断其知识水平，从而对老师得出一些与实际相左的评价。

那如何消除这些教学中的晕轮效应呢？建立良好的"第一印象"，教师教学中要注意着装、仪表，积极备课，为学生展现出真实的自我。学生同样也要积极的表现自己，给老师留下良好的印象；教师要全面的了解学生，因材施教，用爱心对待每一位学生，不管是所谓的优等生还是差生，在师生之间建立起良好的关系。

2. 求职面试中的晕轮效应

当今，几乎所有的公司对求职者的选择都要通过面试来进行决断。面试中，应聘者在面试中表现出某些方面的过人才技，主考官会把这一亮点推而广之，从而认为这个人的各个方面都很出色。在应聘中，这种现象是难以避免的，主考官总是要凭借应聘者一时的表现去决定是否录用的，人的认识毕竟是有局限性的，理性的结论是很容易被遮蔽。

如何在应聘中能够顺利通过考察呢？第一印象对于主考官是非常重要的。有人就提出应聘面试中的 TPO 原则，即 Time、Place、Objective 原则。求职者在面试前根据应聘的目标和目的，从时间、地点等方面来修饰自己的着装、仪表、举止，因时因地制宜，根据不同的角色，准备不同的应对方案。

三、社会刻板效应

（一）概念

刻板印象这一术语首先被 Walter Lippmann（1922）提出[4]。20 世纪 30 年代，人们就从意识的角度出发对刻板印象进行的研究。到了 80 年代，人们的研究视角转入了"无意识的或内隐的角度"，随后，社会文化学派、团体动力学派和社会认知学派相继对其进行了深入而又广泛的研究。

社会认知的介入使得刻板印象研究发生了很大的变化，其中一个很显著的变化就是，刻板印象的研究由原来的内容研究转而把重点移到了刻板印象的认知过程研究中。内隐社会认知研究的兴起也引发了内隐刻板印象研究。

社会刻板印象指人们对社会上某一类事物产生的比较固定的看法，也是一种概括而笼统的看法。人们由于地理、经济、政治、文化等条件聚集在一起，所以，在进行社会认知的时候，人们也往往将聚集在一起的人们赋予相同的一些特征，对不同职业、地区、性别、年龄、民族等群体的人们形成较为固定的看法。当人们采用这些较为固定的看法去识别一个具体的人，去对他进行判断、推测和概括的时候，就有可能出现偏差，这就是社会刻板效应。

社会刻板印象对人们的社会认知有着一定的积极意义，他将群体的主要特征典型化，帮助人们对各群体差异的认识，降低社会认知的复杂性，简化人们认知过程，有助于人们迅速地把握并适应社会生活环境；同时，社会刻板印象也对人们的社会认知也有着一定的消极作用，对一个群体的社会刻板印象形成后，会直接影响并左右人们对该群体中的个别成员进行个性化的精细而正确地认知，严重时会导致产生较大的认知偏差；另外，社会刻板印象对客体的僵化性认知，也会妨碍人们对社会发展新事物属性的正确及时地认知。

（二）刻板印象产生的原因及控制

刻板印象产生的原因可以分为以下几个方面：

首先，社会刻板印象有着社会真实的基础，如生活在同一地域、同一文化背景中、同一职业或同一年龄段的人，在心理和行为方面客观地存在着一定的相似性，如社会人们普遍认为商人精明、军人英武、文人高雅、男人粗鲁、女人温柔等等，这在一定程度上确实反映了这种社会的真实；

其次，社会刻板印象也是有一定生理基础的。它反映了大脑对巨量复杂信息进行简约化处理加工的特性；

第三，从个体的认知习惯来看，个体在社会认知过程中总是习惯性地从某一群体，而不是从组成这个群体的成员个人角度去认知。

那如何避免这些社会刻板印象的产生呢？

首先，有意识地重视与寻求和刻板印象不相一致的信息，有意识地不为刻板印象所左右，不断修正自己的判断；

其次，深入到群体中去，与群体中的成员广泛接触，并重点加强与群体中有代表性的成员的沟通，不断地检索、验证原来刻板印象中与社会现实相悖的那部分信息，最终克服社会刻板印象的负面影响，而准确地进行社会认知。

（三）内隐刻板印象研究

内隐刻板印象研究从 20 世纪 90 年代至今，研究领域主要涉及性别刻板印象、种族刻板印象、地域刻板印象、容貌刻板印象等等。

1. 性别刻板印象的研究

性别刻板印象的研究涉及的方面包括成就、依赖性、攻击性等。Banaji，Hardin 和 Rothman（1993）进行了关于依赖性的实验；Banaji 和 Greenwald（1995）在实验中证明了内隐性别刻板印象的存在；国内学者蔡华俭（2001）运用内隐联想测验对大学生进行的一项实验中，证明了性别学科刻板印象的存在[5]。

2. 种族刻板印象研究

对不同人种的刻板印象研究是一种非常普遍的研究。Dovidio 等人（1996）使用启动任务进行的一项研究中发现，对于积极品质的目标词，当启动词为"白人"时，被试的反应显著快于启动词为"黑人"时的速度[6]；Greenwald 等人（1998）在一项相关的研究中验证了 Dovidio 等人的研究结果[7]。

3. 地域刻板印象研究

Gilbert 和 Hixon（1991）用补笔任务研究发现，当见过一名亚洲女士后，个体倾向于带着对亚洲人的刻板印象填空[8]；国内学者连淑芳（2005）研究也验证了地域刻板印象和内群体偏爱的内隐效应明显地存在[9]。

4. 容貌刻板效应研究

Dion，Berschel 和 Walster（1972）在大学生中进行的相关实验表明，大多数被试给予容貌姣好者较高的评价和预测；而国内的研究也得出相似的结论。邹玉梅（2005）的研究表明，某些局部容貌特征可以预测整体容貌吸引力，且贡献率不尽相同[10]。

四、投射效应

人们在对他人形成印象时，有一种强烈的倾向就是假定对方于自己有相同之处，通俗的说就是"以己推人"、"以己之心，度人之腹"，这种现象在心理学中称之为"投射效应"。比如心地善良的人总也不相信有人会加害于他；而敏感多疑的人，则往往会认为别人不怀好意。为什么会有这些现象呢？社会心理学有一种解释认为，就认知活动而言，人是一个"吝啬者"，总想以最少的精力获得最大的收获，即在认知上用最少的努力，来对周围的人和事形成最快的印象。这样一来，人可以更快的认识周围的事物，熟悉环境，以利尽快的做出下一步的选择，但随之而来的不足就是可能产生"先入为主"、"以偏概全"的假相。因此，当我们了解了心理现象的某些基本规律时，就要注意扬长避短，为自己营造一个和谐的人际关系。

投射作用是指个体依据其需要、情绪的主观指向，将自己的特征转移到他人身上的现象。投射作用的实质是个体将自己身上所存在的心理行为特征推测成在他人身上也同样存在。

投射作用的直接效果是个体的主观意向对于社会认知形成的影响作用比认知对象本身的特征还要大，即个体的主观心理状态在社会认知中的作用大于认知对象客观特征在社会认知中所起的作用，即存在"喧宾夺主"的现象。

社会认知中的这种"喧宾夺主"的投射作用，使得个体在进行社会认知时会不自觉地将自己身上所具有的一些人格特点投射到客体身上，从而将一些本不属于对象的心理行为特征强加到对方身上，掩蔽了客体的真正的人格心理特点，扭曲了客体的真实面貌，形成对客体错误的认知图式，使得认知中的客体不是像客观中的客体，而是越来越趋向像个体自己本身。如个体在社会认知中的心情是愉快的，则对他人表情的认知判断将趋向是肯定性质的，若个体的心情是不愉快的，则对他人表情的认知判断将趋向否定性质的。这是投射作用消极的一面。

投射作用在社会认知中也存在积极作用的一面。由于投射作用使得个体总是趋向把对认知对象评价判断成与自己相类似，总是将自己的主观感受，主观经验"先入为主"地来认知评价他人。因此，投射作用会使个体在对确实与自己相类似的人进行社会认知时，对客体的评价判断会更加地轻易、更加地精确、更加的到位。

个体在社会认知中存在投射作用的特性，后被利用发展成了一种心理测量法，即心理实验研究中常采用的"心理投射测量法"。即通过对他人个性测量中的评价而可测量检测出评估者本身的个性特征。因为，个体在对他人个性测量时，将自己的许多心理人格特点投射到了对他人个性测量的评价上。这种方法比直接对评价者进行个性测量的效果还要好，这种通过个体测量他人而对个体进行测量的间接方法，避免了个体在直接进行自我测量鉴定时所可能存在的自我赞许倾向的影响。因此，心理投射测量法是利用投射作用原理而设计出的对个性心理进行测量鉴定的一种比较客观、准确、有效的测量方法。

第二节　社会认知理论偏见

20 世纪 20 年代，由于美国政府的种族歧视政策和种族隔离现象的日益严重，加之社会心理学中态度研究的兴起，人们把目光转向了社会偏见（prejudice）研究。由此，偏见研究开始出现。最初的关于偏见的研究只限于针对民族态度和种族偏见的问卷调查研究。包格达斯（E. S. Bogardus，1925、1928）利用"社会距离"尺度测定法做的关于偏见的调查研究是最初的对偏见的研究，虽然研究的过程和结果标准化程度不是很高，但是这些研究为后来偏见研究奠定了基础。到了 20 世纪五、六十年代开始，涉及关于偏见起源的理论模型建构。偏见社会认知理论的出现却要归功于认识加工范式的兴起。至此，偏见研究有了初步的理论研究基础，并且走上了持续发展的道路。

一、偏见的涵义

前面我们简单介绍了什么是社会认知偏差。那社会认知偏差和认知偏见之间是个什么样的关系呢？一般来说，偏见是偏差的加深和固化，偏差对人的影响是无意识的，而偏见却是兼具意识和无意识层面来影响人的判断。如果对自己的社会认知偏差未能及时发现和纠正，而在以后的认知过程中偏差将进一步加深、固化，这种认知偏差就会上升为社会认知偏见。

偏见是一种相当普遍的社会心理现象，几乎从人类社会诞生之日起，作为人类心理产物的偏见，就存在于社会群体及社会成员之中。由于研究水平和认识程度的限制等原因，早期对偏见的研究略显粗糙、笼统。社会心理学对偏见的研究源于对美国的种族偏见的关注，所以很长一段时间种族主义、歧视等字眼成为了偏见的代名词，偏见、歧视、刻板印象等概念相互混淆，使用混乱。随着社会认知研究领域的崛起，研究方法的改进和完善，关于偏见的研究逐渐走上正规，向着更科学、完善、深入的方向发展。

早在1974年，Robert和Donn就指出"偏见"这一术语的使用意味着"一种指向某一特殊团体（种族、民族、宗教团体等）成员的消极评估态度"，并且认为偏见包括以下三部分："认知（观念、思想等）、感受（感情、情感等）和意动（行为、倾向等）"[11]。后来的研究者大部分都接受了这种偏见三分法，只不过由于研究兴趣不同，研究方向各异，所以每个人研究的侧重点也就不同。E. Bourne（1985）认为，偏见是一种态度，因而也是感情、看法和行为倾向的组合，是一种先入为主的看法；E. Allenson（1987）认为，偏见是不正确的看法与态度。对错误态度的肯定或偏爱也属于偏见，只不过人们一般讨论的是具有否定倾向的偏见；现代社会认知理论认为，偏见应是一种"消极的情绪化态度"，具有"认知或观念（cognition or belief）、感受或感情（affection or feelings）以及行为倾向（behavior tendency）三个维度的建构轨迹（简称偏见ABC）"（Robert AB，Donn B，1974）[13]。

可见，"当一个群体的成员（圈内ingroup）对另一个群体的成员（圈外outgroup）表现出消极的态度和行为，偏见就产生了。这种群体敌视有三个既相互联系又相互区别的子成分，那就是刻板印象、偏见和歧视"（S. E. Taylor、L. A. Peplau、D. O. Sears，2004）[14]。偏见和刻板印象、歧视是既相互联系又相互区别的统一整体。

作为一种心理现象，偏见是人们在认知过程中的意识对知觉对象的歪曲的反映。首先，偏见带有片面性。偏见本身就是主观的心理活动，由于社会文化因素和个人需要、动机的影响，加之人们在认知过程中本身的局限，使得人的社会认知过程带有很大的片面性，产生对知觉对象的偏见；其次，偏见带有情绪性。偏见本身就是一种消极的情绪化的态度。在社会认知过程中，如果带着一种情绪去认知这个世界，而这种前设情绪又是否定性的，就必然对认识对象采取非理性的否定性行为，这就形成了偏见；再次，偏见带有刻板性。一般的态度，无论对事物还是人，都是相对稳定的，在很长的一段时间内不会轻易改变。而相对于态度来讲，偏见带有更大的稳定力量——固着，偏见的刻板性使其很难得以改造；最后，偏见带有内隐性。很显然，我们认识到的偏见只是一种所谓的偏见行为，而更深层次的，偏见是一种心理倾向，新兴的内隐研究就为这种内部心理研究提供了一种思路。

社会认知偏见，首先应该是一种态度，一种消极的、妨碍我们做出正确认知判断的态度。因此，我们要在社会认识过程中要极力去避免它，尽量消除偏见对我们认知活动的影响。

二、偏见产生的原因及其应对

（一）偏见产生的原因

偏见产生的原因是多方面的，不同的研究者也对其做出过不同的解释，这里我们把偏见产生的原因归纳为客观因素和主观因素。

1. 客观因素

第一，社会文化因素。一个人自出生就生活在一个特定的社会环境当中，这种环境不会因其而改变。这个社会所特有的政治经济制度、民族宗教政策、社会主流导向、社会文化背景等等将自始至终去影响这个人的认知、情感和意志，并且这种影响是持续稳定的，在很长一段时间都很难改变。同时，文化的免疫性也致使其对相异文化产生排斥，直接导致的结果就是闭塞，拒绝多方面的交流。对多元文化的排斥，缺乏适当的接触和交往，只能给彼此造成更多的误解与偏见。第二，认知对象的特性。来自认知对象的鲜明的刺激会引起对其特殊的关注，而形成深刻的印象。当西装革履的晚宴上，一个人着运动装出席，那首先引起你注意的不会是那些整齐划一的"西装派"，而肯定是那位"运动派"，就像在一群白人中出现一名黑人，你首先关注的不是白人的形貌或穿着，而是这名黑人。"对某一事物的过分注意，往往会导致在两个变量之间产生错误的相关"（钟毅平，1999）[15]。

2. 主观因素

作为一种态度，偏见的产生也必然存在难以避免的人的因素在里面。首先，人思维的特点。我们在思维过程中，总是喜欢简化自己的内在认知过程，把知觉对象按照不同的内在标准进行归类。这就是所谓的"标准社会思维加工（the normal thinking processes）"。这种思维加工过程会在很大程度上节省我们的内部认知资源，但成为了偏见产生的重要来源。例如，你认为美国人热情、奔放、乐观，日本人模仿、尚武、冷酷。那如果我把一个美国人介绍给你，不管他具有什么样的性格，你都会把其归于一名热情、奔放、乐观的人，尽管事实并非如此。对认知对象的归类，我们姑且不说其分类标准的可靠性如何，单是这种划分也会夸大类别之间的区分度，而抹杀群组内的差异性，由此而导致偏见的产生；其次，一个人的知识和经验是有限的。特定的知识和经验导致一些知觉定势的形成，我们倾向于关注我们所熟悉的东西，也难免对客观事物产生偏见；第三，人的个性特征，如需要、动机、情感、情绪等因素也会对人的认知过程中态度的形成产生很大影响，产生偏差，其中，需要和动机是有意偏见产生的重要原因。

（二）针对偏见的应对策略

避免偏见产生或消除偏见是我国精神文明建设的重要内容之一，消除以民族偏见为主的各种错误思想，具有非常重要的现实意义。同时，避免产生或消除偏见是一项复杂的系统工程，应该采用一系列的有效的方法和途径。

第一，树立正确的世界观、人生观、价值观。用唯物辩证法的观点分析客观事物，自觉反对个人主义和民族分裂主义倾向，克服各种偏见和错误；

第二，树立全面看问题的观点。缺乏可靠的事实根据是导致偏见产生的一条不容忽视的途径，一些道听途说的信息往往是片面，不可靠的。在实际生活工作中，要开展调查研究，全面的看待身边的事和人，消除偏见产生的源泉；

第三，社会成员之间进行平等的交往和接触。增加交往和接触在一定的条件下会打破原先形成的刻板印象，消除原有的偏见。不过，有的研究也表明，群体间的接触有时也会导致冲突的增加。但这里较为重要的因素是，要想消除彼此的矛盾和偏见，交往与接触必须是平等的，无利害冲突的。特别值得一提的是，许多生活在多民族地区的人们，由于长期同各民族成员友好往来，成见消失了，彼此互帮互助，情同手足。

三、偏见研究的模型简述

（一）矛盾心理诱导行为夸大理论

矛盾心理诱导行为夸大理论（the ambivalence – induced behavior amplification theory）由 Katz 等人（1988）提出来的，这一理论认为，人们对刻板群体持有的价值与态度情绪在偏见形成中的重要意义[15]。

Katz 等人研究发现，大多数的白人都拥有"支持民主与人道主义原则的平等主义价值集合"和"根植于反叛性道德之中的个人主义价值集合"——两种冲突性价值集合。并且，这两种价值推动着其他同类价值的发展，从而形成更多具体态度。Katz 认为，这种所谓的"态度二重性"产生了个体内在的矛盾心理。

（二）反种族主义理论

Gaertner 和 Dovidio 认为美国人在具有平等主义观念的同时，还表现出对种族成员的消极情感或观念，他们把这种现象称为"反种族主义"。反种族主义理论认为，在这其中，来源于"基本的社会范畴化过程"及"区分不同团体的认知加工"的偏差发挥着重要作用[16]。

当团体性质得到确认后，不同的态度模式开始显现。其中，反种族主义意识会努力使个体对种族团体交替表现积极或消极的态度。反应情景中的"社会规范结构和产生反种族判断的潜力"是积极态度或消极态度显现的基础。

（三）加工分离理论

Devine（1993）提出的加工分离理论为我们解释了"无外显态度却有内隐偏见反应"的现象[17]。Devine 区分了两类储存信息，即团体刻板观念和个体的偏见观念或态度。Devine 认为，"拥有刻板观念的知识并不意味着必然导致个体对它的签注"，所以，可以认为"刻板观念可能不是低或无偏见者自我观念的组成部分"。

加工分离理论认为，刻板观念与个体观念的激活分属不同的认知加工，即彼此独立的自动加工和控制加工。"偏见形成及表现过程可能涉及两个认知结构，它们各自提供了不同情景中偏见反应的不同心理基础"。

参考文献

[1] 刘爱伦，周丽华：《首因效应向近因效应转换的实验研究》，载《心理科学》2002年第 6 期，第 664～765 页。

[2] 詹起生, 俞智慧:《首因效应与近因效应在不同情景下作用的比较》, 载《健康心理学杂志》2000 年第 3 期, 第 251～253 页。

[3] 孙卫敏著:《组织行为学》, 山东人民出版社 2006 年版。

[4] 王沛:《内隐刻板印象研究综述》, 载《心理科学进展》2002 年第 1 期, 第 97～101 页。

[5] 蔡华俭, 周颖, 史青海:《内隐联想测验及其在性别刻板印象研究中的应用》, 载《社会心理研究》2001 年第 4 期, 第 6～11 页。

[6] Dovidio J. F, Gaertner S. L. Affirmative action, unintentional racial biases, and intergroup relations, Journal of Social Issues, 51～75, 1996－4.

[7] Greenwald A. G, McGhee D. E, Schwartz J. K. L. Measuring individual differences in implicit cognition: The Implicit Association Test, Journal of Personality and Social Psychology, 1464～1480, 1998－74.

[8] Gilbert D. T, Hixon J. G. The trouble of thinking: Activation and application of stereotypic beliefs, Journal of Personality and Social Psychology, 509～517, 1991－60.

[9] 连淑芳:《内－外群体偏爱的内隐效应实验研究》, 载《心理科学》2005 年第 5 期, 第 93～95 页。

[10] 邹玉梅:《容貌特征的刻板印象研究》, 载《华东师范大学》2005 年。

[11] 沙莲香著:《社会心理学》, 中国人民大学出版社 1987 年版。

[12] Robert A. B. Donn B, Social psychology—Understanding Human Interaction, Allyn and Inc, 1974.

[13] [15] 李忠, 石文典:《国内外民族偏见理论及研究现状》, 载《广西民族研究》2008 年第 1 期。

[14] S E. Taylor, L A. Peplau, D O. Sears 著, 谢晓非等 译:《社会心理学》, 北京大学出版社 2004 年版。

[15] 钟毅平:《偏见及其认知来源》, 载《山东师大学报 (社会科学版)》1999 年第 2 期, 第 55～57 页。

[16] Gaertner S. L, Dovidio J. F. Reducing Intergroup Bias: The Common Ingroup Identity Model, Philadelphia, PA: Psychology Press, 2000.

[17] Devine P. C, Monteith M. J. The role of discrepancy associated affect in prejudice reduetiong, Orlando, Florida: Academic Press, 1993.

第十章

归因及归因理论

　　社会认知领域的研究中，归因研究是"主要理论课题"、"主要的实验课题"，也是社会认知研究领域"青春常驻"的一个研究课题。自从美国社会心理学海德（F. Heider）五十年代开始研究这个问题以来，许多著名的社会心理学家如琼斯、戴维斯、凯利以及韦纳等相继对归因问题进行了系统的研究。研究者总是利用大部分时间，花费大多数精力，不遗余力地去探索它。

　　那什么是归因呢？归因理论包含什么内容呢？归因又是如何引起研究者如此的兴趣呢？本章将对此相关问题进行相对深入的理论探讨，分别介绍各位学者对归因的定义和对归因的不同分类。

第一节　归　因

　　关于对因果关系的研究最早源于对哲学问题的思考。古希腊哲学家亚里斯多德就提出原因的两种解释：动力因和目的因。后来的归因过程研究中也因此出现了两大研究取向：协变研究取向和机制研究取向。他们分别源于动力因和目的因。现代意义上的归因研究是从海德（F. Heider）开始的。从此，归因研究一直占据社会心理学研究领域的一席之地。

一、归因的概念

　　关于对归因（attribution）的定义仁者见仁，顾名思义，归因即归纳原因。在最初的社会认知研究中，S. T. 菲斯克，S. E. 泰勒将归因定义为：对行为原因的知觉，对原因的分析。有关归因问题的研究可以分为两个相互联系而又相对独立的方面，即归因认知过程的研究和归因效果及作用的探讨[1]。

　　国内的关于归因的研究也是百花齐放。众多研究者对归因给出自己的见解。"归因，从本质上说是一种社会判断过程，它指的是根据所获取的各种信息对他人的外在行为表现进行分析，从而推论其原因的过程。换言之，归因就是对自己或他人的外在行为表现的因果关系做出解释和推论的过程"[2]。"归因是指人们推论他人的行为或态度之原因的过程"[3]。"所谓归因是指人们从可能导致行为发生的各种因素中,认定行为的原因并判断其性质的过程"[4]。"根据有关的外部信息、线索判断人的内在状态,或依据外在行为表现推测行为原因的过程,也称归因过程"[5]。

综上所述,我们把对归因内涵的认识归纳如下:

归因是指认知主体从所获得的信息中,探求认知客体行为原因并判断行为性质的主观能动性的过程。通俗的讲,就是人们去推论已发生事件的原因的过程。在此,归因包括三方面的内容:第一,归因是一个过程。这个过程是一个主体之于客体的过程,是主体发挥客观能动性认知客体的过程。第二,归因是对客体行为的判断。这里的行为不仅包括被认知者的,而且也包括认知者自身的行为事件、态度和其他一些内外状态。当认知主体对其自身进行认知时,认知者就兼主、客体于一身了。第三,判断的依据是认知主体所能获得的所有相关因素。

二、归因的分类

根据不同的标准,归因可以被划分为不同的种类。

(一) 根据归因指向不同,可分为外归因、内归因和内外相结合的归因

外归因很显然是指向外部的,根据影响人行为的外部条件进行的归因,认为外部条件是行为的主要原因。这些外部条件包括工作难度、运气等因素。内归因就是根据内部条件,如人的个性品质、情感、能力等进行的归因。在归因者看来,这些内在条件是行为的主要原因。很显然,内外相结合的归因是在归因过程中既考虑内部条件又考虑产生原因的外在条件而进行的归因。例如,某人在一次考试中名落孙山,如果把此次不成功的原因归于题目难度——因为这次题太难了,我落榜,这就是一种外归因。如果归于自己不够努力——题目不是很难,都怪自己不够努力,这是一种内部归因。而如果说——这次考试中外部环境太吵了,加之我最近身体状况不够好,所以导致了失败,这是一种内外相结合的归因。

(二) 根据归因的情感因素,可以把归因分为积极归因和消极归因

积极归因就是在归因过程中向着有利的方面对行为原因进行解释。而相反,归因中,把行为的原因向着不利于自己或者他人的方面进行解释的归因就是消极归因。

（三）根据归因过程的合理性如何，可以把归因分为合理性归因和偏差性归因

在归因过程中，其推理过程是正确的，符合逻辑关系，合乎行为发生的真正原因，这叫做合理性归因。归因过程中由于一些原因导致的行为归因的不合逻辑，产生这样或那样的偏差，就会导致偏差性归因。

表 10 – 1　归因分类

根据归因指向划分	内归因
	外归因
	内外相结合的归因
根据归因的情感因素划分	积极归因
	消极归因
根据归因过程的合理性与否划分	合理性归因
	偏差性归因

三、归因的时机

归因不是每时每刻都发生在个体身上，由于人内部资源的限制，人们对外部刺激只是有选择的进行注意，有选择的进行归因，那个体到底什么时候，对什么进行归因呢？

（一）对异乎寻常的事件的归因

日常发生的事情是不能引起人们对其进行归因的，像每天我们例行的吃、穿、住、行等，一般人是不会整天琢磨我们为什么吃饭？为什么坐共车上班的？但是，当异乎寻常事情发生时，人们为了满足安全的需要，加强对世界的预测力，会感到惊奇，并迅速去弄懂事件的原因，以增强自己的信心和安全感。

（二）对与自己有重要相关事件的归因

日常平凡无奇事件的产生是不能引起人们归因的，无论是小到公车半路抛锚，还是大到国企部分职工下岗失业（当然这里不包括专业研究人员对事件的研究）。但是，如果是自己坐的公车抛锚，与自己是下岗失业人员的一份子，那结果可能就会迥然不同了，人们会迅速做出反应，"车为什么会抛锚？我为什么会下岗？"会成为相关人员第一时间要去探求的。

（三）对负性事件的归因

令人不愉快，乃至痛苦的事件是人们都欲避免的，当与这些事件不期而遇

时，人们总会去探求原因，并努力寻求解决之道。如果夜半邻居的吵闹声让我们难以入睡，我们就会去探究他们吵架的原因？我们如何去避免这种打扰呢？我们会去劝架，会把门窗关紧以避免被打扰。

四、归因偏差

一般认为，归因过程主要受到内部因素和外部因素的影响。其中，内部因素主要指个人因素，如个人的认知特点，个人情感、态度、个性品质等等。首先，研究表明个性特征是影响人们归因过程的重要因素。一些实验表明，个性特征与归因倾向密切相关，在个性特征中，成就需要的个性差异明显影响人们对自身行为成败的归因。其次，在内部因素中，社会常模被人们视为归因的线索，是人常用来推论能力水平的信息，也是归因过程的影响因素之一。同时，社会视角不同也会影响人们的归因，导致对行为原因的解释也有明显的不同。而自我价值保护也是一个不容忽视的因素。个体在归因过程中，对有自我卷入的事情的解释，带有明显的自我价值保护倾向，即归因向有利于自我价值确立的方向倾斜。

人们在归因过程中也难免会受到外部因素的影响。外部因素主要包括，外部环境因素和刺激物的属性。

在上述的归因影响因素的影响下，在实际的归因中，并不总是又符合逻辑又合乎情理，总是存在或多或少的归因偏差（attributional bias）。深入了解这些偏差产生的原因，在实际生活中避免归因偏差的发生是有可能的。

（一）基本归因偏差

基本归因偏差（fundamental attribution error）是指在归因过程中，往往将行为归因于内部稳定的个性特征，而低估其情景的作用。琼斯和哈里斯（E. A. Jones&D. A. Harris，1967）在实验中发现，尽管知道个人的行为是完全由外部因素控制而造成，但人们仍然归因于活动者个人因素上[6]。在跨文化的研究中，莫里斯和彭凯平（M. W. Morris&K. O. Peng，1994）研究发现一个有趣的现象，由于文化背景的不同，西方国家的人多倾向于用个体因素来解释事件，而亚洲国家的人多使用情景来进行归因[7]。

（二）行动者－观察者效应（actor－observer effect）

归因过程中，行动者和观察者的归因是不一致的。行动者往往把成功归因为个人，把失败归因于情境，而观察者恰恰相反。不管行动者或者观察者，都从自己的角度出发，把失败归因于外部因素，而非内部原因。这是一种认知性偏差。泰勒（S. E. Taylor，1975）和斯奈德（D. Snyder，1976）的一些实验验证了这一效应的存在。泰勒试验研究了空间位置关系决定观察者如何解释谈话人的行为[8]。美国心理学家斯奈德在做的评价赛跑运动员成功与失败的归因实验中发现，当被试以某种方式解释自己的成败时，观察他的人却用不同的方式解释他的行动[9]。

对这种偏差产生的原因的解释有两种：琼斯和奈斯比特（E. Jones & R. Nisbett，1972）认为是由于着眼点的不同而导致的[10]。行动者难于对自身做深入观察，所以其注意力集中到外在情景。而观察者则把注意点集中于行动者及其内在因素上。另一种解释是由于行动者和观察者的信息来源不同所致。行动者对自己过去的行为比较了解，他们的反应会因不同的情境而有所差别，这种信息是观察者难以获得的。旁观者则是假定行动者当前行为方式与其过去一致，于是归因于行动者的内在因素。

（三）自我服务归因偏差

自我服务（self‑serving）偏差，又称自我标榜（self‑enhancing），是指个体对利己的行为采取居功的态度，而对于不好的、欠妥的行为则会否认自己的责任。心理学家米勒（D. T. Miller，1975）的实验证明了归因的自我价值保护倾向和自我卷入水平的关系，证明了自我服务偏差的存在[11]。关于自我服务偏差产生的原因，罗斯和斯考利（M. Ross&F. Sicoly，1979）认为有如下因素：自己在活动中的作用更容易被注意；回忆自己的作用比回忆他人更容易；误认为自己的作用大；某些动力因素的存在等[12]。布雷特利（G. W. Bradley，1978）认为自我服务的真正目的是为了在别人面前提供一个良好的形象[13]。

还有一些其它的归因偏差，如自我设阻（self‑handicapping）和社会比较（social‑comparison）等。自我设阻就是在关系重大的事情发生前，碍于事情重要性和难度，一些人故意采取一种准备不足等方式来进行自我设阻，如果最终任务没有完成，这些人就会把结果归结为没有充分准备所导致。这是一种自我保护；社会比较是指个体就自己的某些方面与一个与自己背景不同的人进行比较，以便得出合乎自己的意思，但却是有偏差的结论。和自我服务偏差一样，它们都是动机性偏差。

五、归因训练

（一）归因训练研究溯源

最早的归因训练是 Dweck（1975）遵循习得无助（learned hopelessness）理论的实验研究。

表 10 – 2　Dweck 的遵循习得无助理论的实验

实验对象	具有无助感的 12 名儿童，年龄 8 ~ 13 岁
实验假设	改变对失败的归因能够使习得无助的儿童对待失败时变得更有效
实验过程	把被试随机分为实验组和控制组，控制组接受成功体验，实验组中，被试被说服将失败归因于缺乏努力
实验结果	经过归因训练的被试增加了努力归因，改进了行为表现

（二）Forstering 归纳的三种归因训练模式

1. 习得性无助模式

习得性无助模式是指个体经历失败后，把其归于无法控制的内部条件，认为努力是徒劳的，因此，产生一种无能为力的心理状态和行为。通过改变此类人的归因方式，对其进行归因训练，帮助他们把成功的好运气归因改变为能力和努力等内部归因，将失败的低能力归因改变为不够努力归因，就会改变这种无助感。

表 10 – 3　习得性无助模式

	不合适的		合适的	
成功	不可控的原因——外部的、可变的	例如：运气好	可控的原因——内部的、稳定的	例如：高能力
失败	不可控的原因——内部的、稳定的	例如：低能力	可控的原因——内部的、变化的	例如：低努力

2. 自我效能模式

班杜拉认为，作为先行条件之一的"期待"是行为的决定因素，并把期待分为结果期待和效能期待。其中的效能期待也就是自我效能感，是指人对自己能够进行某一种行为能力的推测和判断，是对自己行为能力的主观判断。如果把成功归因于能力，就会提高自我效能，如果把失败归于能力，就会降低自我效能。归因训练的目标就是让个体将成功归于能力，将失败归因于努力，形成高自我效能感。

表 10 – 4　班杜拉的自我效能模式

	不合适的		合适的	
成功	低自我效能——努力	例如：运气	高自我效能——高能力	例如：高努力
失败	低自我效能——缺乏能力	例如：低能力	高自我效能的维持——低努力	例如：改进努力

3. 成就归因模式

成就归因模式是韦纳提出的，他认为能力、努力、任务难度、运气是解释成功、失败时的四个主要原因，每个原因又可从控制点、稳定性、可控性三个维度进行分析。如果把失败归因于稳定的、内部的、不可控的因素时，会降低行为的动机。相反，则会维持或提高行为的动机。此归因模式的目标是将成功归因于能力，失败归因为努力。

表 10 – 5　韦纳的成就归因模式

	不合适的		合适的	
成功	缺乏情绪诱因——外部运气	例如：冷漠	高期望、积极的情感——高能力	例如：自尊、自豪
失败	低期望、消极的情感——低能力	例如：低能力、压抑	动机的情感——低努力	例如：内疚

一般的归因训练大都是遵循上述三种理论模式而进行。

（三）归因训练的方法

当前的归因训练的方法大致分为三种，即团体发展法、强化矫正法、观察学习法。

1. 团体发展法

团体发展法就是在一个具有初步分析能力的群体中，在专家或者受过专门训练的老师的指导下，群体中的成员采用集体讨论的方法，分析问题产生的原因，共同来做出正确归因的方法。

2. 强化矫正法

强化矫正法是一种行为主义的方法。行为主义强化理论认为，强化是激发动机的必要条件，行为受到强化后，有机体会产生对下一步强化的期待，从而以获得强化为个体的行为目标。如果个体做出积极行为时予以强化将增强此种行为出现的机率。用到归因训练上，就是当个体做出积极归因时予以强化，给予奖励。这种方法适合于低年龄组的人员的归因训练。

3. 观察学习法

观察学习法源于班杜拉的社会学习理论。社会学习理论认为，观察学习又称替代性学习。由于人有通过语言和非语言形式获得信息以及自我调节的能力，使得个体通过观察他人（榜样）所表现的行为及其结果，就能学到复杂的行为反应。观察学习中，学习者不必直接做出反应，无需亲身体验强化，只要通过观察他人在一定环境中的行为，并观察他人接受一定的强化便可完成学习。归因训练中，让儿童观看录像片后重复类似的活动。

第二节　归因理论

归因理论（Attribution Theory）即认知主体推断和解释认知客体或认知者自身行为原因的社会心理学理论。

一、F. 海德的归因理论

海德（F. Heider）是社会心理学归因理论的奠基人。从 1944 年《社会知觉与现象世界的因果关系》中提出的"应重视行为因果关系的研究"，到《人际关系心理学》中提出"归因理论"，海德为我们展开了科研领域的又一幅新画卷。

海德的归因理论被称为朴素心理学家理论。他在理论中提出一个重要概念叫常识心理学，又称朴素认识论，用来系统了解人们如何认知周围社会环境。为了适应复杂多变的社会、控制周围环境，人们都致力于寻找自己的因果性解释。从这个角度上来讲，每个人都是朴素心理学家。

海德的理论中，因果推理过程的启动因素是"人们有预测环境和控制环境的需要"，这种需要致使"朴素心理学家"们去推测发生在自己及周围人身上

海德（F. Heider）

的事情。同时，人们在这推测过程中，并不是一帆风顺的，会有很多因素影响着这一过程。例如，行为本身因素、行为产生的环境因素、认知者自身的因素（能力、人格等）、以及认知者关于行为事件的知识积累等都或多或少的影响着人们的归因。

认知客体的行为也不是凭空产生的。海德认为影响行为产生的因素可以分为内部原因和外部原因。内部原因是指存在于行为者本身的因素，如需要、情绪、兴趣、态度、信念、努力程度等等；外部原因是指行为者周围环境中的因素，如他人的期望、奖励、惩罚、指示、命令，天气的好坏、工作的难易程度等等。

海德认为，对人知觉的研究实质就是考察一般人处理有关他人和自己的信息方式。一个观察者对被观察对象为何那样行动感兴趣。他像一个"朴素心

理学家"那样去寻求行为的因果解释。在海德看来，行为的原因或者在于环境，或者在于个人。行为的原因若在于环境，如外人、奖惩、运气、工作难易等外因，则行动者对其行为不负责任；行为的原因若在于个人，如人格、动机、情绪、态度、能力、心境、努力等，则行动者对其行为要负责任。海德使用两个原则总结人们通常所做的归因解释。（1）共变原则。在许多情况下一个原因总是与一个结果相联系，而且没有这个原因，这个结果就不会发生。（2）排除原则。如果情境原因足以引起行为，就排除个人归因，反之亦然。海德关于外因－内因的归因理论成为后来归因研究的基础。他认为，人际知觉在人际交往上的作用就在于使观察者能够预测和控制他人的行为。

同时，海德在对后果责任的知觉的研究中认为，对事件的结果负有责任比事件发生的原因更重要。海德的归因理论虽然是具有开创性的，但是并未引起研究者在相关领域的实验研究，更确切的说，其后继者也不知道怎么样去验证其理论。在理论研究领域的影响是巨大的，在下面我们即将介绍的琼斯、戴维斯但相应推断理论和凯利的归因理论都受其影响深远。

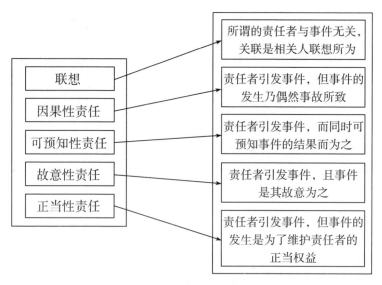

图 10－1　引发事件负有责任程度等级

二、E. E. 琼斯和 K. E. 戴维斯的相应推断理论

E. E. 琼斯和 K. E. 戴维斯在 1965 年发表的《从行动到倾向：人际知觉的归因过程》一书中，提出相应推论理论（Correspondent Inference Theory）[15]。

在海德的排除原则的基础上发展了归因理论。

这个理论的一个前提假设是："我们对他人的既稳定、又富有信息的行为总爱寻找有意义的解释。"在这里，行为是要稳定的、富有信息的，偶然出现的行为不在其列。那什么是富有信息的行为呢？琼斯和戴维斯认为，"被判定为是故意的，而且一直是由于持续一致的重要意图产生的，并非随情境变化而变化"的行为就是富有信息的行为。

理论主张：当人们进行个人归因时，就要从行为及其结果推导出行为的意图和动机。推导出的行为意图和动机与所观察到的行为及其结果相对应，即对应推论。归因判断的价值与一般人对这个归因所持价值判断的差异越大，对应推论的准确性也越大。

影响对应推论的因素，即进行相应推断的基础主要有三个：

（一）选择自由。如果我们知道某个人的行动是自由支配的，他从多种可能的方式中选择特定的一种，我们便倾向于认为这个行为与某人的主观意图是对应的。如果行为者的行为是因受到情境的限制而被迫产生的，则难于做出对应推论。

（二）非共同效应（Noncommon Effect）。在多种可能的选择时，某种方案有不同于其他方案的特点，若行动者选择了这一行动方案，它的非共同效果可以使我们对行动者的意图进行推论。如果所选择的与未选择的两者之间不同因素越少，就越能够更有信心地推断倾向性。

（三）社会期望。社会期望是决定因果关系的一个重要的标准。一个人表现出符合社会期望或价值的行动时，我们很难推断他的真实态度；若一个人行为不符合社会期望，偏离社会价值时，我们可以认为他的行为与态度是对应的，这种行为反映了其真正的信仰，反映其真实个性。

归因过程中的偏差是在所难免的。琼斯和戴维斯认为，归因过程中存在两种偏差：利益相关性和人格至上论。利益相关是指被知觉者的行为与知觉者利益存在一种利益上的直接关系，无论这种关系是有益的还是有害的。这其中，行为和知觉者的利益越相关，对此行为就越会做出相应推断。"人格至上论是指知觉者认识到行为产生者是有意要损害他或有利于他"。这时的知觉者对行为不仅仅具有了利益相关性，而且这种利益相关是故意产生的。

三、H. H. 凯利的三维归因理论

1967年，美国社会心理学家凯利（H. H. Kelley）发表《社会心理学的归因理论》，继相应推断理论之后提出三维归因理论，也称为三度理论，对海

德的归因理论进行又一次扩充和发展，把海德的归因研究推向了高潮[15]。

凯利将归因现象区分为两类：一类是能够在多次观察同类行为或事件的情况下的归因，称为多线索归因；另一类则是依据一次观察就做出归因的情况，称为单线索归因。

凯利认为，人们对行为的归因总是涉及三个方面的因素：客观刺激物、行动者、所处关系或情境。其中，行动者的因素是属于内部归因，客观刺激物和所处的关系或情境属于外部归因。对上述三个因素的任何一个因素的归因都取决于下列三种行为信息：

（一）区别性（distinctiveness）：指行动者是否对同类其它刺激做出相同的反应，他是在众多场合下都表现出这种行为还是仅在某一特定情境下表现这一行为。

（二）一贯性（consistency）：指行动者是否在任何情境和任何时候对同一刺激物做相同的反应，即行动者的行为是否稳定而持久。

（三）一致性（consensus）：指其他人对同一刺激物是否也做出与行为者相同的方式反应。如果每个人面对相似的情境都有相同的反应，我们说该行为表现出一致性。

凯利认为这三个方面信息构成一个协变的立体框架，根据上述三方面的信息与协变，可以将人的行为归因于行动者、客观刺激物或情境。"高区别性、高一贯性和高一致性的信息结合在一起，就可以自信地对实体做出一个归因。"相继研究者的实验研究也基本上支持了凯利的协变分析框架：区别性、一贯性和一致性是人们进行归因的基础。

三维理论是一个理想化的归因模型。经验表明，人们往往得不到这个模型所需要的全部信息。在许多情况下，人们对于所发生的事件，并不是多方观察、收集足够的信息而后进行归因，而往往是利用在生活经验中形成的某些固定的联系，根据自己的需要、期望，凭借有限的信息，对行为结果经济、迅速地做出归因，而并不像统计学家那样对信息资料进行繁琐的分析。一般性的归因中，区别性、一贯性和一致性的信息总是不足的，而可能仅有的信息就是一件事情本身。这也就是凯利所说的单线索归因。因此，凯利后来对他的理论加以了补充和完善。他提出了因果图式说，来弥补三度理论的不足。所谓因果图式，就是人们在日常生活中形成的关于各种现象之间的因果关系的基本认知结构，在具体的归因过程中，这种认知结构会被特殊的事件唤醒而参与对行为的归因。"一个因果图式是一个人所具有的关于特定的原因如何相互作用而产生

特定效果的一个一般性概念"（凯利，1972）[16]。美国学者 L. A. 麦克阿瑟
（1972）从凯利的三维理论出发，对归因作了系统研究，验证了凯利理论的可
行性。

归因者还会采取折扣原则进行归因，即当新的可能原因出现时，往往放弃
原有的归因，去按照新的可能原因得出结论。针对事件产生的原因中，促进性
原因和阻碍性原因同时存在的现象，凯利提出加码原则。加码原则认为，当上
述两种原因同时出现在事件中时，人们就会认为促进性原因所起的作用大于阻
碍性原因。

与琼斯和戴维斯一样，凯利也研究了归因中的错误或偏见，并提出了基本
归因错误和自我服务偏见[17]。基本归因错误（Fundamental attribution error）
认为，我们在评价他人的行为时，就算有充分的证据支持，我们还是倾向于低
估外部因素的影响而高估内部或个人因素的影响。同时，个体还有一种倾向是
把自己的成功归因于内部因素如能力或努力，而把失败归因于外部因素如运
气，这称为自我服务偏见（self—serving bias）。

凯利对归因理论的贡献在于，他提出了一个归因过程的严密的逻辑分析模
式，对人们的归因过程做了比较细致、合理的分析和解释。但是，他的三维理
论也遭到了人们的批评。这些批评主要是指他过分强调归因的逻辑性，使之成
为一个理想化的模式，脱离了普通人归因活动的实际。

四、B. 韦纳的归因理论

1972 年，韦纳（Bernard Weiner）及其同事在海德的归因理论和阿特金森
成就动机理论的基础上，发展了海德的归因理论，并提出了自己的归因理
论[18]。韦纳认为，内因与外因方面的区分只是归因维度的一个方面，还应当
增加另一个方面，即稳定与不稳定维度。这两个方面都是重要的，而且是彼此
独立的。像平面坐标系中的 X 轴与 Y 轴一样。

"稳定－不稳定"维度在形成期望、预测未来的成败上至关重要。例如，
如果我们认为，小李这次考试成绩好是由于他的能力强、考试内容简单等稳定
因素造成的，那么就可以期望，如果将来参见相类似的考试，他也一样成功。
如果我们认为其成功的原因是由于他暂时的良好发挥或机遇好等暂时因素造成
的，那么就不会期望他将来还会做得出色。

韦纳认为，人们可以把对行为的各种归因纳入到内因－外因、稳定－不稳
定这两个方面的 4 大类中。

表 10 - 6   前期的韦纳归因模型

	内因	外因
稳定	能力	努力
不稳定	运气	试题难度

韦纳的归因理论最为引人注目的是归因结果对个体以后成就行为的影响。早期的归因研究多关注于归因的前提及归因过程，如海德对行为起因和归因过程的关注和探索。琼斯和戴维斯同样十分关注归因过程的研究。凯利的协变原则和立方体归因模式其目的仍然是对归因具体过程的关注。

在 1986 年出版。的《动机与情绪的归因理论》中，韦纳概况性总结了他的动机归因理论[19]。韦纳在最新的归因研究中，创造性地使归因研究和动机研究有机地结合起来，形成了动机归因理论。把关注点又对归因前提和过程的关注转移到了对归因结果的关注上来。动机归因理论认为，归因影响期望改变和情感反应，这种改变了的期望和情感反应又影响到后继的行为，成为后继行为的动因。

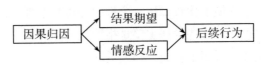

图 10 - 2   韦纳动机归因理论模式图

韦纳指出了以上动机观点所基于的假设是：寻求理解是人类行为动机的主要来源。理解是行为的动因，会影响到人的行为。韦纳在其著作《责任的推断：社会行为的理论基础》及论文《自我和人际动机归因理论》中对该理论做了进一步的完善和扩展，也标志着这一理论的确立[20]。

韦纳把成功与失败归于内、外部或稳定、不稳定的原因，并认为不同归隐将会引起个体不同的情感与认知反映（自豪或羞耻）。把成功归于内部的稳定的因素会使个体产生自豪，觉得自己的聪明导致了成功；而把自己的失败归于内部稳定的因素会使个体产生羞耻感。Dweck（1975）发现，把成功归于努力的学生比把成功归于能力的人在以后的工作中坚持的时间更长，把失败归于能力的人比把失败归于努力的人在未来的工作中花的时间更少。

韦纳在 20 世纪 80 年代进一步发展了他的归因理论，于 1982 年提出了归因的第三个维度：可控制性（Controllability），即事件的原因是个人能力控制之内还是之外。在韦纳看来，这三个维度经常并存，可控制性这一维度有时本身也可以发生变化。

表 10 – 7　改进后的归因模型（Weiner，1982）

	内因		外因	
	稳定	不稳定	稳定	不稳定
可控制	一贯的努力	暂时的努力	老师的喜好	他人的帮助
不可控	自身的能力	暂时的心情	试题的难度	个人的运气

韦纳的归因理论引起了人们对归因风格（Attributional styles）训练的兴趣，即怎样帮助人们发展出适应性更强的归因风格。德维克（Carol Dweck，1975）的一项现场实验证明这种训练的有效性，实验的被试是一些经常把失败归于自己缺乏能力的小学生[21]。因为如此，当研究者给这些小学生新的学习任务时，他们的毅力很差，实际上已经产生了习得性无助（Learned – help-lessness）：一种无论自己如何努力，也注定要失败的信念。德维克的训练计划包括 25 个时间段，在整个实验过程中，给被试一系列的在解决数学问题上成功或失败的经验。当被试失败的时候，教会他们把失败归于努力不够，而不是缺乏能力。在整个实验结束之后，德维克发现这些学生的成绩和努力程度都有显著的提高。

几乎与韦纳同时，心理学家阿伯拉姆森（Lyn Abramson，1978）提出了抑郁型（Depressive explanatory style）和乐观型（Optimistic explanatory style）的归因风格，并把它与日常生活联系起来[22]。抑郁型的归因风格把消极的事件归于内部的、稳定的和整体的因素之上，把积极、的事件归于外部的、不稳定和局部的因素之上，所以具有这些风格的人常常从消极的方面去解释生活和理解他人。相反，乐观型风格的人把积极的事件归于内部、稳定、整体的因素，而把消极的事件归于外部的、不稳定、和局部的因素上去。皮特森和塞利格曼（1987）的一项档案研究就发现这两种归因风格对个体的健康有影响，尽管他们不能说出太多的理由，但是以下几个方面的原因还是可能的[23]：

抑郁型的归因风格影响个体的免疫系统，其作用机制与紧张类似。

抑郁型归因风格的人不是一个好的问题解决者，他们注定会在问题解决中变得疯狂。

抑郁型归因风格的人常常忽视自己的健康，缺乏适当的营养、睡眠和运动。

抑郁型归因风格的人在面对疾病的时候比较被动，不会主动地去寻求帮助。

五、其他归因理论

（一）阿布拉姆森等人的归因理论

1978 年，阿布拉姆森、M. E. P. 塞利格曼和 T. D. 提斯达尔等人依据习得性无助的研究对失败的归因作了补充，在韦纳归因理论提出的内部－外部、稳定－不稳定两个维度的基础上提出了第三个方面，即普遍－特殊方面，而进一步发展了前期韦纳的理论。

根据这一理论，如果某生由于一门功课老师的不公平对待而在其考试上总是取不到好的分数，于是他放弃对这门功课的努力，这种无助如果只停留在一门课程上就属于特殊方面，如果也扩散到其他课程上，则属于普遍方面。

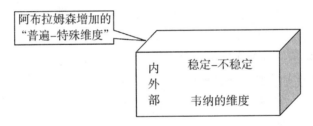

图 10 - 3　阿布拉姆森改进后的前期韦纳归因维度图

（二）卡内曼和特威斯基的归因理论

卡内曼和特威斯基的归因理论认为，人在归因时，并非总是按理性去进行因果分析，而要注意节约能量，走捷径达到结论。在日常生活中人们往往利用两种启发法进行推理判断：一是代表性启发法，即人们在进行推理判断时往往选择有代表性的事例；二是可得性启发法，即易于进入头脑的信息往往被利用。

第三节　归因理论的应用

一、归因理论在人力资源管理中的应用

人力资源管理，就是指运用科学的方法，对人力资源进行合理的培训、组织和调配，使人力、物力达到和保持最佳比例，对人的心理和行为进行恰当的

诱导、控制和协调，充分发挥人的主观能动性，使人尽其才，事得其人，人事相宜，以实现组织目标。人力资源管理是一项管理人的行为的活动。而作为解释人的行为原因的归因理论势必可以运用到人力资源管理的一些环节中去。

具体说来，现代人力资源管理主要包括以下一些具体内容和工作任务：制订人力资源计划，人力资源成本会计工作，岗位分析和工作设计，人力资源的招聘与选拔，雇佣管理与劳资关系等，其中人才招聘、选拔、录用，员工的教育、培训，工作绩效考核，工作激励是非常重要的四个部分。

（一）在人才招聘、选拔、录用中

根据组织内的岗位需要及工作岗位职责说明书，利用接受推荐、刊登广告、举办人才交流会等各种方法和手段，从组织内部或外部吸引应聘人员。并且经过资格审查、初选、考试，确定最后录用人选。

人才选拔时，为了遵循平等就业、双向选择、择优录用等原则，要千方百计的收集应聘者资料，争取做出相对正确的决定。"凯利在其理论中认为，只有拥有充足的信息，才能做出合理的归因。"

为了选拔组织需要的人才，考评者也不应该凭借自己一时的好恶来武断的选择人才，根据琼斯与戴维斯的不寻常原则，"只有大胆启用'带刺'的员工，才能给组织带来创新的活力"。同时，根据维纳的归因理论，人们在不同的归因风格下有着不同的情绪和动机水平。因此，在选拔人才时应力求避免接受这样两种人，自命不凡者和习得无助者，与这两种人合作必然影响团队精神。而要选择自我效能高的人，来提升正向的团队精神。

（二）在员工的教育、培训中

新员工的入厂教育，是帮助新员工了解和适应组织、接受组织文化的有效手段。针对新员工而开展的组织历史发展状况、组织未来发展规划、职业道德和组织纪律、劳动安全卫生等的相关教育是必须的。而员工岗位技能培训是为了提高广大员工的工作能力和技能，对于管理人员来说，是促使他们尽快具有在更高一级职位上工作的全面知识、熟练技能、管理技巧和应变能力。

归因理论认为，"情绪不是由某一诱发性事件本身所引起的，而是由经历了这一事件的个体对这一事件的解释和评价所引起的。"人们的情绪及行为反应与人们对事物的想法、看法密切相关。应用到员工的教育、培训中，就要摒弃传统意义上的重知识、重技能，不重观念转变和情绪调节的培训与开发模式。

（三）在工作绩效考核中

工作绩效考核，就是"对照工作岗位职责说明书和工作任务，对员工的业务能力、工作表现及工作态度等进行评价，并给予量化处理的过程"。其中，考核形式可以采取自我评式、他评式，或者综合评价。由于考核结果为员工晋升、接受奖惩、发放工资、接受培训等提供依据，所以考核对于员工来说还是相当重要的。

由于以上所说的归因过程中内外因素的影响，归因偏差是屡见不鲜的。由于考核对被考评者的重要意义，工作绩效考核中的归因偏差当然是需要尽量得到避免的。我们在进行绩效评估时要注意以下几种归因偏差：基本归因偏差、行动者－观察者效应、自我服务归因偏差。采用先进的考核手段，听取来自各方面的声音，争取做到考核的公平、公正、公开。

（四）在工作激励中

激励理论按照不同的标准有着不同的分类。"内容型激励理论侧重研究用什么样的因素激励人、调动人的积极性"；"过程性激励理论着重探讨人们接受了激励信息以后到行为产生的过程"；"强化型激励理论则强调行为结果对行为本身的作用。"

归因理论认为可以通过改变员工对所发生事件的归因来激励和引导员工的行为，引导员工对所发生的事件做出合理的归因分析。这虽然不同于传统的激励理论所强调的从外部来调动员工的积极性，但是，这种内部的引导、激励往往更具有持久性，更加有效。

二、归因理论在教育教学中的应用

（一）激发学生的学习成就动机

所谓成就动机是指"驱动一个人在生活活动的特定领域力求获得成功或取得成就的内部力量"，是激励人进取的源动力。体现在行为上，表现为对有价值的、重要的社会或生活目标的追求。

根据以上所阐述的韦纳的归因理论观点，控制点和稳定性等因素都会影响到人们的成就动机，关于成功和失败的正确归因则会增强成就动机，而错误的归因则会弱化活动的动机。因此，无论是教师教学中，还是学生自我分析中，尽量在成功时多做稳定归因，失败时要多做不稳定归因，这样才能维持学生的积极性，保持学习的动力。

（二）正确引导学生进行归因

学生阶段处于人生发展的重要时期，如何引导身心都具有极大可塑性的学生进行正确的归因，是一个十分重要的问题。并且，教师在教学中的教学策略和对一些事情的处理会对学生产生潜移默化的影响，因而也会影响到学生归因合理性的养成。教师采取什么样的策略进行对学生的归因指导呢？

首先，要遵循"尊重信任与严格要求相结合（马卡连柯）"的原则。教师要在学生犯错误时，在尊重学生的同时，引导学生积极分析产生错误的原因，教会学生承担责任，严格要求与尊重信任并重。让教师对学生的爱护建立在理性的基础上。

其次，为学生树立归因的模范。凭空的说教往往达不到教育的效果，而教师的一言一行却起到很好的表率作用。所以，教师在教学过程中要注意自己的自身修养，注意自己归因方式的正确性。

（三）积极进行归因训练

归因是一种比较稳定的人格变量，不同的归因方式会影响学生今后的行为。因此，综合运用团体发展法、强化矫正法、观察学习法等方法进行积极的归因训练对处于成长期的学生是必要的。

团队发展法较为有效的途径是让教师掌握归因训练的知识和技能，把训练与课堂教学相结合，将归因训练融入到教学中去。团队发展法适合于高年级学生。

"强化是行为形成和改变的最根本的规律（斯金纳）。"强化的方式可以借鉴集体教学和个体教育相结合的德育原则。根据实际情况，开展个体强化和集体强化相结合的归因训练势在必行。

观察学习法实施的过程中要注意，为学生树立的学习对象或者榜样，要与其性别、年龄等特征相符，所从事的行为也要和其年龄阶段相一致，遥不可及的榜样会令学生沮丧和退缩，而起不到预期的效果。

参考文献

［1］菲斯克，泰勒著：《社会认知—人是怎么认识自己和他人》，贵州人民出版社 1994 年版。

［2］周晓虹著：《现在社会心理学——多维视野中的社会行为研究》，上海人民出版社 1997 年版。

［3］侯玉波著：《社会心理学》，北京大学出版社 2002 年版。

［4］全国 13 所高等院校《社会心理学》编写组：《社会心理学（第三版）》，南开大学

出版社第 2003 年版。

［5］金盛华 著:《社会心理学》，高等教育出版社 2005 年版。

［6］Jones E. E, Harris V. A. The attribution of attitudes, Journal of Experimental Social Psychology, 1~24, 1967 - 3.

［7］Morris M. W, Peng K. Culture and cause: American and Chinese attributions for social and physical events, Journal of Personality and Social Psychology, 1994.

［8］Taylor S. E, Fiske S. T. Point of view and perception so causality, Journal of Personality and Social Psychology, 439~445, 1975 - 32.

［9］Snyder, Louis L. Varieties of Nationalism: A Comparative Study, Hinsdale, Ill.: Dryden Press, 1976.

［10］Jones E. E, Nisbett R. E. The actor and the observer: Divergent perceptions of the causes of the behavior, Morristown, NJ: General Learning Press, 79~94, 1972.

［11］Miller D. T, Ross M. Self - serving biases in the attribution of causality: Fact or fiction? Psychological Bulletin, 213~225, 1975 - 82.

［12］Ross M, Sicoly F. Egocentric biases in availability and attribution, Journal of Personality and Social Psychology, 322~337, 1979 - 37.

［13］Gifford W. Bradley. Self - serving biases in the attribution process: A reexamination of the fact or fiction question, Journal of Personality and Social Psychology, 56~71, 1978.

［14］Jones E. E, Davis K. E. From acts to dispositions: the attribution proces in social psychology, New York: Academic Press, 219~266, 1965 - 2.

［15］［17］Kelley H. H. Attribution theory in social psychology, Lincoln: University of Nebraska Press, 192~238, 1967 - 15.

［16］［18］Kelley H. H. Attribution in social interaction, In E E. Jones, D E. Kanouse, H H. Kelley, R E. Nisbett, S Valins and B Weiner (eds.), Attribution: Perceiving the causes of behavior, Morristown, NJ: General Learning Press, 1~26, 1972.

［19］Weiner B. An Attributional Theory of Motivation and Emotion, New York: Springer Verlage, 3~15, 1986.

［20］Weiner B. Intrapersonal and Interpersonal Theories of Motivation from an Attributional Perspective, Educational Psychology Review, 1~14, 2000.

［21］Dweck C. S. The role of expectations and attributions in the alleviation of learned helplessness, Journal of Personality and Social Psychology, 674~685, 1975 - 31.

［22］章志光 著:《社会心理学》，人民教育出版社 1996 年版。

［23］Peterson C, Seligman M. E. P, Explanatory style and illness, Journal of Personality, 237~265, 1987 - 55.

第十一章

攻击行为与亲社会行为

第一节　攻击行为

攻击行为是现代社会的一种普遍而又复杂的现象，在儿童、青少年中是比较常见的一种社会行为方式，其严重者还可能导致诸如杀人、伤害等恶果。任何一个社会，为了维护社会秩序和保护其社会成员身心健康的目的，都会对其成员间的攻击行为采取一定的控制措施。近年来，由于社会互动过程中攻击行为发生频率的不断上升，更增加了研究这一课题的迫切性。

一、攻击行为的涵义

攻击行为（aggression）是指有意伤害别人且不为社会规范所许可的行为。它在不同的年龄阶段具有不同的表现形式：幼儿阶段主要表现为吵架、打架，是一种身体上的攻击；稍大一点则采用语言攻击，如谩骂、诋毁，故意给对方造成心理伤害。伤害行动、伤害意图与社会评价是攻击行为概念的三个要素。

首先，攻击行为必须是伤害性的。实际造成伤害和可能造成伤害的行为都可以是攻击行为。其次，要判断一种行为是否为攻击行为，必须考虑到其行为者的意图。意欲伤害别人，即使没有造成伤害的行为也是攻击行为。有些行为，虽然实际造成了对别人的伤害，但行为者却没有伤害他人的动机，则不是攻击行为。如偶然的车祸伤害则不属于攻击行为。再次，与其他有意伤害行为不同的是攻击行为是社会所不允许的。

二、攻击行为的分类

（一）敌意性攻击与工具性攻击

攻击行为是一种有目的地伤害他人的行为，从攻击的动机上可以分为敌意性攻击和工具性攻击。

敌意性攻击行为有引起伤害的意图，其主要目的是为了伤害其他人，并从别人遭受的伤害中获取满足，如人们对给自己造成某种伤害的人进行打击报复。工具性攻击行为也有伤害的意图，但其主要目的不是引起他人的痛苦，而是为了达到自己的目标。如父母打骂做错事的孩子，他们的最终目标不是想给孩子造成皮肉之苦，而是让孩子在这个皮肉之苦的体验中，达到教育子女的目的。此外，还要将攻击性行为与果断行为区分开来。果断行为没有引起伤害的意图，只是利用合法、有效的手段达到目标，如果伤害产生，也会使当事人感到后悔莫及。

（二）言语攻击和动作攻击

从攻击的方式上可以把攻击行为分为言语攻击和动作攻击，使用言语（如取笑、讽刺、诽谤、谩骂等）对他人人格进行侮辱的行为都是言语攻击；使用身体的一些部位或者武器进行的攻击行为（如踢打、砍杀、枪击等）都是动作攻击。

（三）主动攻击和被动攻击

攻击行为的主要特征是其行为和情绪都具有明显的冲动性，从攻击行为发生的过程来看，可以将其分为主动攻击行为和被动攻击行为，前者往往是攻击行为的起端和发起者，后者是为了防卫和反击而产生的行为。主动攻击行为是在他人没有对自身构成威胁时就对他人实施攻击的一种行为，这是一种霸道行为，对其应该坚决制止。它的主要特点有：情绪急躁无法自控、性格鲁莽。产生攻击行为的动机既可以是有意识，也可以是无意识的。心理发育不健康经常导致心理不平衡，容易产生犯罪倾向等等。

被动性的攻击行为实为反击行为，主要是以被动的方式去表现其强烈的攻击动机。这样的人外表表现得很被动，并且百依百顺很服从，但内心却充满着敌意和攻击性。

还有些攻击行为是介于反社会和亲社会行为之间的行为，我们称之为许可的攻击（sanctioned aggression）。这类攻击包括那些不是社会规范所要求的，但又不超出社会规范范围的行为，它们并不违反普遍接受的道德标准。例如，裁判责令犯规的选手退出比赛，这种行为被认为是他应有的权力。所以店主对袭击自己的人进行自卫反击也是合法的，这些行为没有一个是人所必需的，但是它们都是在社会规范所允许的范围之内的。

三、攻击性的理论

攻击性的研究已经形成了许多系统的理论解释，其中影响较大的有攻击的本能论、社会学习理论、社会认知理论等。

（一）攻击性的本能论

攻击性是先天固有的还是后天习得的，这个问题在心理学家间的争论由来已久。本能论的观点认为，攻击行为是一种需要，如同人们的最基本的生理需要一样，是不需要学习的，它是生物的本性，也是不可避免的。根据这样的观点，人人都有攻击性，都会产生暴力行为，只是在允许自己的攻击性释放的程度以及表达方式上会有所不同。托马斯·霍布斯在其名著《利维坦》（1651）中就提出，人类就其本性而言是野蛮的，只有通过加强社会的法制和秩序，人类才能克制其攻击的天性[1]。相反的，法国思想家卢梭则认为，人就其天性而言，是一种善良的动物，正是束缚人的社会环境使人们变得好战，且具有攻击性。

本能论指出了人类攻击性的生物遗留性质，有其合理性。但是，用本能的观点解释人类的攻击行为，尤其是用简单的本能观点来解释宏观的战争等现象，则忽视了人类社会自身的规律，很显然，攻击行为的本能论有其不足的地方。

（二）攻击的社会学习理论（social learning theory）

与攻击性的本能论持争论态度的社会学习论者则提出，虽然攻击性的本能成分确实存在于人类身上，但攻击性并不完全由本能决定，环境和社会因素能够影响甚至改变攻击行为。攻击并非不可避免，它也像其他行为一样，是习得的。

Bandura 认为，观察攻击性榜样的人通常会模仿攻击性行为，不仅儿童会这样，成人也会这样。在这个理论中，观察学习和攻击行为由四个过程组成，首先必须注意榜样的明显特征；其次需要记住榜样行为的有关信息；再次是表现记住的攻击行为；最后是预期攻击行为将带来奖励还是惩罚。

1961 年，班杜拉等人在美国加州斯坦福幼儿园进行了一项实验来证明通过观察榜样的类同行为，儿童就可以学习到攻击行为。他们让被试儿童与一个成人一起呆在一间屋子里（屋子里有一个高约 1.5 米的充气娃娃）。与实验组在一起的成人先装配一会其他玩具，然后其实施 9 分钟的暴力攻击，不仅拳打脚踢而且还骑到娃娃身上使劲摔它并用木棍抽打。攻击的同时嘴里还不停喊叫："揍你的脸"，"打倒你"。与其在一起的孩子则一直看他如何对玩具娃娃实施攻击。与控制组在一起的成人则静静地装配拼贴玩具，完全不去理会充气娃娃。过一会儿后，每个孩子都被单独留在游戏室 20 分钟，室中除其他玩具外还有三个充气娃娃。

实验结果发现，实验组儿童出现了成人的许多攻击行为，对充气娃娃的攻击行为远远多于控制组，两组差异十分明显，表（11-1）为该研究的具体结果。

表 11-1　儿童观察不同榜样后的攻击行为

组别	榜样行为	攻击行为总量（得分）	
		身体的	语言的
实验组	攻击性的	12.73	8.18
控制组	中性的	1.05	0.35

（转引自：章志光（2002），社会心理学，第 328 页。）[2]

另一项研究还表明，不仅直接的观察学习可以学习到攻击行为，通过社会传媒实现的间接学习也可以使人们接受到同样的影响。许多研究表明，观看电视中的暴力，对反社会性攻击有长期的和直接的影响。不论最初儿童的攻击性如何，观看大量攻击性电视节目会导致更多的攻击行为。美国密执安大学心理系伊伦教授和休斯曼教授用两年多的时间在波兰、芬兰、澳大利亚、以色列和美国测试了 32000 个一年级和三年机的儿童。结果显示，在所有的国家，儿童收看暴力电视片越多，其攻击性越强。这些研究都为 Bandura 的理论提供了坚实的证据。

（三）攻击的社会认知理论（social cognitive perspective）

自 20 世纪 80 年代以后，越来越多的研究者开始从社会认知的角度来研究攻击行为。社会认知一般是指"人对各种社会刺激的综合加工过程，是人的社会动机系统和社会情感系统形成和变化的基础，包括社会直觉、归因评价和社会态度形成等三个主要方面"。很多研究者都尝试着建构一个更为完善的社会认知模型以推动攻击行为研究的发展。Dodge（1981）提出了攻击的一个新模型[3]。他认为个体从面临某一社会线索到做出攻击反应的整个过程包括 6 个步骤：对输入信息的编码过程（encode）→对输入信息的解释过程（interpret）→提出自己的社会目标（formulate social goals）→产生解决问题的策略（gengrate problem-solving sterategies）→评估所产生的策略并加以选择（evaluate sterategies，select）→执行选择的行为反应（enact）。

Dodge 的理论符合了当代认知心理学发展的潮流，在社会认知和发展心理学研究中得到了广泛的认可，它强调了认知因素在攻击性中的重要作用。按照他的理论，如果不能按顺序对输入的信息进行加工或者在某个加工环节出现偏差，就可能导致异常行为，如攻击行为的发生；个体的攻击性强弱与他对社会信息的认知方式、认知技能、周围环境、以及个体以往对攻击性的经验记忆都有密切联系。Dodge 的理论同时也为攻击性的研究指出了一条新的研究方法，对于像攻击行为这样的一个复杂的社会行为而言，离开了对认知中介过程的深入探讨，就无法做出令人信服的解释。虽然这个理论目前还有一些问题需要解决，但他的思路将会为攻击性的未来研究起到非常有意义的作用。而且，对攻击行为的社会认知特点进行深入细致的研究和分析，将为攻击行为进行有效的矫治提供科学的依据。

四、攻击行为的研究方法

（一）攻击行为的实验研究

攻击行为本质上是对人有害的。那么要如何对它做实验的研究呢？有三种技术已经被广泛应用。第一种技术是让被试接触到攻击行为，然后观察攻击对他随后行为的影响。例如，让一个孩子观察成年人对待玩具是不是具有攻击性，然后观察这个孩子对待同样或相似的玩具的行为。

电击－学习技术（shock－learning technique）由 Arnold Buss（1961）设计，是由一个不知情的被试和一个实验协助者组成[4]。两人都被告知实验是研究惩罚对学习的影响，协助者扮演学生而被试扮演老师。当协助者（学生）犯错误的时候，被试（老师）将给予学生一种电击（有时是巨大的噪声）作为惩罚。实际上并没有真实的电击或噪声存在，但被试以为自己真的惩罚了学生。协助者（学生）按照事先安排好的顺序犯错，被试（老师）可以按照自己的意愿去决定给予多长时间和多大强度的电击惩罚。以惩罚的延续时间和强度来测量攻击性。

电击－竞争技术（shock－competition technique）是由 Stuart Taylor（1967）发展出来的[5]。两个不知情的被试被告知他们将在一个反应时的竞争任务中互相对抗。在每次对抗中，允许被试设置电击（或巨大的噪声）的档次，如果对手失败，将受到这样的惩罚。事实上，竞争结果（谁输谁赢）和双方接受到的电击强度由实验者设置。

这三种技术已经被广泛应用。但是后两种技术面临着伦理问题。这样的实验都要对被试进行欺骗，因此不可能在充分告知的情况下取得被试的同意。并且，被电击和电击他人都是有害的。另一方面，了解攻击行为和如何控制它对社会有着巨大的价值。

（二）攻击性研究的内隐社会认知方法

攻击的社会认知理论认为，攻击性强弱与个体对社会信息的认知方式、认知技能、周围环境、以及以往的攻击性经验记忆都有密切联系。根据社会信息加工的意识和无意识性可以将社会认知划分为外显和内隐社会认知两个方面。杨治良、刘素珍等人（1997）就采用内隐社会认知研究的间接测量法对攻击行为的内隐特征进行了研究，指出存在有人类攻击行为的内隐社会认知[6]。

目前，对内隐社会认知的研究方法有加工分离法、投射测验法、情境测验法以及内隐联想测验法（Implicit Association Test，简称 IAT）等等。其中 IAT 是通过测量目标概念和属性概念之间的评价性联系而对个体的内隐社会认知进行间接测量的新方法。采用 IAT 对攻击性的内隐社会认知进行的研究中设计了两个 IAT，一个是词汇测验，另一个是图片测验，前者的目标概念是攻击性与被攻击性词汇，后者是攻击性与被攻击性图画；两个测验的属性概念都是积极性与消极性词汇。通过比较目标概念与属性概念在不同联结状况下被试完成分类任务所用的反应时差异，来确定被试是否在内隐社会认知方面存在攻击性。

五、攻击行为的影响因素

（一）生物因素

目前的一些研究无论是对人类的研究还是对动物的研究都发现，攻击行为倾向与雄性激素的水平有关。雄性动物在受到威胁时比雌性动物更容易发生攻击性为，这也可以解释为什么性别不同在攻击性为上有明显的差异（男多于女）。此外，对儿童的研究还表明，攻击性的影响因素中遗传占约 50%。所谓的遗传并不是父母把打骂这样的具体行为遗传给了孩子，而是他们身上的神经过程较强、情绪容易激动等自然特征遗传给了孩子，从而滋生出攻击行为。然而人们的攻击行为并不是完全由基因所决定，他们只是遗传了某种先天的基因倾向，这种倾向会在后天的环境中得到表现或者强化。

（二）环境因素

美国心理学家班杜拉通过一系列的实验证明，攻击是观察学习的结果。由于儿童的模仿能力很强，因此，他们很容易去模仿其周围的人或影视镜头里的人物的攻击行为。有研究表明，经常看暴力影视的儿童更容易出现攻击行为。如果儿童经常看暴力影片、玩暴力游戏，就会使孩子的攻击性心理得到加强。而且如果儿童在偶然的攻击性行为后得到了"便宜"，其攻击性为的欲望则会有所增强，如果再受到其他人的赞许，其攻击行为就会日益加重。

（三）大众媒体

在当前充满变幻的信息化社会里，各种传媒充斥着人们生活的各个角落。许多电视、电影等都携带有一些暴力等不良内容，例如在美国风靡一时的电视连续剧《加里森敢死队》在我国放映后，出现了许多青少年"加里森敢死队"，他们模仿电视中的情节或攻击镜头，致使电视台不得不在社会的呼吁下，中途停止播放这一电视节目。在这样的一个环境中，耳濡目染不可避免的产生或助长了攻击行为。

班杜拉在攻击行为研究的实验中发现，儿童在观察范型的过程中即使没有受到外部的强化或者替代强化，通过观察和模仿仍能获得榜样的行为。因此大众媒体必然给儿童带来不良影响，其负面效应越来越引起大家的重视。近年来，美国校园里发生的"枪击事件"日益增多，人们对大众媒体的不良影响的关注也开始日益增加，调查研究也表明不良的传媒内容与儿童的攻击行为和反社会行为存在某种程度的相关。

实验室研究和生活事实都证明了暴力传播的潜在危险。大多数社会心理学家都赞同，暴力传播会增加公众尤其是儿童的攻击性。在我国，社会、家庭录像、电视、电影的播放多数都含有暴力情节，而且，有关的情节描述越来越细致。无论在国外还是国内，都时常有青少年模仿电视中的情节进行暴力犯罪的报道。在我国，评价大众媒介的各类节目对儿童的影响，并限制某些传播媒介对儿童的不良影响，已经成为全社会所面临的一个问题。

（四）道德发展水平与自我控制

道德的实质是强调个人与他人的关系，考虑到他人的利益。研究表明，道德水平越高，个人也就越容易从他人利益的立场去感受和思考问题，行为也越趋近于与攻击相反的亲社会方向。

自我控制能力也是直接与攻击行为相联系的个人品质因素。大量研究表明，学会内在控制有可能不使冲动的情感动作化，说理比惩罚更能让人明白承担非理性行为的责任。个体具有对攻击行为的自责心理，能够体会到受害者的痛苦以及认识到攻击行为带来的不良后果，从而会学会自我控制和自我反省，有效的抑制攻击行为。

六、减少攻击行为的方法与途径

攻击行为是人类社会的一个主要问题。社会要花费大量精力来控制暴力倾向，了解如何减少攻击事件是十分重要的。

（一）宣泄

烦恼、挫折、愤怒是容易引起攻击性为的情感，因此要懂得宣泄自己的感情，把自己的烦恼、愤怒宣泄出来。如果过分压抑攻击性的情感而使其获得暂时的安宁，被压抑的攻击性情感不会因此而消失，相反会深入到个体的潜意识中，危害其身心健康，而且过分压抑的结果往往会爆发出突然的、猛烈的攻击行为。

宣泄对于减少攻击的作用得到了大量事实证据的支持。心理学家霍坎逊（J. H. Hokanson）1961年的研究发现，受到假被试（实验助手）侮辱的被试被激怒后血压升高、心跳加快、生理紧张度增加，处于一种高唤起水平的攻击准备状态[7]。此后，实验安排一部分被试有机会电击侮辱他们的假被试，另一部分作为控制组则没有这样的机会。过后的生理测量表明，实际施行了攻击行为后的实验组被试血压回降、心跳恢复正常、生理紧张性下降，表明高唤起水平的攻击准备状态已经消失；而没有实施攻击的控制组被试攻击准备状态则依然存在。

需要强调的是，宣泄是指已经产生了对一定对象的攻击准备而言的。对于未产生愤怒攻击准备的人，实际地经验攻击行为，或想象、目睹别人实施攻击行为反而会更增加攻击的危险性，这证明了宣泄方法不能滥用，否则效果将适得其反。任何一种方法，超出应有的范围就可能是无效乃至是反作用的。

（二）替代性攻击

由于某种原因，攻击感不能直接针对引起愤怒的对象，如我们经常被一些人压制和骚扰，但那些人可能太强大，或者我们太焦虑、太压抑以至无法报复。在这种情况下，我们可以通过别的方式表达攻击性，其一就是替代性攻击（displaced aggression）——向一个替代对象释放攻击性。

当人们把攻击性指向替代对象时，是什么原因决定了要选择这一对象呢？而又会表现出怎样的攻击性呢？替代的基本规律是它越像挫折的来源，个体就会对它施加越强的攻击。然而，这种愤怒表达也是有顾虑的，伤害受挫来源的冲动会波及到他人。替代者越像挫折来源就越感到对他们的焦虑。一般来讲，替代性攻击大多倾向于指向更弱小和没有风险的对象。

（三）心理治疗法

心理治疗法是根据社会认知理论的基本观点，运用多种心理诊断技术，同时配合其他手段，对主体进行矫正或转化的过程。心理学家根据实际案例提出了攻击行为的如下几个矫正措施：1. 在感到自己要失去控制的时候，随时找心理治疗人员帮助解决；2. 尽可能用语言表达自己的愤怒，不要付诸攻击行为；3. 在付诸攻击行为前要认真考虑行为后果；4. 认识自己的情绪变化并掌握情绪变化的规律以及相应的控制方式；5. 寻找引起攻击行为的原因，并据此做心理矫正工作。

（四）创造良好的环境

人总是在一定的环境中成长和发展的，而对于儿童来说，良好的环境对其成长更具有十分重要的作用，尤其对其攻击行为产生很大的影响。实践证明，生活在一个有良好家庭气氛、有充裕玩耍时间环境中的孩子，其攻击行为会明显减少。家长和教育者应当给孩子提供足够的时间和玩具，不让孩子看暴力影片以及玩一些有攻击性倾向的玩具，这些都可以减少儿童攻击性行为的发生，成为减少攻击行为的有效途径。

（五）移情能力的培养

移情是指在人际交往中，人们彼此的感情相互作用。当一个人感知到对方的某种情绪时自己也能体验到相应的情绪，即为他人的情绪、情感而引起自己的与之相一致的情绪、情感反应。

有研究表明，培养个体的移情能力能有效地降低其攻击性。攻击者在看到受害者很痛苦的时候往往会停止攻击，而攻击性很强的人则不然，会继续攻击受害者。这是因为他们缺乏移情能力，不会同情受害者。所以应该培养个体的移情能力，使每个人都明白攻击性行为会给别人带来痛苦，导致严重后果。同时引起移情换位。培养同情心，把自己置于受害者的地位，设身处地地体会受害者的痛苦，想象其痛苦、难受的感觉和心情，产生对受害者的"感情共鸣"，这是从本质上消除攻击行为的一种还办法。实际上，我们也可以通过饲养小动物来养成怜爱之心，这种鼓励亲善行为的方法，也是纠正攻击行为的一个很有效的途径。

这里的移情培养与下一节中所述的增加亲社会行为的移情训练有着十分紧密的联系，缺乏移情能力的个体其亲社会行为会很少，而消极的、不友好的行为则较多。利用移情来培养个体使其深刻体验到他人的情绪情感，从而控制自己的攻击性冲动，减少攻击行为的产生。实践证明，移情是减少个体攻击行为的一种有效、可行的方法。

第二节 亲社会行为

亲社会行为与攻击行为正好是相对立的社会行为。前者是帮助别人，为社会所支持和赞同；后者是侵害别人，为社会所拒绝和控制。我们的社会生活中处处可见帮助人的现象，如义务献血、帮老爱幼、见义勇为与歹徒搏斗甚至付出生命等，这种种社会行为均属于亲社会行为。在 20 世纪 60 年代末 70 年代初，国外就开始了关于亲社会行为的研究，而引起社会心理学家兴趣的事件是美国纽约市区发生的一起一名男子攻击一名女子的凶杀案。在案发期间，至少有 38 人听到或看到，但无一人帮助，也无一人报警。在女子被杀后的 20 分钟警察接到报警并在 2 分钟后赶到现场，如果此女子得到及时的抢救可能会挽回她的生命。此事报道后，轰动了全美国社会，社会心理学家也因此开始了有关助人行为的研究。

一、亲社会行为的涵义

亲社会行为（prosocial behavior）指一切有益于他人和社会的行为，主要包含助人、分享、谦让、合作、自我牺牲等。

与亲社会行为相近的利他行为（altruism）是亲社会行为的一个特殊的类型，指的是"以内在动机为基础的自愿采取的帮助他人的行为，且预期不会得到任何形式的回报，除非觉得自己也许做了一件好事"。一种行为是否是利他的依赖于助人者的意图。一个陌生人冒着生命危险救助出溺水儿童，然后没有留下姓名就消失了，不给伤者留下任何回报的机会，也不会告诉任何其他人，这种行为就是利他行为。

亲社会行为与利他行为相比而言是一个更加广泛的概念。它包括任何类型的帮助或想要帮助他人的行为，而不管助人者的动机是什么，一些亲社会行为是非利他的。例如，你自愿参加某个志愿者协会做一些义务工作，以便给别人留下好的印象或者增加自己以后的砝码，你就并不是在做一件利他的行为。亲社会行为可以被视为一个连续体，从最初的最无私的利他行为到完全被自己的利益所驱使的助人行为。

社会心理学家认为"亲社会"含有合乎社会道德标准的意思，是与"反社会"，即违反社会道德标准相对的，因此亲社会行为包括一切积极的、有社会责任感的行为。并且由此演生出"亲社会攻击"的概念，指符合社会道德标准的攻击行为，这样的攻击行为虽然都存在一定的伤害性，但是合乎社会要求的，在一定程度上是有积极意义的，它的目的不是伤害，所以是亲社会的，被称之为亲社会攻击行为（prosocial aggression）。

二、亲社会行为的理论研究

（一）学习理论

大多数心理学家强调学习对于帮助的重要性。这一理论认为：亲社会行为是后天习得的，与年龄相关，婴儿是没有利他行为的；在成长的过程中，儿童被教育要与他人分享并帮助他人，而且学习到社会中关于帮助他人的规范。人们通过强化即对帮助行为的奖赏或惩罚，来学习帮助他人。研究表明，当儿童的亲社会行为得到奖赏时，他们更倾向于帮助别人和与他人分享。此外，观察亲社会行为的榜样作用也是很重要的。亲社会行为的发展受到父母、同伴、教师以及社会宏观环境的影响，通过树立榜样和给予奖励等方式都可以提高个人的亲社会行为的发生率。

在成长的过程中，人们养成了助人的习惯，并且学到了一些关于谁应该得到帮助以及什么时候应该给予帮助的规则。在儿童早期，亲社会行为很可能更多的决定于外部的奖赏和社会赞许；但是在长大之后，助人行为则会变成一种内在的价值观，不受外在因素的影响，只要知道自己表现了自己的思想境界，而且感到心底涌上一股暖流就已经足够了。总之，亲社会行为是个人在社会化过程中学习来的一种行为方式，而决非与生俱来的。

（二）施瓦茨（S. H. Schwartz，1977）的决策理论

施瓦茨把内化的社会规范作为利他行为的动机因素，并且认为个人将利他的社会规范激活，内化为个人的规范，形成道德义务感等，从而推动个人做出利他的行为[8]。这种规范激活论通过对道德义务感的激活以及对利他行为后果的意识等心理活动的分析，来预测人们在什么情况下做出利他行为。他认为把个人福利和责任归因于自己就能激活个人规范和道德义务感，从而很有可能产生助人行为。

（三）施托布（E. Staub，1978）的社会行为理论

该理论认为，在人的发展过程中会形成各种动机，而人的行为一般是以目的性为特征的，因此应侧重探讨人在追求期望时的一些目的动机[9]。施托布等人认为，受外界影响而逐渐发展起来的价值取向，尤其是亲社会的价值取向是个体做出亲社会行为的主要动机因素。他们的研究结果表明，若把价值取向看作是道德领域中的个人目的，那么亲社会价值取向则是利他和不伤害他人的

个人目的。人的亲社会价值取向越高，在特定情景中被激活的可能性就越大，而亲社会价值取向则体现为两种动机源：一是作为利他的无私行为的动机源，其目的在于帮助他人，是以他人为中心的；二是以规则为中心的道德取向为特征的动机源，其目的在于坚持行为规则或原则。

三、亲社会行为的实验研究

（一）J. Darley 和 B. Latane 的实验研究

社会心理学家 Darley 和 Latane 进行了一系列的实验研究，发现在需要帮助的情境中如果有一个以上的旁观者，那么行动的责任就会在旁观者中间扩散。在场的人越多，每个人实际所提供的帮助就越小，这可能是因为每个人感受到的责任很少，从而形成了所谓的责任扩散现象（diffusion of responsibility）。如果只有一个人目击某人处于危急之中，那么他就对此情境有完全的帮助责任，如果不去行动也将承受全部的内疚或责任；当有别人在场的时候，就应该由几个人去帮助，帮助的责任和没有实施帮助的代价就要由几个人共同分担。在前面所提到的美国轰动一时的凶杀案就是一个很好的案例，当时的旁观者知道有他人在场，这时的旁观者就会认为别人已经做了助人的事，已经给警察打了电话，这样导致了责任扩散现象的出现，从而导致了这场血案。

许多研究证实了责任扩散现象。在此基础上，Darley 和 Latane 提出了一个紧急情境下的助人模式：注意到需要帮助的人或事件→对该事件是否需要帮助做出解释→确定采取行动的责任→决定助人的方式→实施相应的帮助。

（二）J. M. Piliavin 的实验研究

在 Darley 和 Latane 的研究的基础上，为了使实验结果更加接近现实生活，Piliavin（1969）等人进行了一系列现场实验，如考察被帮助者的个人特征（生病或喝醉）和种族特征（黑人或白人）对得到帮助的次数的影响[10]。在一项现场研究中，地铁驶出车站开始长达 7 分钟的行驶，一个人突然摔倒，分别在生病和醉酒两种情况下考察，前者在 75 次实验中得到了 62 次帮助，而后者只得到一半的帮助。Piliavin 的这项实验结果与 Darley 和 Latane 的结果恰恰相反，发现旁观者的人数对助人没有影响，并没有证实责任扩散现象，反而被帮助者的特点（生病或醉酒）对是否得到帮助具有显著的影响。

（三）助人行为的实证研究

助人行为是指无私地关心他人并提供帮助的行为。大多数研究是针对儿童助人行为的年龄发展方面，采用开发问卷和故事讲述法等进行的。从已有研究看，儿童在很早的时候就会表现出利他行为，但这种行为是随着儿童年龄的增长以及社会化和认知的发展而变化的。国内学者张向葵等开展对儿童、青年、中年及老年 4 个年龄段的人们助人行为进行比较研究，此研究是在社会自然情境下进行的，在公共场所设计了紧急情境（病疼求助）和非紧急情境（问路）两种情境来探索不同年龄段人们助人行为的特点。结果表明，非紧急情境下助人行为是普遍存在的，紧急情境下助人行为的总体水平明显降低；从年龄特征方面看，儿童助人行为具有最大的情境性。

国外学者 E. Staub（1971）认为儿童的助人行为是随着年龄的增长而变化的，并且有其他儿童在场时会由于恐惧的减少而增加助人行为[11]。研究结果表明，对于年龄在 5 岁至 12 岁的儿童来讲，5 岁至 8 岁期间的助人行为是随着年龄的增长而增加的，而 9 岁至 12 岁期间的助人行为是呈下降趋势的。并且单独在场的儿童表现出 31.8% 的助人次数，而两人在场时，则上升为 61.8%。有另一名儿童在场，可以增加相互沟通，从而减少由给定情境带来的紧张与恐惧，因此会表现出较多的助人行为。Staub 的另一项研究还表明，与成人能够保持良好的情感联系以及成人的榜样行为会增加儿童的助人行为；情感安全有助于儿童的利他倾向的发展。

四、亲社会行为的影响因素

（一）助人者的特征

在一些需要帮助的情境下，有的人条件很不方便，但仍然会做出助人行为，而有的人即使是条件十分便利却没有做出任何帮助，个体之间存在很大的差异。为什么会出现助人行为的这种差异呢？研究者从人格特质和心理状态两方面进行了考察。结果表明，特定的人格特质会使人们倾向于在某些情形下做出帮助，而在另一些情形下不予帮助。

国外学者哥根夫妇和米特（K. J. Gergen，M. M. Gergen & K. Metzer，1972）等人在"特质倾向和亲社会行为的关系"的研究中，对 80 名大学生进行了 10 项人格特征的测查，并对各种特征与利他行为进行相关性的分析[12]。结果发现不同人格特质与不同类型的助人行为有一定的相关，但没有一个特质与所有五种类型的助人行为都相关，（见表 11 - 2）。

表 11 – 2　特质倾向与亲社会行为的关系

特质倾向	被选择的亲社会行为的类型									
	对男中学生的咨询		对女中学生的咨询		对演绎思维实验的帮助		对意识异常状态研究的帮助		对班级收集材料	
	男	女	男	女	男	女	男	女	男	女
自律性		−						+	+	+
易变性							+	+		
听从			+							−
教养	+			+						
秩序化			+	+					−	
自我一致性		−				+		−		
自尊								+		+
寻求乐感			+			−	+	+		+
救助性	+							−		
谦卑	−		−							

"＋"表示正相关；"—"表示负相关

（转引自：章志光（2002），社会心理学，第 367 页。）[13]

　　有很多研究表明，某些人格特质如社会责任感和移情等使人们容易去帮助别人。但研究同样也表明，利他行为是很复杂的，它受到很多因素的影响，人格特质只是其中的一方面。

　　助人行为的引发还受到个人当时的心理状态的影响，以往的许多研究都集中在心境和情感对助人行为可能发生的影响上。

　　心境（mood）是一种使人的所有情感体验都感染上某种色彩的较持久而又微弱的情绪状态。心境与人类的生活联系十分密切，几乎时刻都在影响着人的行为。不同类型的心境对人类的行为也有不同的作用，研究者一般都从积极心境和消极心境两方面来探讨心境对亲社会行为的影响。

　　研究发现，积极的心境能助长个体的助人行为，即处于积极心境下的被试表现出更多的助人行为。这些研究提出的理论模型认为，人在心境好的时候可能会较少的关注自己，而更多的去了解他人的需要；另外，好的心境之所以能增加助人行为在于它能暂时地提高将亲社会认知转化为亲社会行为的可能性，从而使处于积极心境下的助人行为有所增加。

而有关研究消极心境对亲社会行为的影响的结果则大不一样，消极心境有时可能增加助人行为，也可能减少助人行为，这说明消极心境对助人行为的影响比积极心境对助人行为的影响要复杂的多。有人认为消极心境可能使人注意力集中在自己身上，对外界事物的敏感性降低，所以助人行为减少。而消极心境也可能增加助人行为，因为处于消极心境中的个体会感到痛苦、自卑，为了减轻这样的消极感受，使自己的精神振奋，他们往往会实施助人行为。可见，不同种类的消极心境对助人行为的影响是很复杂的，我们应该从不同的维度来探究消极心境对亲社会行为的影响作用。

情感也会影响亲社会行为。当一个人认为自己做错了事而感到内疚的时候比没有这种内疚感时更可能去帮助人，而且当他不能直接去帮助被自己伤害的人时便会去帮助其他的人。

（二）外部因素

影响助人行为的外部因素主要有环境因素和被救助的人。

自然环境如不同的天气、噪音水平等对助人行为都有一定的影响，舒适的天气一般会使人心情愉快并且增加助人行为。研究表明，在晴朗的天气里比寒冷的天气里出现更多的助人行为。此外，噪音能降低人们对周围事情的反应能力，大的噪音使人们不会顾及其他人，因此减少助人行为。这些都可能是由于环境影响了心境，也可能是不太好的环境使人想到助人要付出更大的代价，所以较少做出助人行为。

紧迫的时间也是影响个人助人行为的一个因素。研究表明，当人们处于时间紧迫的状态下往往很难做出助人行为。如果你在路上遇到要你为希望工程募捐的情况，那么你是在逛街时还是在赶往学校去考试就要迟到时更可能做出帮助呢？实际经验和研究结果都表明，有时我们时间太紧迫而不能提供给他人帮助。

现实中的亲社会行为经常受到需要帮助的人的特征的影响。什么样的人更容易引发别人去相助呢？众多的研究结果表明，救助者的助人行为受到他对需要帮助的人的身体魅力和与其相似性等因素的影响，至少在一些场合，那些具有个人魅力的人更可能得到帮助。而救助者与需要帮助的人之间的相似程度也很重要，帮助同一个家乡的人比帮助一个外来人的可能性更大。此外，所遭遇的困境不是由于自己的不当行为所造成的，如老弱病残及疾病突发者和在意外灾害中遇难的人容易引起他人的帮助行为，而因酗酒、犯罪等行为造成的困境则较少引发助人行为。

五、亲社会行为的培养途径

人的亲社会行为不是生来具有的，而是通过后天的教育和培养获得的。这里简要介绍几种培养亲社会行为发展的途径。

（一）移情训练

心理学的众多研究表明，移情是亲社会行为的重要促动因素，对亲社会行为的影响是按"移情——同情——亲社会行为"这一模式进行的。移情是指一个人（观察者）在观察到另一个人（被观察者）处于一种情绪状态时，产生与被观察者相同的情绪体验，它是一种替代性的情绪情感反应，也就是一个人设身处地为他人着想，识别并体验他人情绪和情感的心理过程。

移情包括两个方面：一是识别和感受他人的情绪、情感状态。二是能在更高级的意义上接受他人的情绪、情感状态，即将自己置身于他人的处境，设身处地地为他人着想，因而产生相应的情绪、情感。移情是一种非常重要的社会性情绪、情感，也经常被称之为"积极的社会性情感"，因为它会使儿童产生一种内在自觉性，要求自己能使别人快乐、幸福，否则自己会感到不愉快。因此，提高移情的能力能够促进亲社会行为的发展。国内学者李辽的研究结果证明，移情能力是可以培养提高的，而且移情能力的提高增加亲社会行为。

提高移情能力可以通过听故事、阅读理解、扮演角色等方式，使其具有自我调节能力，能深刻体验他人的情绪情感，从而抑制自己的消极行为，做出互助、分享、谦让等积极行为，这样就能极大地提高个体的亲社会行为水平。

实践证明，移情是一种十分重要的社会性情感，是亲社会行为的重要促动因素，可以显著地提高亲社会行为的水平。

（二）责任心培养

社会责任感是个体亲社会行为的主要动机之一，因此，可以通过责任心的增强来培养个体的亲社会行为。我国学者张志学（1992）对此进行了实验研究，他在一个班级建立"班风建设委员会"，选举十几个人为负责人，每人负责一天，记录当天班级里的好人好事，并且记录要认真、严谨，同时负责人还要维持班级纪律[14]。这样的活动进行两周半以后，测量结果表明，负责人中的绝大多数原来在利他量表中得分最低，在担任了负责人后的测量中得分有了显著的提高。这说明，这样的角色训练使这些学生的社会责任意识发生了变化，随之利他行为就跟着增多了。

著名心理学家贝克曼（L. Bickman）在 1975 年所做的一系列实验也证明

了责任心对亲社会行为的促进作用[15]。该实验用目击他人在商店行窃后是否报告来衡量亲社会行为。让被试先看到一些指示牌，来提醒他们商店中有人行窃，告诉他们怎样报告案件。但结果表明，指示牌几乎不起什么作用。而对另外一些被试，则是让他们听到另一个旁观者在说："哎，看她。她正偷东西呢。"这个旁观者实际上是实验者的助手所假扮的，同时他也假装正在着急寻找不见了的孩子，而且离开时还要让被试听到他在说："我们看见了事情的发生，应该报告，这是我们的责任。"结果证明，这样的评论增加了人们报告偷窃行为的比例，旁观者的提醒使得事情的责任变得更为明确了。

以上两个实验结果都证明了责任心的培养对于亲社会行为的重要性。因此，在现实生活中，我们要逐渐培养自己的社会责任感，尤其对儿童也要培养其责任心，从而推动全社会的亲社会行为的发展。

（三）价值取向的培养

价值取向是亲社会行为的一个重要的影响因素，与个体的亲社会行为有一定的或显著的关系。价值观念是引导我们去思维和行动的内在因素，是据以判断我们遭遇利弊得失的最高法官，是塑造自我成为某种特定人格的模式。因此，对个体价值观的教育、价值取向的正确引导是激发其亲社会行为的关键环节。

由于家庭、学校、同伴和大众媒体是形成价值观的主要渠道，因此，除了积极开展家庭美德、职业道德和社会公德教育之外，还要积极引导大众媒体进行正确的舆论导向以营造良好的价值教育氛围。也需要结合公民的义务与权力对人们进行利他主义人生观的教育，特别要激起个体的理性思维和情绪体验，激起他们主动参与的积极性，以便其独立自主地去明辨是非，摆脱错误、庸俗的人生观，形成正确、高尚的价值观，从而有利于增加亲社会行为的发生。

（四）榜样示范

榜样示范作用对亲社会行为的提高实质上是基于社会学习理论的，即我们的助人行为可以通过观察和模仿他人的助人行为而获得。而榜样在儿童亲社会行为形成中占有相当重要的地位。教师及家长是儿童心目中的权威，他们的言行举止、行为规范等都会给儿童留下深刻的印象，成为他们模仿的对象。因此，教师及家长应注意言行一致，以身作则，给孩子一个正确的道德观和价值观，从而指导其产生正确的行为，也有必要为儿童选择良好的榜样，例如向儿童推荐一些优秀的课外读物以及电影等。此外，儿童置身于社会之中，周围的人们以及电影、电视中的主人公都是儿童学习模仿的对象，他们具有很强的模仿性。儿童多次观看别人的亲社会行为，就有助于培养自己的亲社会行为。研究表明，成人行为的榜样对儿童的刺激作用远大于言语指导的刺激。心理学家冠茨等人（1976）研究了儿童在看过助人行为电视后发现，儿童在游戏场上表现出更多的彼此帮助的行为[16]。

上述的四种方法只是亲社会行为的培养途径中的一小部分，在现实生活中，我们应对不同的个体采取不同的措施，如对儿童的亲社会行为的培养还可以采用赏识、鼓励教育，开展游戏活动，创造实践亲社会行为的机会等途径。亲社会行为的产生是多种因素影响的结果，其培养途径也是多种多样的。因此我们要在充分利用一些占主导地位的培养途径外结合其他辅助方法，使整个社会的亲社会行为都有所增加。

攻击行为和亲社会行为有着非常紧密的联系，是社会行为中两个相对立的行为。其影响因素等都存在很多相似之处，而减少攻击行为和增加亲社会行为的途径上更是十分相近，如移情训练、榜样示范等途径都是被实践证明了的对这两种社会行为是非常行之有效的方法。我们不能把攻击行为与亲社会行为分开来说，要结合实际清楚的意识到二者的联系与区别。

参考文献

［1］Thomas Hobbes. De Cive, or the Citizen：Philosophical Rudiments concerning Government and Society, 1651.

［2］章志光主编：《社会心理学》，人民教育出版社2002年版，第328页。

［3］Dodge K A. Social cognition and children's aggressive behavior, Child Development, 1980.

［4］Arnold Buss. The Psychology of Aggression, New York：Wiley, 1961.

［5］Stuart Taylor. Aggressive behavior and physiological arousal as a function of provocation and the tendency to inhibit aggression, Journal of Personality, 297～310, 1966.

［6］杨治良，刘素珍等：《内隐社会认知的初步实验研究》，载《心理学报》1997年第1期，第17～22页。

［7］J H. Hokanson. The effects of frustration and anxiety on overt aggression, Journal of Abnormal and Social Psychology, 346～351, 1961.

［8］S H. Schwartz. Temporal instability as a moderator of the attitude – behavior relationship, Journal of Personality and Social Psychology, 715～724, 1978.

［9］Staub E. A conception of the determinants and development of altruism and aggression：motives, the self, and environment, New York & London：Garland Publishing, Inc, 1994.

［10］Irving M. Piliavin, Judith Rodin, Jane Piliavin. A Good Samaritanism: An underground phenomenon? Journal of Personality and Social Psychology, 289 ~ 299, 1969.

［11］E. Staub. The Use of Role Playing and Induction in Children's Learning of Helping and Sharing Behavior, Child Development, 805 ~ 816, 1971.

［12］K J. Gergen, M M. Gergen, & K Metzer. Individual orientations to prosocial behavior, Journal of Social Issues, 105 ~ 130, 1972.

［13］章志光主编:《社会心理学》,人民教育出版社2002年版,第367页。

［14］张志学:《论社会心理学研究的本土化》,载《心理学探新》1992年第2期。

［15］L Bickman, S K. Green. Is Revenge Sweet? The Effect of Attitude Toward a Thief on Crime Reporting, Criminal Justice and Behavior, 101 ~ 112, 1975.

［16］张文新著:《儿童社会性发展》,北京师范大学出版社2007年版。